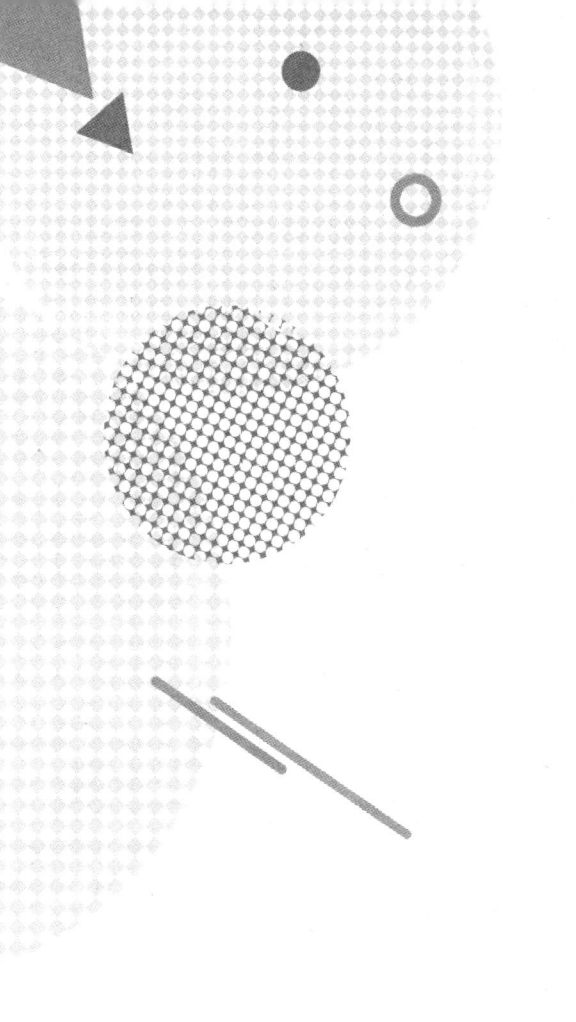

创建高品质语文活动

吴金华 著

海峡出版发行集团 | 海峡文艺出版社

图书在版编目(CIP)数据

创建高品质语文活动/吴金华著.—福州:海峡文艺出版社,2023.11
ISBN 978-7-5550-3562-6

Ⅰ.①创… Ⅱ.①吴… Ⅲ.①中学语文课－教学研究 Ⅳ.①G633.302

中国国家版本馆 CIP 数据核字(2023)第 220202 号

创建高品质语文活动

吴金华　著

出 版 人	林　滨
责任编辑	林可莘
出版发行	海峡文艺出版社
经　　销	福建新华发行(集团)有限责任公司
社　　址	福州市东水路 76 号 14 层
发 行 部	0591－87536797
印　　刷	福州万达印刷有限公司
厂　　址	福州市闽侯县荆溪镇徐家村 166－1 号厂房第三层
开　　本	720 毫米×1010 毫米　1/16
字　　数	210 千字
印　　张	16
版　　次	2023 年 11 月第 1 版
印　　次	2023 年 11 月第 1 次印刷
书　　号	ISBN 978-7-5550-3562-6
定　　价	48.00 元

如发现印装质量问题,请寄承印厂调换

自 序

叶圣陶先生认为，教是为了不教。教应当为学生终身发展服务。教是语文活动内容之一。

语文活动是学校教育的重要组成部分，也是全面贯彻党的教育方针，落实立德树人根本任务的表现。高品质地开展语文活动，也是加快教育高质量发展和办好人民满意教育的要求。

语文活动对于培养学生的语言表达能力、思维能力和文化素养都具有重要意义，影响学生的终身发展。然而，在当前的教育实践中，语文活动的开展存在一些问题，影响了其教育功能的发挥。

首先，语文活动的内容和形式单一。在许多学校中，语文活动往往局限于演讲、朗诵、辩论、写作等传统项目。这些项目虽然可以锻炼学生的语言表达能力和思维能力，但趣味性和挑战性的普及性不足，在高度、深度和广度上有不尽如人意的地方，难以激发广大学生的兴趣和积极性，难以应对当今的升学考试，难以满足当今新课程新高考要求，更难以提高他们的核心素养。同时，这些活动也往往缺乏与实际生活的联系，难以培养学生的实践能力和综合素质，更没有将课堂教学活动和学生的课内课外学习活动纳入语文活动中，忽略了语文活动是课内课外一体化的活动，将课堂教学活动和学生的课内课外学习活动割裂开来，导致课堂没有以学生的"学"为中心，却以教师的"教"为中心，与新课标的精神不相符。

其次，语文活动的参与面不广。由于语文活动的开展往往局限于某些特定的学生群体中，如文学社、演讲社、班级优秀学生群体等，许多普通学生得不到机会和充分的指导，难以参与到活动中来，更多的是旁观者和看客，不是真正意义上的参与者。同时，由于语文教师的水平和精力有限，难以满足所有学生的需求，也影响了语文活动的参与面和效果。

再次，语文活动的评价方式单一。在许多学校中，语文活动的评价方式往往只注重比赛成绩和表面成果，而忽略了对学生参与过程中的学习态度、合作精神、创新能力等综合素质的评价。这种评价方式不仅难以全面反映学生的表现和进步，也容易让学生产生功利心理和应试心态，不利于学生的全面发展。

最后，教师教学方式单一。许多教师仍受传统教育观念影响，课堂语文活动"满堂灌""一言堂"比比皆是，忽视了学生的"学"，忽视学生的体验，没有意识到让学生多参与活动是提升学生语文兴趣和持续动力的重要方法。

为什么要开展语文活动研究？

语文活动是一种以实践活动为主的教学方式，它注重学生的主体性和实践性。在语文活动中，学生不再是被动地接受知识，而是通过亲身体验和动手实践来获得知识和技能。这种方式能够培养学生的语文应用能力，提高学生的语文素养。同时，语文活动也能够让学生更加深入地理解语文知识，提高学生的文化素养和人文素质。

语文活动是一种具有创造性和趣味性的教学方式，它能够激发学生的兴趣，提高学生的积极性。在语文活动中，学生可以通过游戏、表演、绘画等形式来展现自己的个性和创造力。这种方式能够增强学生的学习动机，让学生更加愿意参与到语文学习中来。此外，语文活动还能够让学生在轻松愉悦的氛围中学习，减轻学生的学习压力，提高学生的学习效率。

语文活动还能够促进学生的合作学习和自主学习。在语文活动中，学生需要与他人合作完成任务，需要自主探究问题并寻找解决方案。这种方式能够培养学生的合作精神和自主学习能力，提高学生的综合素质和竞争力。

总之，开展语文活动研究对于提高语文教学质量、促进学生的全面发展具有重要意义。

全国中小学语文统编教材总主编温儒敏认为，语文则是基础的基础，语文学科的目标不光是提升语言运用的能力，还担负着思维能力、审美能力培养和文化传承的使命。而使命的实现，要靠教师的语文课堂教学活动和学生的课内外学习活动来实现。

如果把活动当成一种艺术来开展，必然有档次，有品位，有层次，有境界，才能真正讲求高效与品质。

本书系统阐述了语文活动相关内容，从培养学生的高度，站在生命成长的视角来审视语文活动，阐述了应当把语文活动当成是一门"雕刻生命"的艺术这样的高度来看待，来开展，并较完整地阐述了如何有效开展优质的活动，供教师参考。希望这本书能让老师们较系统地了解语文活动的方方面面，希望对提高课堂教学活动的效率与质量，提高学生课内外学习活动的效果有所启迪和帮助，真正做到为学生学习服务，为学生的终身服务。

2023 年 6 月 15 日于建瓯

目 录

第一章　活动与语文活动 ……………………………………（1）
　第一节　活动 …………………………………………………（1）
　第二节　语文活动 ……………………………………………（11）
　第三节　语文活动是一门课程 ………………………………（22）

第二章　语文活动是一种"雕刻生命"的艺术 ………………（27）
　第一节　语文活动与生命的关系 ……………………………（27）
　第二节　语文活动的本质是一种生命的教育 ………………（28）
　第三节　语文活动沉淀生命的底色 …………………………（29）
　第四节　语文活动是一种艺术 ………………………………（32）

第三章　高品质语文活动 ………………………………………（41）
　第一节　高品质语文活动的概念及要求 ……………………（41）
　第二节　高品质语文活动的组织 ……………………………（44）
　第三节　高品质语文活动以学生为中心 ……………………（52）

第四章　高品质语文课外活动 …………………………………（56）
　第一节　语文课外活动 ………………………………………（56）
　第二节　高品质语文课外活动 ………………………………（60）

第五章　高品质语文课堂教学活动 ……………………………（73）
　第一节　语文课堂教学活动 …………………………………（73）
　第二节　高品质语文课堂教学活动 …………………………（78）

第六章　高品质语文口语交际活动 ……………………………（87）
　第一节　语文口语交际活动 …………………………………（87）
　第二节　高品质语文口语交际活动 …………………………（91）

第七章　高品质语文阅读活动（一） ……………………（101）
第一节　语文阅读活动 ………………………………（101）
第二节　高品质语文阅读活动 ………………………（108）
第三节　高品质语文课内阅读活动 …………………（120）
第四节　高品质语文课外阅读活动 …………………（131）

第八章　高品质语文阅读活动（二） ……………………（135）
第一节　高品质视域下的小说阅读教学活动 ………（135）
第二节　高品质视域下的散文阅读教学活动 ………（143）
第三节　高品质视域下的诗歌阅读教学活动 ………（147）
第四节　高品质视域下的戏剧阅读教学活动 ………（155）
第五节　高品质视域下的实用类文本阅读教学活动 …（163）
第六节　高品质视域下的论述类文本阅读教学活动 …（171）
第七节　高品质视域下的文言文阅读教学活动 ………（177）

第九章　高品质语文写作活动（一） ……………………（184）
第一节　语文写作活动 ………………………………（184）
第二节　高品质语文写作活动 ………………………（189）

第十章　高品质语文写作活动（二） ……………………（196）
第一节　高品质小说写作教学活动 …………………（196）
第二节　高品质诗歌写作教学活动 …………………（202）
第三节　高品质戏剧写作教学活动 …………………（211）
第四节　高品质散文写作教学活动 …………………（217）
第五节　高品质记叙文写作教学活动 ………………（224）
第六节　高品质议论文写作教学活动 ………………（232）

参考文献 …………………………………………………（243）
后记 ………………………………………………………（246）

第一章 活动与语文活动

历史哲学认为，历史是由人类活动所塑造的，而我们的活动又反过来影响历史的进程。从历史哲学的视角来看，我们每个人的活动都是有意义的，因为它们都在不同程度上塑造了我们的历史和文化。

第一节 活 动

一、活动的概念

只要有人，必然有活动。

也许你会认为它只是指一些行为的集合，但实际上它的含义远不止于此。

"活动"这个词源于拉丁语中的"agere"，意思是"行动"。它不仅指一系列行为的集合，还涉及这些行为背后的目的和意义。换句话说，每一个活动都有其特定的目标和意图，这些目标和意图决定了活动的性质和意义。例如，一个慈善活动，它的目标是筹集资金或者提高公众的慈善意识。而一个文化活动，它的目标可能是推广文化或者增强社区凝聚力。因此，我们可以看出，"活动"不仅是一些行为的简单集合，还是一种具有深刻意义的社会实践，对人类有深远的影响。

通过探讨"活动"的含义，我们可以更好地理解我们生活中所参与的各种活动的意义。无论是社交、工作还是娱乐，我们都可以从活动的目标和意图出发，更好地理解和评价它们对我们的影响。你是否想过，那些看似平凡的日常活动，如打牌、喝酒、唱歌等，在人类历史的长河中扮演了什么样的角色呢？这些活动在我们的生活中占据了重要的位置，但它们的起源和演变却鲜为人知。今天，我们要探讨的就是这些活动在历史进程中的角色。例如，打牌作为全球流行的娱乐活动之一，其起源可以追溯到古代埃及。在那个时期，纸牌游戏是贵族们的专属娱乐。随着时间的推移，这种游戏逐渐传播到世界各地。在中世纪，纸牌游戏甚至成为流行的赌博方式。那么，你知不知道是哪一种纸牌游戏成为当今国际流行的玩法呢？是扑克。

接下来，我们来看看喝酒。作为人类历史上最古老的饮料之一，酒的起源可以追溯到公元前7000年左右的古代中国。随着文明的进步，酒成为各种社交场合的必备饮品，如婚礼、宴会、祭祀等。在不同的国家和地区，酒文化也有所不同。例如，中国的白酒、法国的红酒、德国的啤酒等都有自己的特色。

最后，我们来看看唱歌。作为人类表达情感的一种方式，唱歌可以追溯到远古时期。从古希腊的合唱到中世纪的宗教歌曲，再到现代的流行音乐，唱歌始终贯穿于人类的历史。唱歌不仅是一种娱乐方式，还可以促进人们的社交和团结。有时候，一首特定的歌曲甚至可以成为一个时代的标志。

这些活动在历史进程中扮演了重要的角色。它们不仅成为人们生活的一部分，构建着人类高品质的生活，还见证了历史的变迁和社会的发展。

二、活动的内涵

活动的内涵指的是活动的本质或特点，包括以下几个方面。

1.目的和意义：活动必然有明确的目的和意义，可以是娱乐、教育、交流、推广等，不同的活动有不同的目的和意义。

2.参与者及互动：活动需要有参与者，可以是个人、团体或机构。参与者通过互动、交流、合作等方式，共同实现活动的目标。

3.组织和管理：活动需要有组织者和管理者，他们负责策划、组织、协调和监督活动的各个环节，确保活动的顺利进行。

4.内容和形式：活动的内容和形式是活动的核心，可以是演出、比赛、展览、讲座、讨论等多种形式，内容可以涉及文化、艺术、体育、科技等各个领域。

5.时间和空间：活动在特定的时间和空间内进行，可以是一个小时、一天、一周、一个月等不同的时间段，也可以在室内、室外、特定场地等不同的空间进行。

活动的内涵体现了人们为了实现特定目的而进行的一系列有组织、有管理、有参与、有互动的行为。通过活动，人们可以交流思想、展示才华、享受乐趣，同时也可以推动社会发展和促进个人成长。

三、活动的本质

活动的本质是行动或运动的状态或过程。

活动可以指具体的行为、任务或事件，也可以指一种动态的状态或变化，活动是指某种行为或运动的过程和表现形式，可以是机械的、自然的或人类社会的。它具有三个基本特性：变化、运动和过程。活动可以是有目的的、有计划的，也可以是自发的、随机的。从不同角度，活动可以分为不同类型。例如，根据活动对象的不同，可以分为个体活动和群体活动；根据活动目的的不同，可以分为竞赛性活动和展示性活动；根据活动时间的不同，可以分为长期活动和短期活动；根据活动方式的不同，可以分为线上活动和线下活动。活动可以涵盖各个领域，包括个人生活、社交活动、工作职责、体育运动、学习和娱乐等。

活动通常涉及参与者的行动、交流、合作或竞争，以实现某种目标或满足某种需求。活动的本质是通过行动和交互来改变、创造或影响事物的状态，并推动事物的发展和变化。活动不仅是简单的存在或观察，还需要参与者的主动参与和投入，以实现预期的结果或体验到某种效果。通过活动，人们能够实现自身的价值、满足自身的需求，并与他人建立联系和合作。

活动的组织与管理。为了使活动达到预期的效果，需要对活动进行精心组织和科学管理。首先，要根据活动的目的、性质和规模制定详细的策划方案，明确活动的时间、地点、参与人员等要素。其次，要注重活动的宣传与推广，吸引更多的人参与其中。同时，要根据活动的实际情况，合理安排场地、设备、物资等资源，确保活动的顺利进行。此外，要在活动中加强组织和管理，保持秩序和稳定，防止出现意外事件和安全事故。最后，要对活动效果进行评估和总结，分析优缺点及改进方向，为今后的活动提供有益的参考。

四、活动的重要意义及价值

活动的重要意义及价值主要体现在以下几个方面。

1.促进社交交流：活动为人们提供了一个互动交流的平台，能够促进人际关系的建立和加强。通过参与各种活动，人们可以结识新朋友、扩大社交圈子，增进互相了解和合作的机会。

2.提供娱乐和休闲：活动为人们提供了丰富多样的娱乐方式，可以消遣和放松身心。参与各种兴趣爱好相关的活动，能够让人们享受到乐趣，减轻压力，提高生活质量。

3.促进个人发展：活动可以给参与者提供学习和锻炼的机会，促进个人的成长和发展。通过参与各类教育、培训、文化艺术等活动，人们可以提升自己的知识技能，培养创造力和领导力，增强自信心和综合素质。

4.强化身体健康：很多活动都与运动和健康相关，如户外徒步、健身操、球类运动等。参与这些活动有助于锻炼身体、增强体质，预防疾病，保持健康。

5.促进文化交流和传承：各种文化活动能够促进不同地域、国家之间的交流和了解，加深文化认知和认同。例如，文艺演出、传统节日庆祝、展览等，都是展示和传承文化遗产的重要形式。

活动对个人和社会的意义非常重大，可以促进人们的社交交流，提供娱乐休闲方式，促进个人发展和身体健康，以及加强文化交流和传承。通过积极参与各类活动，人们能够获得更多的快乐和成长。

五、活动与生命的关系

活动是生物学的本质，它涉及生命的方方面面。从最小的单细胞生物到最复杂的人类，活动是生命的表现形式。没有活动，就没有生命的迹象。

细胞活动是生命的基础，它们进行新陈代谢、繁殖和对外界环境的反应。生物群体之间的活动则展示了生命的社交性，如狼群协作捕猎、社会性昆虫的协作建筑等。

个体生物的活动则体现了生命的自主性，如动物的猎食、逃避和人类的思考、决策等。这些都是生命活动的重要表现形式，它们使得生物能够适应和生存于复杂的环境中。

因此，活动是生命的重要组成部分，它不仅展示了生命的多样性和复杂性，也让我们更好地理解生命的本质和价值。

活动对生命的重义在于它可以带来许多积极的影响和益处。

1.提供身体与心灵的健康：参与各种活动，如体育运动、户外活动或艺术表演等，可以改善身体健康，增强免疫系统，并降低患病的风险。同时，活动也能带来愉悦和满足感，有助于心理健康的维护。

2.创造社交联系：活动为人们提供了相互交流和互动的机会，能够建立和加强社交联系。通过与他人合作、互动和参与集体活动，人们可以建立友谊、发展人际关系，并获得归属感和支持。

3.培养技能与兴趣：参与各种活动可以培养和发展个人技能与兴趣。无论是学习乐器、绘画、写作还是参加体育比赛，活动为个人提供了展示才华和发展兴趣的平台。

4.提高自我意识与个人发展：通过参与活动，人们可以更好地了解自己的兴趣、优势和能力，并逐渐发展自己的个人特色。活动也可以促进个人的成长与自我实现，增加自信和自尊。

5.增加积极影响与社会参与：一些活动可以培养人们的公民意识，并激发他们对社区或社会的关注。例如，参与志愿者活动、环保运动或慈善事业，可以为社会做出积极贡献，改善他人的生活。

活动对生命的重义在于它们对个人和社会的积极影响。参与各种活动可以增强个人的身心健康，建立社交联系，发展个人技能与兴趣，并为社会作出贡献。

六、中华文化视角下的活动

中华文化历史源远流长，可以追溯到数千年前的古代中国。中华文化是中国人民在长期的历史演进中形成的，它具有深刻的思想内涵、广泛的传播影响和卓越的艺术表现。在中华文化的视角下，活动是一种重要的社会现象。它既包括各类文化艺术活动，也包括各种民间传统活动。这些活动都与中华文化的传承和发展密切相关。

中华文化视角下的活动是独特的，它们蕴含着怎样的意义？是怎样的一个富有魅力的领域？

首先，中华文化视角下的活动强调的是和谐与平衡。无论是太极拳还是书法，都注重身体与心灵的协调，以达到身心合一的境界。其次，这些活动也体现了传统文化的智慧。例如，围棋需要运用到策略和思维，品茶则需要耐心和专注，这些都展现了古代文人墨客的智慧和情操。最后，这些活动也是传承和发展的重要载体。通过参与这些活动，我们能够感受到中华文化的博大精深，进一步增进对传统文化的理解和认同。

中华文化视角下的活动不仅是一种身体上的锻炼，更是一种精神上的寄托。因此，在中华传统文化视角下，活动都是在建构生命的家园。

1.中华文化视角下活动的意义

一是传承文化遗产。中华文化拥有丰富多彩的文化遗产，包括各种传统文化、民间艺术和历史遗迹等。这些文化遗产对于了解和研究中华文化具有重要的历史和现实意义。通过举办各种活动，如文化节、展览和比赛等，可以传承和弘扬中华文化，帮助人们更好地理解和认识中华文化的多样性。

二是加强社会交流。活动是一种社交方式，它可以促进人与人之间的交流与互动。在中华文化的视角下，通过参加各类活动，可以使人们更好地了解彼此的文化背景、价值观和生活方式，从而增进相互之间的理解和友谊。

三是促进经济发展。活动可以带动相关产业的发展，如旅游、餐饮和住宿等，从而促进经济的繁荣和发展。同时，一些活动也可以为参与者提供娱乐和休闲的体验，满足人们的精神需求，提高人们的生活质量。

2.中华文化视角下活动的特点

一是多样性。中华文化具有多样性，这一特点也体现在活动中。从民间传统活动到当代艺术表演，从地方性文化节到全国性赛事，中华文化的多样性为活动提供了丰富多彩的素材和灵感。

二是地域性。中华文化具有强烈的地域性特征，不同地区有着独特的传统文化和风俗习惯。在活动中，地域性的元素被充分地体现出来，如不同地区的民间舞蹈、戏曲和美食等。这些地域性的元素为活动增添了特色和魅力。

三是参与性。在中华文化的视角下，活动是一种全民参与的社会现象。人们通过亲身参与活动，感受文化的魅力，体验中华文化的深刻内涵。这种参与性使得中华文化的传承和发展更加深入人心。

3.中华文化视角下活动的发展趋势

未来，中华文化视角下的活动将朝着更加多元化、国际化和产业化的方向发展。

一是多元化发展。随着社会的进步和人们需求的多样化，中华文化视角下的活动将呈现出更加多元化的趋势。不同类型的活动将有机地结合在一起，如文化节、艺术展览、比赛和学术研讨等，使活动更加丰富和多彩。同时，活动的形式也将更加多样化，如线上活动、线下活动和社会公益活动等。这种多元化的发展将为参与者带来更多的选择，满足不同人群的需求和喜好。

二是国际化发展。随着全球化的加速和中国文化的传播，中华文化视角下的活动将逐渐走向国际化。越来越多的国际友人将参与到活动中来，感受中华文化的魅力，同时也有更多的中国元素将传播到世界各地。这种国际化的发展将有助于推动中华文化的传播和交流，增强中华文化的国际影响力。

三是产业化发展。随着经济的发展和市场的扩大，中华文化视角下的活动将逐渐产业化。以活动为主题的产业将逐渐形成，包括旅游、餐饮、住宿、娱乐和休闲等。这些产业将为人们提供更多的就业机会和经济收入来源，同时也有助于推动经济的繁荣和发展。产业化的发展将使得活动的运作更加规范和专业，提高活动的质量和效益。

七、活动对当今青少年的价值

你是否发现现在的青少年越来越缺乏活动？你是否好奇他们为什么不喜欢运动？他们花大量时间在电子设备上，而不是参加户外活动。这种生活方式会导致肥胖、近视等各种健康问题。同时，他们也往往缺乏与他人的互动和社交技能。研究表明，适当的运动可以改善心理健康、增强体质，并且有助于提高学业成绩。所以，我们需要寻找吸引青少年参与活动的方法，或许可以通过教育、家庭、社区等方面来推动这个目标的实现。

现在的青少年到底需要什么样的活动？

首先，我们来看看活动对青少年的重要性。活动不仅可以帮助他们提高社交能力，还可以培养他们的领导力。其次，活动可以帮助青少年发展兴趣爱好，让他们更加自信。最后，活动也可以帮助他们提高学业成绩，让他们更加有竞争力。

因此，活动对当今的青少年具有极其重要的价值。我们希望青少年们能够积极参与各种活动，发挥自己的潜力，实现自己的梦想。

八、活动对人类历史的意义

活动是人类历史的一部分，它记录了我们的成长、发展和成就。通过各种活动，我们可以了解过去的时代，学习历史事件，传承文化传统，甚至可以与来自不同背景的人交流思想，增进彼此了解。活动也是一种表达方式，让我们能够分享我们的故事、经历和感受。无论是庆祝胜利、纪念逝者，还是传承文化，活动都扮演着重要的角色。

活动是连接过去与未来的桥梁，让我们更好地了解和传承人类的悠久历史。

在探讨人类历史的过程中，我们不能忽视一个关键的元素：活动。活动作为社会交往和发展的基础，对于人类历史的演进具有深远的影响。活动在促进文化发展、推动科技进步和塑造全球秩序三个方面，对于人类历史都有重大意义。

第一，活动促进了文化的繁荣与发展。在人类社会初期，活动作为一种基本的生存方式，将人们聚集在一起，形成早期的社会结构。随着时间的推移，这些活动逐渐演化为特定的文化习俗，如庆典、祭祀和体育运动等。这些习俗不仅加强了社区内部的凝聚力，还形成了不同文化的独特魅力。例如，古代奥林匹克运动会作为一项重要的体育活动，不仅推动了希腊文化的传播，也成为西方文化的重要组成部分。可见，活动在文化传承与发展方面发挥了举足轻重的作用。

第二，活动在推动科技进步方面具有重要作用。自古以来，人类便通过各种活动来探索自然、研究科学。例如，中世纪的欧洲设立了众多的大学和研究机构，通过开展学术活动推动医学、数学和天文学等学科的发展。这些活动不仅丰富了人们对世界的认知，还为现代科技的诞生奠定了基础。此外，诸如伽利略、牛顿等科学巨匠的发现和成就，也无一不是长期科学活动的结晶。因此，活动在科技进步的历程中扮演着不可或缺的角色。

第三，活动在塑造全球秩序方面起到了关键作用。历史上，活动作为国家间交流与合作的纽带，对于构建和平稳定的国际环境具有重要意义。例如，古丝绸之路作为连接东西方的重要贸易通道，通过促进商品与文化的交流，增进了各国间的友谊与合作。联合国等国际组织通过举办各种活动来推动全球治理、缓解国际冲突和维护世界和平。这些活动的开展使得全球秩序更加稳定。

九、活动如何彰显高品位的艺术

活动是一种将艺术融入日常生活的方式，它可以通过巧妙的设计和策划，彰显出高品位的艺术感。

1.场地选择：选择一个独特而优雅的场地，例如艺术馆、博物馆、画廊或设计精巧的室内空间，这些地方本身就具有艺术氛围，能够为活动增添品位。

2.视觉设计：注重活动的视觉呈现，采用精心设计的装饰、布置和灯光，以及艺术品和装置的搭配，营造出独特的艺术氛围，使参与者在活动中感受到艺术的美感。

3.艺术表演：邀请专业的艺术家演出，例如音乐家、舞者、戏剧演员或其他表演艺术家。他们的精湛演出将为活动注入艺术的灵感。

4.艺术互动体验：为参与者提供与艺术互动的机会，例如绘画工作坊、雕塑创作、音乐合奏或舞蹈教学。通过参与艺术创作的过程，让参与者深刻体验并发掘自己的艺术潜能。

5.文化研讨：组织文化讲座、艺术品欣赏会、影视放映等活动，邀请专业人士分享他们的知识和见解。通过深入了解艺术背后的文化内涵和历史背景，参与者能够更加欣赏和理解艺术。

6.精心策划的节目：根据活动的主题和目的，策划一系列精彩的节目和活动，并合理安排时间，使参与者能够全面地体验和欣赏。

通过场地选择、视觉设计、艺术表演、艺术互动体验、文化研讨以及精心策划的节目和时间安排,活动可以充分彰显出高品位的艺术感,让参与者感受到艺术的美,提升他们的审美品位和艺术素养。

第二节 语文活动

一、语文活动的概念

语文活动是指在语文教学过程中,以促进学生语言文字运用能力的发展为核心目标的各种实践活动。它不仅仅涵盖了课堂学习的范围,还包括了与语言文字相关的社会实践和生活实践。语文活动以培养学生的听、说、读、写四种语言技能为基础,通过各种形式的实践,激发学生对语文学科的兴趣,提高他们的语言文字运用能力。

语文活动的内涵可以从以下几个方面来阐述。

1.熟悉语言文字:语文活动通过学习和实践,帮助学生熟悉语言文字的基本规则和运用方式,包括词语选择、句子构造、篇章组织等。通过大量读书写作的实践,培养学生的语感和文化素养。

2.提高语言表达能力:语文活动注重培养学生的口头表达和书面表达能力。通过朗读、演讲、辩论等活动,锻炼学生的口头表达能力;通过写日记、写作文等活动,提高学生的书面表达能力。

3.培养语言思维能力:语文活动注重培养学生的语言思维能力,培养他们观察、思考、分析、推理、创造的能力。通过阅读、讨论、写作等活动,激发学生的思维潜能,培养他们的逻辑思维和批判性思维。

4.增进文化认知:语文活动通过学习文学作品、经典诗词、传统文化等,帮助学生增进对中华文化的认知和理解,培养他们的人文情怀和审美能力。

5.培养合作与交流能力:语文活动注重培养学生的合作与交流能力。通过小组讨论、合作写作、表演等活动,培养学生的团队协作能力和社交能力。

6.培养批判思维能力：语文活动注重培养学生的批判思维能力，引导他们对文本进行分析、评价和提出自己的见解。通过文本解读，学会批判性地思考问题，培养学生的独立思考能力和判断能力。

语文活动旨在通过多样化的实践，培养学生的语文能力和综合素质，使他们在语言文字运用中更加熟练自如，并能够运用语文知识解决实际问题。

二、语文活动的内容

语文活动是指通过各种方式来提高学生的语文能力和语文素养的一系列教学活动。其内容包括但不限于以下几个方面。

1.阅读与理解：通过阅读各种文学作品，学生可以提高识字能力、理解能力、分析能力和鉴赏能力。阅读材料可以包括课本、绘本、小说、诗歌、报刊等不同形式的文本，通过阅读来培养学生对不同文本类型的理解和鉴赏能力。

2.写作与表达：学生通过写作来提高语文表达能力、思维逻辑能力和创造力。写作可以包括日记、作文、小说、诗歌、议论文等不同形式的写作，通过不同类型的写作来培养学生的表达能力和思维能力。

3.言语运用：通过各种口语和听力训练活动，提高学生的口头表达能力和听力理解能力。可以通过角色扮演、口语练习、听力测试等方式来培养学生的口语表达和听力理解能力。

4.语法与修辞：通过语法和修辞的学习，提高学生对语言结构和表达方式的掌握能力。可以通过句子分析、修辞手法解析、语法规则讲解等方式来帮助学生理解和运用语法和修辞知识。

5.背诵与默写：通过背诵和默写各种文学作品和经典诗词，培养学生的语感和记忆能力，并提高词汇量和语言功底。

通过这些语文活动，可以全面提高学生的语文能力，使其能够准确、流利和有效地运用语言进行表达和交流。

三、语文活动的本质

语文活动的本质是通过使用语言进行交流、思考和表达的一种学习和实践过程。它旨在培养学生的语言能力、思维能力和表达能力，并促使他们在理解、运用和创造语言的过程中，提高对世界和人生的认知。

语文活动是多样化的，包括听、说、读、写等多个方面。通过听，学生可以获取信息，了解沟通内容和意图；通过说，学生可以在交流中表达自己的观点和看法，增强口头表达能力；通过读，学生可以理解他人的观点、思想和情感，提高阅读理解能力；通过写，学生可以将自己的想法、观察、体验和感悟转化成文字，提升表达和思维能力。

语文活动的本质在于培养学生的语言综合能力。它不仅仅是学习文字拼音、语法知识，更重要的是培养学生的交际能力、思维能力、文化素养和创新能力。通过语文活动，学生可以获取知识、传递信息、表达情感，并在实际生活和学习中灵活运用语言。

语文活动并不仅仅是学习语言文字，它更是一种思维活动。它涉及理解、分析、推理、判断等多种思维技能。通过阅读，我们理解文章的主旨、作者的意图，以及文字背后的深层含义；通过写作，我们表达自己的观点、论证自己的想法，展示我们的思维过程。因此，语文活动是一种有益的思维训练，它对我们的思考能力有着重要的影响。通过语言的运用，学生可以进行思考、构建概念、进行推理和判断。语文活动可以激发学生的思维能力，让他们成为独立思考、批判性思维和创造性思维的人。

四、语文活动是中华优秀传统文化的重要组成部分

语文活动不仅具有深厚的历史底蕴，也体现了中华民族的传统价值观和人文精神。因此，对于语文活动的深入研究和传承，对于弘扬中华优秀传统文化具有重要意义。

语文活动涵盖了语言、文字、文学、文化等多个方面，是一种综

合性的文化活动。在中国传统文化中，语文具有重要的地位和作用，被视为传承中华文化的重要工具和纽带。在历史上，许多杰出的政治家、学者、文人等都通过语文活动，传承和发扬了中华文化。

中华优秀传统文化是中华民族的精神家园，是中华民族的根本和灵魂。它蕴含了中华民族的智慧、思想、道德、艺术、习俗等方面的传统价值观和文化精髓。这些价值观和精髓，不仅在历史上发挥了重要作用，而且在现代社会中仍然具有不可替代的价值。

语文活动是中华优秀传统文化的重要组成部分，对于传承和弘扬中华文化具有不可替代的作用。在中国的历史长河中，语文活动一直扮演着重要的角色。无论是古代的诗词歌赋，还是现代的小说戏剧，语文活动都承载了丰富的文化内涵。

第一，语文活动是中华优秀传统文化的表现形式之一。中华传统文化源远流长，博大精深，具有深刻的思想内涵和广泛的影响力。而语文活动则承载了中华传统文化的精髓和底蕴。例如，古代的诗词歌赋不仅展现了中华文化的韵味和独特魅力，还传递了丰富的哲学思想、伦理道德观念和历史文化信息。同样，现代的小说戏剧也在传承和发扬中华文化的精神内涵，通过生动的情节和形象的人物展现出中华文化的多样性和丰富性。

第二，语文活动是中华优秀传统文化的传承方式之一。中华传统文化能够历久弥新、不断发展，与传承方式的不断创新密不可分。而语文活动则是传统文化传承的重要途径之一。通过语文活动，人们可以深入了解和领悟传统文化中的精髓和价值，从而更好地传承和发扬中华优秀传统文化。例如，古代的科举考试便是一种以语文知识为主的选拔方式，它不仅培养了大量的文化人才，还推动了中华文化的传承和发展。

第三，语文活动是中华优秀传统文化的重要社会功能之一。中华传统文化具有丰富的社会功能，可以规范社会秩序、促进人际交往和提高人们的文化素养。而语文活动则是实现这些社会功能的重要手段之一。通过语文教育、语文比赛、文学作品欣赏等活动，可以让人们更好地了解和接受中华优秀传统文化的价值观和精神内涵，从而规范自己的行为和言谈举止，促进社会的和谐稳定和发展。

五、中国古代的语文活动

古代中国语文活动历史可以追溯到公元前约 1500 年的殷商时期。在这个时期，书面语言的出现标志着语文活动的开始。随着时间的推移，语文活动在中国历史上扮演着越来越重要的角色。

1.早期的语文活动

在殷商时期，甲骨文是一种重要的书写形式。这是一种在龟甲和兽骨上刻写的文字，主要用来记录占卜和祭祀活动。虽然甲骨文的内容相对简单，但它是中国语文活动的开端，标志着书面语言的出现。

到了西周时期，语文活动得到了进一步发展。在这个时期，文字书写的主要材料是竹简和木简。由于竹简和木简的数量有限，文字书写逐渐成为一种特殊技能，只有少数人能够掌握。此外，西周时期还出现了一些早期的文学作品，如《诗经》中的《周南》《召南》等，这些作品对于中国文学的发展产生了深远影响。

2.春秋战国时期的语文活动

春秋战国时期是中国历史上一个重要的时期，也是一个语文活动大发展的时期。在这个时期，各个诸侯国之间相互竞争，为了争夺地盘和资源，纷纷进行文化建设和语文活动。这个时期的语文活动主要表现在以下几个方面：

（1）文字书写的发展。在春秋战国时期，文字书写得到了进一步发展。各种书写材料如竹简、木简、丝帛等得到了广泛应用。同时，大篆、小篆、金文等文字形式也逐渐演变出来，形成了多样化的书写风格。这些书写风格不仅反映了当时的文化风貌，也影响了后世的书法艺术。

(2)文学作品的出现。在春秋战国时期，文学作品的出现使得语文活动更加丰富多彩。这个时期出现了许多著名的文学作品，如《诗经》《尚书》《论语》《道德经》等。这些作品不仅反映了当时的社会生活和思想观念，也成为中国文学宝库中的经典之作。

(3)教育的发展。在春秋战国时期，教育得到了广泛发展。各个诸侯国为了培养人才，纷纷开设学校，推广儒家学说。教育的普及使得语文活动得到了更广泛的传播和发展，也为后来的文化传承奠定了基础。

3.秦汉时期的语文活动

秦汉时期是中国历史上又一个重要的时期，也是一个语文活动大统一的时期。在这个时期，秦始皇统一了中国文字，推广了小篆，使得文字书写更加规范化和普及化。汉朝时期，纸张的发明和广泛使用也为语文活动提供了更为便捷的书写材料。这个时期的语文活动主要表现在以下几个方面。

(1)文字书写的普及化。在秦汉时期，文字书写得到了普及化。小篆作为官方文字得到了广泛推广和使用，使得更多的人能够掌握书写技能。同时，纸张的发明和广泛使用也使得文字书写更加便捷，为后来的文化传承奠定了基础。

(2)文学作品的高峰期。在秦汉时期，文学作品进入了高峰期。这个时期出现了许多著名的文学作品，如《史记》《汉书》《山海经》等。这些作品不仅记录了当时的历史和文化，也成为中国文学宝库中的经典之作。

(3)经学的发展。在秦汉时期，经学得到了发展。儒家思想成为官方思想，经学成为官方学问。这个时期的经学大师们通过对儒家经典的注释和研究，推动了儒家思想的发展和传承。同时，经学的发展也为中国文化的传承和发展奠定了基础。

古代中国语文活动历史是一个漫长而丰富多彩的过程。从早期的甲骨文到秦汉时期的纸张书写，从西周时期的《诗经》到汉朝时期的经学研究，语文活动在中国历史上扮演着越来越重要的角色。它不仅记录了当时的历史和文化，也推动了文化和思想的发展和传承。古代中国语文活动历史对于我们了解中国文化的渊源和发展有着重要的意义。

六、中国近现代的语文活动

19世纪初，随着西方列强的入侵，近代西方文化逐渐传入中国。此时，中国的语言文字面临着巨大的挑战和变革。一些知识分子开始主张改革文字，以适应时代的需要。其中，最有代表性的人物是钱塘杨氏，他主张采用"不破体"的方法，对汉字进行简化。同时，还有一些知识分子主张采用罗马拼音，实现汉字的拉丁化。这些主张在当时引起了不少争议，但也在一定程度上推动了中国语文的变革。

19世纪末20世纪初，中国面临着更为严峻的挑战。国内外的政治、经济、文化等多方面的因素，都对语文活动产生了深远的影响。

在文字改革方面，20世纪初，一些知识分子主张采用简体汉字，以减轻学习汉字的负担。1956年，国务院公布了《汉字简化方案》，该方案对汉字进行了大规模的简化，并逐渐推广到全国范围内。此外，还有一些知识分子主张采用拼音，以实现汉字的拉丁化。这些主张在当时也引起了不少争议，但在一定程度上推动了中国语文的变革和发展。

在语言规范方面，20世纪初，一些知识分子主张采用官话，以统一全国的语言。1906年，中国政府设立了官话总局，负责推广官话。此外，还有一些知识分子主张采用白话文，以方便大众阅读和理解。这些主张都在一定程度上推动了语言规范的发展。

在教育改革方面，20世纪初，一些知识分子主张推广国语，以促进全民教育的发展。1913年，中国政府颁布了《国民教育令》，规定在全国范围内推广国语教育。此外，还有一些知识分子主张采用注音符号，以帮助学习汉字。这些主张都在一定程度上推动了中国语文教育的发展。

总之，近代中国语文活动历史是一个充满变革和发展的时期。在这个时期，中国的文字、语言和教育都经历了深刻的变革和发展。这些变革和发展不仅推动了中国文化的发展和进步，也为中国现代化进程提供了重要的支撑和保障。

七、中国当代的语文活动

中国是一个拥有悠久历史和丰富文化的国家，所以它的语言也是一门充满故事和历史的语言。现代汉语由汉字组成，而每一个汉字都有它自己的独特历史和含义。例如，"月"这个字，它最初表示的是月亮，后来也被用来表达与月亮相关的各种情感和意象。

中国的语文活动不仅仅是在学校里学习语文，它也渗透到人们的日常生活中。比如，在中国，你会看到很多成语和谚语被广泛使用。这些成语和谚语往往来自古代的经典文学作品，比如《论语》和《诗经》。人们在日常生活中使用这些成语和谚语，不仅是为了表达自己的观点，也是为了展示自己的文化素养。

另外，中国的语文活动也包括很多传统艺术形式，比如书法、诗词和戏曲。这些艺术形式都是通过语言和文字来表达的，它们对于中国人来说，不仅仅是娱乐，也是一种文化传承。例如，很多中国人都会写诗或写对联，这是他们表达自己情感和思想的一种方式。

当然，随着科技的发展，中国的语文活动也发生了很多变化。现在，人们可以通过互联网和手机来阅读和写作，这使得语文活动的范围变得更加广泛。同时，一些新的语文形式也在中国出现，比如网络文学。网络文学让更多的人能够写作和阅读，它也为中国的语文活动注入了新的活力。

中国的语文活动是一个非常广泛和有趣的领域。它不仅涉及中国的语言和文字，也涉及中国人的生活方式和文化传统。但无论如何，都在建构着人类的生命家园，使人们往更高更强的方向发展。

八、文学家和语言学家眼中的语文活动

在中国的文化传统中，语文教育一直占据着重要的地位。随着时间的推移，中国语文教育也在不断地发展和变化。近年来，一些著名的文学家和语言学家对中国语文教育提出了自己的看法和观点。

1.文学家的观点

一些著名的文学家认为，语文教育应该注重培养学生的阅读能力和写作能力。学生应该通过阅读大量的文学作品来提高自己的语言表达能力。同时，这些文学家也强调了语文教育应该注重培养学生的文化素养和人文精神。他们认为，语文教育不仅仅是教授语言技能，更是传承中华民族的文化传统和精神价值。

2.语言学家的观点

一些著名的语言学家则认为，语文教育应该注重培养学生的语言思维能力和表达能力。学生应该通过学习语言的结构和语法规则来提高自己的语言表达水平。同时，这些语言学家也强调了语文教育应该注重培养学生的文化素养和人文精神。他们认为，语文教育不仅仅是教授语言技能，更是为学生将来的发展打下坚实的基础。

中国语文教育是一个复杂而重要的领域。文学家和语言学家的观点虽然有所不同，但都强调了语文教育应该注重培养学生的阅读、写作、语言思维能力和文化素养。未来，中国语文教育还需要不断地发展和完善，以更好地适应社会的需要和学生的需求。

九、语文活动的形式

语文活动可以采取多种形式，以下是一些常见的形式。

1.朗读比赛：可以组织朗读比赛，让学生展示出自己的朗读技巧和语感。

2.诗歌创作：鼓励学生创作自己的诗歌作品，可以进行诗歌朗诵或比赛，培养学生的审美能力和语言表达能力。

3.语文演讲：组织演讲比赛，让学生通过演讲展示自己的表达能力和阐述观点的能力。

4.语文知识竞赛：通过竞赛的形式检验学生对语文知识的理解和掌握程度。

5.语文阅读活动：可以组织课外阅读活动，鼓励学生广泛阅读，提高阅读理解能力和写作能力。

6.语言游戏：通过各种有趣的语言游戏，激发学生对语文学习的兴趣，提高语言技巧。

7.语言小品表演：学生可以编写小品剧本，通过表演来展示语言运用和创造能力。

8.最重要的语文活动：课堂教学活动和学生课内外学习活动。

以上只是常见的语文活动形式，可以根据实际情况和学生的兴趣进行创新和改变。

十、语文活动应遵循的原则

1.全面发展：语文活动应包括听、说、读、写四个方面的训练，全面发展学生的语言能力。

2.实践导向：语文活动应当与实际生活相结合，帮助学生理解与运用语言知识和技能。

3.批判思维：语文活动应培养学生的批判思维能力，让他们能够分析、评价和判断文本内容。

4.鼓励创造：语文活动应鼓励学生进行创造性的思考和表达，培养他们的想象力和创造力。

5.合作共享：语文活动应倡导学生之间的合作与共享，促进交流、合作和互助。

6.多元文化：语文活动应引导学生了解、尊重和包容不同文化背景的人和事物。

7.个性化发展：语文活动应根据学生的个性和发展需求，提供个性化的学习资源和活动方式。

以上原则可以指导语文教学活动的设计和实施，促进学生语文能力的全面提升。

十一、组织语文活动的注意事项

在组织和实施语文活动时，有几个关键的注意事项需要认真考虑和遵守。

首先，明确活动的目标。在组织语文活动之前，要明确活动的目标。这些目标可以是提高学生的阅读理解能力、写作能力或口语表达能力等。明确目标有助于为活动的策划和实施提供一个明确的方向，并确保活动内容与教学目标保持一致。同时，教师或活动组织者还应注意根据学生的年龄、水平以及兴趣爱好等特征来确定活动目标，以确保活动的针对性和有效性。

其次，注重活动的计划和准备。计划和准备是语文活动成功的关键因素之一。在组织和实施语文活动之前，需要进行充分的计划和准备。这包括确定活动的时间、地点、内容以及参与人员等。同时，还需要准备相关的教学材料、教具和设备等，以确保活动的顺利进行。此外，教师或活动组织者还应预先考虑到活动中可能出现的问题和突发情况，并制定相应的应对措施，以避免因意外情况而影响活动的整体效果。

再次，加强活动过程中的引导和管理。在语文活动过程中，教师或活动组织者应注重对学生的引导和管理。要确保学生能够积极参与活动，并最大限度地发挥他们的潜力。同时，教师或活动组织者还应密切关注学生的表现和反应，以及他们的学习需求和反馈意见，以便及时调整活动内容和教学策略，确保活动的有效性和针对性。此外，教师或活动组织者还应引导学生养成良好的学习习惯和自主学习的能力，为他们今后的学习和成长奠定坚实的基础。

最后，及时进行反思和总结。在语文活动结束后，教师或活动组织者应及时进行反思和总结。这有助于对活动的实施效果进行全面的评估和分析，找出其中的优点和不足之处，并为今后的活动提供有益的参考和经验。在反思和总结过程中，教师或活动组织者可以从多个角度来审视活动的整体效果，例如参与者的反应、教学目标达成情况、活动的组织和管理等方面。此外，教师或活动组织者还可以通过收集学生的反馈意见和建议来进一步了解活动的实施效果及影响，并加以改进和完善下一次活动。

除了以上提到的注意事项，还有一些其他的关键因素需要教师在组织语文活动中加以关注。例如要关注学生的个体差异、营造良好的学习氛围、创造合适的学习情境等。教师在实际操作过程中，应该根据具体情况灵活运用以上建议，不断探索和创新适合学生的语文活动形式和方法。

第三节　语文活动是一门课程

课程是一个发展的概念，它是由一定的育人目标、特定的知识经验和预期的学习活动方式构成的，蕴含着丰富、基本而又有创造性与潜质的一套计划与设定。从育人目标看，课程是一种培养人的蓝图；从课程内容看，课程是一种适合学生身心发展规律的、连接学生直接经验和间接经验的、引导学生个性全面发展的知识体系及其获取的途径。

语文活动其实也应把它当成是一门课程看待，这样就容易把语文活动更精细化、质量化、品位化。它旨在提高学生的语文应用能力和综合素质。在此，笔者详细阐述语文活动的重要性和必要性，以及其在现代语文教学中的应用和实施。

一、语文活动是一门新兴的课程

语文活动是近年来逐渐兴起的一种新型课程，其核心理念是通过实践活动来提高学生对语文知识的认知和应用能力。相较于传统的语文课堂教学，语文活动更注重学生的参与和体验，旨在培养学生的综合能力，提升学生的语文素养。通过各种形式的实践活动，如演讲、辩论、写作、表演等，提高学生的语言表达能力、思维能力和人文素养。

在语文活动中，学生不再是被动接受知识的角色，而是主动参与到活动中来，通过亲身体验来感知语文知识，加深对知识的理解和记忆。同时，语文活动也更加注重学生的实际应用能力，通过实践活动来锻炼学生的听、说、读、写能力，培养学生的创新思维和实践能力。

此外，语文活动还更加注重培养学生的团队协作能力。在活动中，学生需要与同伴们共同完成任务，互相协作，共同解决问题。这种团队协作的过程不仅可以提高学生的个人能力，更能培养学生的团队合作精神。

二、语文活动的重要性和必要性

语文活动的重要性和必要性在于它能够弥补传统语文课程的不足，使学生更好地理解和应用语言。传统的语文课程往往偏重于语文知识的传授和语文技能的训练，而忽视了学生的实际需求和兴趣爱好。语文活动则通过各种实践活动，使学生亲身体验语言的运用和表达，加深对语言的理解和掌握。

语文活动还可以提高学生的综合素质，包括语言能力、思维能力、人际交往能力、自我认知能力等。通过实践活动，学生需要主动参与、思考、交流、表达，从而锻炼自己的综合素质。这些能力对于学生的未来发展至关重要，也是现代社会对于人才的基本要求。

随着社会的不断发展，人们对于教育的重视程度不断提升。语文作为一门基础学科，不仅承载着传承文化的重任，同时也关乎着学生的未来发展。为了更好地促进学生的语文学习，语文活动成为不可或缺的一部分。

1.语文活动的重要性

一是增强学生语言表达能力。语文活动是提高学生语言表达能力的重要途径。通过参与语文活动,学生能够有更多的机会接触到规范的语言表达方式,从而在不断地模仿、实践中提高自己的语言表达水平。同时,语文活动也能够培养学生的语感和语境理解能力,帮助他们更好地理解和运用语言。

二是培养学生的学习兴趣。丰富多彩的语文活动能够激发学生的学习兴趣,提高他们的主动性。与传统的课堂教学相比,语文活动更加注重学生的参与性和实践性,能够让学生在轻松愉快的氛围中学习知识,从而提高他们的学习效果。此外,语文活动还能够培养学生的团队协作能力和创新思维能力,为他们的未来发展打下坚实的基础。

三是传承优秀文化传统。语文活动是传承优秀文化传统的重要载体。通过参与语文活动,学生可以接触到丰富多彩的文化知识和思想观念,了解中华民族的优秀传统文化和世界各国的先进文化,从而为今后的文化传承和发展打下坚实的基础。

2.语文活动的必要性

一是适应教育改革的需求。随着教育改革的不断深入,人们对于学生的综合素质和实际应用能力的要求越来越高。《语文课程标准》中明确提出,要让学生在实践中学习和运用语文知识。因此,开展语文活动是适应教育改革的需求,能够有效地提高学生的综合素质和实际应用能力。

二是促进学生的全面发展和个性发展。语文活动是一种综合性较强的教育方式,能够促进学生的全面发展和个性发展。通过参与语文活动,学生可以在多个方面得到锻炼和提高,如语言表达、思维逻辑、文化素养、团队协作等。同时,语文活动也能够为学生的个性发展提供平台和支持,帮助他们发掘自己的潜力和特长。

三是实现教育目标的重要手段。语文活动是实现教育目标的重要手段之一。在语文活动中，学生可以接触到各种不同领域的知识和信息，从而拓宽视野、增长见识。同时，语文活动也能够培养学生的创新精神和创造能力，帮助他们更好地适应未来的社会需求。因此，开展语文活动是实现教育目标的重要手段之一。

三、语文活动在现代语文教学中的应用和实施

在现代语文教学中，语文活动有着重要的应用和实施。教师可以根据学生的实际情况和课程目标，设计各种形式的实践活动，如演讲、辩论、写作、表演等。例如，教师可以组织学生进行课堂演讲，让学生自主选择主题，准备演讲稿并进行演讲。通过这种方式，学生可以锻炼自己的语言表达能力、思维能力和演讲技巧，同时也可以拓宽自己的知识面和视野。

另外，教师还可以组织学生进行课堂辩论，让学生针对某一话题进行正反方辩论。通过这种方式，学生可以锻炼自己的思维能力和交流能力，同时也可以加深对于话题的理解和认识。教师还可以组织学生进行写作活动，让学生自主选择写作主题和文体，进行自由创作。通过这种方式，学生可以锻炼自己的写作能力和创造力，同时也可以加深对于文学和文化的认识和理解。

除了课堂内的实践活动，教师还可以组织学生进行课外实践活动，如社会调查、文化体验等。通过这些活动，学生可以更加深入地了解社会和文化，拓宽自己的视野和认知。例如，教师可以组织学生进行社会调查，让学生深入社区或企业进行调查和研究，撰写调查报告并提出建议。通过这种方式，学生可以锻炼自己的社会实践能力和解决问题的能力，同时也可以为社会做出一定的贡献。

语文活动是一门重要的课程，对于提高学生的语文应用能力和综合素质具有积极的作用。在现代语文教学中，教师应该注重语文活动的应用和实施，设计各种形式的实践活动，激发学生的学习兴趣和积极性，培养学生的综合素质和未来发展的能力。

实施策略主要有以下几个方面。

1.明确活动目标

在开展语文活动之前，教师需要明确活动目标，确保活动的针对性和有效性。例如，可以设定提高学生的语言表达能力和培养学生的团队合作精神等目标。针对不同的目标，教师可以设计相应的语文活动，从而让学生在参与中得到锻炼和提高。

2.选择合适的活动内容

选择合适的活动内容是保证语文活动成功的重要因素。在选择活动内容时，教师应根据学生的实际情况和兴趣爱好进行选择，同时还要注重活动内容的难度和系统性。例如，可以组织学生进行课本剧表演、演讲比赛、课外阅读等丰富多彩的活动形式，从而让学生能够在自己感兴趣的领域中得到锻炼和提高。

3.制定具体的实施方案

制定具体的实施方案是保证语文活动顺利开展的关键环节。在制定方案时，教师应充分考虑活动的实际情况和资源配备情况，制定切实可行的实施方案。例如，可以制订详细的活动时间、地点、人员分工等计划，以确保活动的顺利实施。

4.加强活动管理和评估

加强活动管理和评估是保证语文活动取得良好效果的重要保障。在活动过程中，教师应密切关注学生的表现和进展情况，及时发现和解决问题。同时，教师还要注重对活动的评估和总结工作，通过收集学生的反馈意见和总结经验教训等方式不断完善和提高语文活动的质量和效果。

第二章　语文活动是一种"雕刻生命"的艺术

第一节　语文活动与生命的关系

语文是包含听、说、读、写的活动，是我们日常生活中的一部分，它不仅仅是一种语言工具，更是我们表达思想、交流感情的重要方式。

一、语文活动与生命息息相关

首先，语文活动可以帮助我们更好地理解自己和他人。比如，当我们读一本好书时，我们会深入地思考主人公的内心世界，感受他们的喜怒哀乐。这不仅可以帮助我们更好地理解自己的生命，也可以让我们更好地理解他人的生命。

其次，语文活动也可以帮助我们更好地表达自己的想法和感情。比如，当我们写一篇日记时，我们可以通过文字来表达自己的内心感受，记录自己的生命历程。这不仅可以让我们更好地理解自己的生命，也可以让我们更好地珍惜自己的生命。

最后，语文活动还可以帮助我们更好地与他人交流和沟通。比如，当我们与朋友聊天时，我们可以通过语言来表达自己的观点和想法，分享自己的生命经验。这不仅可以让我们更好地理解他人的生命，也可以让我们更好地丰富自己的生命。

语文活动与生命关系密切，它们是一对不可分割的好朋友。通过语文活动，我们可以更好地理解自己和他人，更好地表达自己的想法和感情，更好地与他人交流和沟通。

二、语文活动对生命成长的价值

语文活动对生命成长有着重要的价值。首先,语文是人类沟通交流的工具,通过语文的学习和运用,我们可以与他人建立起良好的沟通和交流关系。良好的沟通能力是我们在社会中融入和发展的基础,能够提升我们的人际关系、解决问题的能力,增加自信心。

其次,语文是表达思想和观点的工具。通过语文的学习,我们可以学会将自己的想法清晰地表达出来,提高自己的逻辑思维和分析能力。这使得我们能够更好地理解和分析问题,同时也能够更好地展示自己的观点和想法。

此外,语文是文化传承和思想启蒙的媒介。通过阅读经典文学作品、名人言论等,我们可以了解到历史、文化、哲学等方面的知识,培养自己对于美的感知和审美能力,拓宽视野,增加思考的广度和深度。

再者,语文学习也能够提升我们的批判性思维和创造力。通过学习文学作品,我们可以学会分析、解读和评价文学作品,培养批判性思维的能力。而写作则是一种创造性的行为,通过用语言表达自己的想法和感受,我们可以培养自己的创造力和想象力。

第二节 语文活动的本质是一种生命的教育

语文活动本质上是一种生命的教育。这种教育涉及人类生命的意义、价值以及自我理解等方面。它不仅是对知识的传授,更是对人性的探索和塑造。

语文活动在教育领域中具有悠久的历史和重要的地位。它不仅是学生学习语言的基础,也是培养学生思维能力、表达能力和文化素养的重要途径。通过语文活动,学生可以了解和掌握语言的基本要素和文化内涵,同时也可以探索人类生命的意义和价值。

语文活动的教育意义是多方面的。首先，它有助于学生掌握语言的基本知识和技能，包括听、说、读、写等方面的能力。其次，语文活动可以培养学生的思维能力和表达能力，帮助学生学会思考、表达自己的观点和理解他人的思想。此外，语文活动还可以传承和弘扬文化，帮助学生了解和尊重不同文化之间的差异和共同点。

语文活动的教育方式也是多样的。其中，课堂教学是最为主要的方式之一。在课堂教学中，教师可以通过阅读、讲解、讨论、写作等方式来引导学生掌握语言的基本知识和技能。此外，还可以通过课外阅读、文学作品鉴赏、写作练习等方式来丰富学生的语文素养。

语文活动是一种生命的教育，它不仅是对知识的传授，更是对人性的探索和塑造。通过语文活动，学生可以了解和掌握语言的基本知识和技能，同时也可以探索人类生命的意义和价值。因此，我们应该重视语文活动在教育中的作用和地位，为学生提供更好的教育环境和机会。

语文活动对我们的生命质量有着深远的影响。通过阅读，我们可以拓宽视野，增长见识，更好地理解世界。写作则能帮助我们表达内心，与他人沟通，同时记录生活，留下宝贵回忆。参与语文活动，如演讲、朗诵、写作课程等，还能锻炼我们的表达能力，提升自信心，培养批判性思维。

语文活动丰富内心世界，提高生命质量。

第三节 语文活动沉淀生命的底色

语文学习不仅是语言技能的培养，更是文化的传承和思想的熏陶。通过阅读经典的文学作品，我们可以深入了解历史、文化、哲学等知识，拓宽生命的宽度和深度。语文学习过程中的思考和写作活动，有助于我们形成自己的独特思想和价值观。这不仅丰富了我们的精神世界，还让我们在人际交往中有更深刻的理解和沟通。语文活动的沉淀，有助于我们发现生命中的美好和意义。无论是诗词歌赋，还是散文小说，这些文学作品都包含着作者对生命真谛的探索和感悟，我们可以从中汲取智慧和力量。语文活动也是表达自己、理解他人的重要途径。通过写作和口语表达，我们可以将自己的思考和情感传达给他人，促进心灵的交流和共鸣。

语文活动建构生命家园。语文活动是指一系列旨在提高学生的语文素养和表达能力而设计的各种活动。语文活动在建构生命家园方面扮演着重要角色。生命家园，指的是一个人在语言、文化、历史和价值观等方面的归属感与认同感。这种认同感不仅源于个人的经历与感知，也受到社会环境与文化背景的影响。语文活动，正是在这样的基础上建立起生命家园的桥梁。

1.语文活动在建构生命家园方面具有举足轻重的地位

首先，语文活动通过语言文字的使用，让人们能够表达自己的思想、情感和价值观。语言文字不仅是人类文明的基石，也是个人成长与发展的重要工具。通过语文活动，人们能够更好地理解自己和他人，从而形成自我认同和对他人的认同，这是生命家园的起点。

其次，语文活动通过传递文化与历史，让人们能够了解并继承自己的文化传统。文化传统是一个人在社会中获得身份认同的重要来源，它包含了人们的行为规范、价值观念和生活方式等。通过语文活动，人们能够习得并传承这些文化传统，从而使个人的生命家园更加稳固。

此外，语文活动还通过阅读、写作和其他形式的交流，让人们能够与他人共享自己的经验和知识。这种共享不仅有助于增进彼此的理解和信任，还能够促进社会的和谐与稳定。在这样的环境下，人们能够感受到自己的生命家园是与其他人共同构建的。

语文活动在建构生命家园方面具有举足轻重的地位。通过语文活动，人们能够表达自我、了解并继承文化传统、与他人共享经验和知识,从而建立起稳固的生命家园。因此,我们应当重视并推广语文活动,使其在个人和社会的发展中发挥更大的作用。

2.语文活动是建构生命家园的重要途径

建构生命家园并不仅仅依赖于语文活动,其他学科、家庭、朋友和社区等也在不同程度上影响着一个人的身份认同和归属感。然而,语文活动作为一种普遍且重要的学习方式,为人们提供了丰富的资源和机会,让人们在语言文字的使用、文化历史的传承和人际交流中不断塑造和完善自己的生命家园。

在实践中,教育工作者和家长可以结合语文活动和其他学习方式,引导青少年在知识学习、道德品质和情感发展等方面全面提升。例如,通过阅读经典的文学作品,可以帮助学生拓宽视野、理解人性与社会,从而培养其独立思考和判断的能力;通过写作练习,可以帮助学生表达情感、提升语言表达能力,同时也有助于他们发现和解决自身的问题;通过参与社区活动或志愿者工作,可以让学生了解和体验不同的文化和生活方式,培养其社会责任感和团队协作能力。

语文活动是建构生命家园的重要途径。通过语言文字的使用、文化历史的传承和人际交流的促进,我们可以帮助青少年建立自我认同和对他人的认同,培养其人文素养和社会责任感。在未来的教育和社会实践中,我们应该进一步探索和创新语文活动的方式,以更好地服务于个人和社会的发展。

3.语文活动对构建生命家园的贡献

首先,语文活动有助于提高学生的语文素养。语文素养是学生必备的基本素养之一,包括语言、文字、文化、人文等多个方面。通过参与语文活动,学生可以更好地掌握语言文字,了解文化背景,提高人文素养,从而更好地适应社会生活。

其次,语文活动可以培养学生的表达能力。表达能力是学生走向社会后必须具备的能力之一。通过语文活动,学生可以锻炼自己的口语表达、写作能力和交际能力，提高自己的表达水平，更好地与他人沟通和合作。

此外，语文活动还可以丰富学生的文化生活，拓展学生的视野。语文活动包括各种阅读、写作、演讲、表演等，这些活动可以丰富学生的课余生活，拓展他们的视野，增长他们的见识。通过参与语文活动，学生可以更好地了解世界，认识自我，形成正确的人生观和价值观。

4.语文活动是生命家园的重要组成部分

生命家园不仅包括物质层面的建设，更包括精神层面的建设。语文活动可以为学生提供丰富的精神食粮，促进学生的全面发展，提高学生的综合素质。同时，语文活动还可以为学生提供展示自我、实现自我价值的平台，增强学生的自信心和自尊心。语文活动贯穿生命的始终。

语文活动在构建生命家园方面起到了重要的作用。通过提高学生的语文素养和表达能力，丰富学生的文化生活和拓展学生的视野，语文活动为学生提供了更好的发展环境和平台。在未来，我们应该进一步重视语文活动的作用，发挥其在构建生命家园中的潜力。

第四节 语文活动是一种艺术

一、语文活动是一种"雕刻生命"的艺术

语言是一种无形的雕刻刀，用它来"雕刻生命"，是一种非常特殊的艺术。语文活动是一种艺术，它以"雕刻生命"为主题。这种艺术并不仅仅是一种表面的装饰，而是一种深入骨髓的人性的塑造。

语文活动是一种多维度的艺术形式，它涉及语言、文化、思维和社会等多个方面。它不仅是对语言的运用和探索，更是对人类文明的传承和发扬。通过语文活动，我们可以更好地理解人类的历史、文化

和社会,从而更好地适应和推动社会的发展。

语文活动的艺术性表现在它的多样性和灵活性上。它可以是一种口头表达,也可以是一种书面表达;可以是一种戏剧表演,也可以是一种诗歌朗诵。无论采用何种形式,语文活动都可以通过语言的艺术表现力来感染和影响观众或读者。

语文活动的"雕刻生命"的特点表现在它的教育性和启示性上。通过语文活动,我们可以传递价值观、人生观和世界观,从而塑造一个人的品格和人格。同时,语文活动也可以启示我们思考生命的意义和价值,从而提高我们的人生境界和生命质量。

语文活动是一种具有深刻意义和价值的艺术形式。它不仅可以提高我们的语言能力和文化素养,更可以塑造我们的品格和人生,让我们更加深刻地理解生命的意义和价值。因此,我们应该积极参与语文活动,感受它的艺术魅力,体验它的"生命雕刻"之美。

二、语文活动"雕刻生命"的艺术,体现在语文活动是一种语言建构与运用的艺术

语言建构与运用是指通过语言文字的实践,创造和获取意义的一种语言能力。语文活动则是这种能力的一种具体表现形式,它不仅涉及语言的表达和理解,还涉及文化、历史、艺术等多个领域。因此,语文活动是一种综合性极强的人类文化实践活动。

在语文活动中,语言文字不仅是表达思想的工具,也是人们理解社会、历史、文化等方面的重要途径。语言文字的实践不仅是一种技术的掌握,更是一种文化的体验和传承。因此,语文活动具有非常重要的文化价值和社会意义。

语文活动的形式多种多样,包括写作、阅读、演讲、辩论等。在这些活动中,学生们不仅可以锻炼自己的语言表达能力,还可以通过交流和互动,增强自己的社交能力和团队协作能力。同时,语文活动还可以培养学生的思维能力和创新能力,提高学生的文化素养和综合素质。

三、语文活动"雕刻生命"的艺术，体现在语文活动是一种审美鉴赏与创造的艺术

语文活动是一种审美鉴赏与创造的艺术，它通过对语言的运用和表达，展现出人类的思维和情感的美妙。语文活动以语言为媒介，通过文字的组织和表达，传递人类的思想、情感、价值观等各种信息。在这个过程中，人们不仅能够欣赏语言的美感，还可以通过语文活动展示自己的创造力和才华。

语文活动包含了广泛的形式和内容，例如写作、朗诵、演讲、戏剧等。在写作方面，人们可以通过诗歌、散文、小说等方式，以自己独特的视角和表达方式来展示思想和情感。朗诵和演讲则是通过声音和语调的抑扬顿挫，将文字变成声音，以更生动有力的方式传达信息。戏剧则将语言和表演结合在一起，通过角色的扮演和对话，展现出故事的情节和人物的特点。

语文活动不仅是一种艺术形式，也是一种学习和培养能力的过程。通过语文活动，人们可以提升自己的语言表达能力、思维逻辑能力、观察力和想象力。在创作过程中，人们需要不断思考和选择合适的词语和句子来表达自己的意思，这对于培养语言的敏感度和表达能力是非常重要的。

此外，语文活动也能够加强人与人之间的交流和沟通。通过语文活动，人们可以分享自己的思想和情感，理解他人的观点和感受。在演讲和戏剧表演中，人们需要进行角色扮演和合作，这对于团队协作和沟通能力的培养也起到了积极的作用。

在学校教育中，语文活动是课堂教学的重要组成部分。教师可以通过组织写作比赛、朗诵比赛、戏剧表演等形式，激发学生的学习兴趣，提高他们的语文水平和综合能力。同时，学生也可以通过参加语文活动，展示自己的才华和特长，培养自信心和自我表达能力。

四、语文活动"雕刻生命"的艺术,体现在语文活动是一种思维的发展与提升的艺术

语文活动是一种有助于思维的发展与提升的艺术。通过进行语文活动,我们可以锻炼和培养我们的语言表达能力、沟通能力、思维逻辑能力以及创造力。在语文活动中,我们可以通过阅读文学作品、写作、讨论、演讲等方式,不仅提高我们的语言水平,还能培养我们的审美能力和思考能力。同时,语文活动也可以帮助我们更好地理解文化、历史和社会,丰富我们的人生阅历。因此,积极参与语文活动对于我们的思维发展和提升是非常有益的。

语文活动的确可以促进思维的发展与提升,可以被视为一种艺术。语文活动包括阅读、写作、讨论、赏析文学作品等。阅读活动,我们需要理解、推理、分析文本,从中获取信息并形成自己的思考,并且不断地挑战和拓展自己的思维边界。写作活动要求我们用清晰、准确的语言表达思想,培养逻辑思维和创造力。讨论则促使我们思考不同观点,进行逻辑推理、辩证思考等。通过这些活动,我们可以提高我们的思维能力,锻炼逻辑思维、分析思维、创造性思维等方面的能力。同时,语文活动还能丰富我们的情感体验,培养审美素养和文化修养。因此,积极参与语文活动对于我们的思维的发展与提升有着重要的意义。

语文活动是思维的艺术,它不仅决定了我们的表达能力,还影响了我们的思考方式。

想象一下,当你阅读一篇文章时,你需要理解作者的意图、分析文章的结构,并提出自己的观点。这就像是一场思维之旅,让你在探索中不断提升。写作也是一个很好的例子,它可以帮助我们表达自己的想法,同时也可以锻炼我们的创造力和逻辑思维能力。

五、语文活动"雕刻生命"的艺术,体现在语文活动是一种文化传承与理解的艺术

语文活动不仅仅是学习语言,更是一种文化传承。通过学习诗词、对联、成语等语言形式，我们能够理解古人的智慧和思想，传承和弘扬中华优秀传统文化。同时，语文活动也是跨文化理解的重要桥梁。通过学习不同国家的文学、文化等，我们能够增进对其他文化的认识和理解，拓宽我们的国际视野。

此外，语文活动还是一种艺术。语言的美、文学的魅力、思辨的乐趣，都在这门艺术中得到了充分的体现。通过参与语文活动，我们可以感受到语言的韵律之美、意境之深，从而提升我们的审美能力和人文素养。

六、语文活动"雕刻生命"的艺术，体现在是一种"雕刻"教师自己生命的艺术

在语文教育活动中，教师不仅需要传授知识，更需要通过言传身教，引导学生去理解人生的意义和价值。这项艺术要求教师拥有深厚的语文素养，更要求教师具备"雕刻"自己生命和他人生命的情怀。教师组织活动的过程，既是一种自我学习提高的过程，也是增强自己才干的过程，锤炼品格，夯实生命的厚度。因此，教师通过这种艺术，教师可以让学生在掌握语文技能的同时，塑造自己的人格，提升自己的素养，提高生命的境界和灵魂的品位。

语文活动在"雕刻"教师生命的艺术中具有独特的意义。教师在课堂上扮演着引导者和启发者的角色，他们不仅要传授知识，还要关心学生的成长和发展。语文活动为教师提供了与学生建立情感联系的机会。通过与学生的互动，教师可以了解他们的需求和困惑，给予他们关怀和支持。在这个过程中，教师可以通过对学生的鼓励和激励，激发他们的潜力和积极性，帮助他们成长为有思想、有情感的人。教学相长，在助他人成长、成才、成器的过程中，教师也在不断"雕刻"自己的生命。

语文活动在"雕刻生命"的艺术中还体现了教育的终极目标。活到老学到老，教师在语文活动中不断自我充电，自我"雕刻"，自我成长。只有"雕刻"好自己，才能更好地"雕刻"他人。教育不仅仅是为了传授知识和技能，更是为了培养学生健全的人格和积极的价值观。语文活动通过阅读文学作品、研究作家的思想和艺术，让学生了解到人生的真谛和价值，培养他们的审美情趣和人文素养。这种培养，不仅需要教师有深厚的文学素养，更需要教师对生命的热爱和敬畏之心。只有教师自己深深热爱生活，"雕刻"好自己，才能有更好的学养资质，通过语文活动去感染学生，激发他们对生命的热爱和探索。

语文活动是一种"雕刻生命"的艺术。通过语文活动，教师可以在教育的土壤中雕刻出学生的思想和人格，激发他们的潜力和创造力。同时，教师自己也在这个过程中得到成长和启迪，"雕刻"出更优秀的自己。只有在提升到艺术的高度并在此指引下，语文教育才能真正达到其终极目标，培养出有情感、有思想的新一代。

七、语文活动"雕刻生命"的艺术，体现在是一种"雕刻"学生生命的艺术

语文活动"雕刻生命"的艺术，体现在是一种"雕刻"学生生命的艺术。语文作为一门综合性、基础性学科，不仅仅是传授知识和技能的工具，更是一种塑造学生品格和人生观的重要途径。通过语文活动，教师可以激发学生的思维、培养学生的表达能力，进而影响他们的思维方式和价值观。

首先，语文活动可以培养学生的思维能力。语文学习不仅仅是对文字的理解与运用，更是对逻辑思维的培养和训练。通过分析文章结构、推理作者观点等活动，学生可以锻炼自己的逻辑思维能力，培养批判性思维和创造性思维。这些思维能力的培养将有助于学生今后的学习和生活中，更好地理解问题、解决问题。

其次，语文活动可以提高学生的表达能力。语文学习涉及表达思想的能力，无论是口头表达还是书面表达，都需要学生通过语言将自己的思想与观点传递给他人。通过课堂讨论、作文写作等活动，学生可以提高自己的表达能力。同时，这些活动还可以培养学生的团队协作意识，促进彼此之间的交流与合作。

此外，语文活动还能够影响学生的思维方式和价值观。语文课堂上的教学内容往往涉及文学作品中的人物、事件、道德观念等。通过对这些内容的学习和讨论，学生可以接触到不同的人生观和价值观，从而拓宽他们的思维边界，培养他们的人文关怀和社会责任感。这种价值观的培养将对学生今后的思维方式和行为习惯产生深远的影响。

八、语文活动"雕刻生命"的艺术，体现在是一种生命表现的艺术

语文活动，它也是一种艺术形式，旨在展现生命的表现力和活力。它是一种创造性的活动，通过语言和文字的运用，将生命的内在意义和外在形式完美地结合起来。语文活动的这种表现生命的特性，使其成为一种极具价值的教育工具。

首先，语文活动通过语言和文字的运用，能够表达出生命的内在意义。语言和文字不仅是交流的工具，也是表达情感、传递思想、阐述价值观的重要手段。通过语文活动，人们能够借助语言和文字的力量，将生命的内在意义深刻地表达出来，从而引起他人的共鸣和思考。

其次，语文活动通过创造性地运用语言和文字，能够展现生命的活力。语言和文字不仅是静态的符号，更是具有创造性和生命力的动态符号。通过语文活动，人们能够借助语言和文字的力量，将生命的活力充分地展现出来，从而激发他人对生命的热爱和珍视。

最后，语文活动的表现生命的特性，使其成为一种极具价值的教育工具。教育是传递知识、培养能力、塑造人格的重要途径。通过语文活动，人们能够借助语言和文字的力量，将生命的内在意义和外在形式完美地结合起来，从而在教育中发挥重要的作用。

九、语文活动"雕刻生命"的主要措施

语文活动"雕刻生命"是一项具有重要意义的实践活动，旨在帮助学生更好地理解语文学习的本质，提高他们的语言运用能力和文化素养。为了确保活动的成功开展，以下是一些主要措施。

一是明确活动目标。在策划语文活动"雕刻生命"之前，我们需要明确活动的目标。此次活动的目标主要是帮助学生了解语文学习的本质，提高他们的语言运用能力和文化素养。

二是制订活动计划。为了确保活动的顺利进行，我们需要制订详细的计划。在制订计划时，应该考虑到活动的主题、时间安排、所需资源和参与者等因素。计划应该详细到每个小时的内容和活动安排，以确保活动能够有序进行。

三是确定活动主题。"雕刻生命"这个主题应该贯穿整个活动始终。我们可以根据这个主题制定一系列相关的问题和活动，例如学生如何理解生命的价值和意义，如何用语言来表达自己的思想感情等。这些问题和活动应该与语文学习密切相关，以帮助学生更好地理解语文学习的本质。

四是选择适当的教学策略。在活动中，我们需要选择适合学生特点和活动主题的教学策略。例如，我们可以通过讲解、讨论、写作、演讲等方式，帮助学生了解和理解生命的价值和意义，以及如何用语言来表达自己的思想感情。我们还应该根据学生的不同特点和学习情况，采用不同的教学策略，以确保每个学生都能够得到有效的指导。

五是准备所需资源。在活动中，我们需要准备必要的资源，例如教学材料、多媒体设备、教学场地等。这些资源应该能够满足学生的需求，以提高他们的学习效果。

六是确定参与者。在活动中，我们需要确定参与者。参与者应该包括学生、教师和家长等。学生是活动的主体，教师应该起到引导和指导的作用，家长可以参与活动的组织和协调工作。

七是制定评估标准。在活动中，我们需要制定评估标准，以了解学生的学习情况和效果。评估标准应该与活动的目标相一致，例如学生的写作、演讲、讨论等能力应该得到评估。此外，我们还可以通过问卷调查等方式了解学生对活动的反馈和评价，以进一步改进和完善活动。

八是加强安全管理。在活动中，我们还需要加强安全管理，确保学生的安全。我们应该制定详细的安全预案和紧急疏散方案，并进行演练和检查，以确保学生的生命安全和财产安全。

第三章 高品质语文活动

第一节 高品质语文活动的概念及要求

一、高品质语文活动的概念

高品质的语文活动是一个复杂的概念，它涉及许多方面。为了深入阐述这个概念，我们需要将其分解为不同的组成部分，并逐一进行分析。

第一，高品质的语文活动应该具有明确的教学目标。这些目标应该与课程大纲和学生的实际需求紧密结合，以确保活动的针对性和实效性。目标应该是可测量和可实现的，以便教师和学生可以明确地了解他们的进度和成果。同时，目标也应该具有分层性，以适应不同水平学生的学习需求。

第二，高品质的语文活动应该具有高质量的教学内容。这些内容应该具有现实意义和实用价值，以激发学生的学习热情和动力。内容应该与学生的生活经验和背景相关联，以便他们可以更好地理解和应用所学知识。同时，内容也应该具有系统性和逻辑性，以帮助学生建立清晰的学习轨迹和知识体系。

第三，高品质的语文活动应该采用多种教学方法和手段。这些方法和手段应该根据学生的实际情况和需求进行选择和调整，以确保教学活动的多样性和有效性。方法应该注重培养学生的自主学习能力和创新能力，以便他们可以在未来更好地应对复杂多变的社会环境和挑战。

第四，高品质的语文活动应该具有良好的教学氛围。这种氛围应该具有安全性和支持性，以鼓励学生积极参与并享受学习过程。氛围应该注重学生的情感和心理健康，以便他们可以在舒适和自信的状态下发挥自己的最佳水平。同时，氛围也应该具有开放性和包容性，以促进学生的思考和创造力发展。

最后，高品质的语文活动应该具有有效的评估和反馈机制。这种机制应该能够全面客观地评估学生的学习成果和进步情况，并提供具体的指导和建议以帮助学生进一步提高。同时，评估和反馈也应该具有多样性和及时性，以便教师和学生可以及时了解和调整他们的教学和学习策略。

二、高品质语文活动的内容要求

语文活动是一种以语言为媒介的综合性学习活动，其目的是提高学生的语文应用能力、信息素养和创新能力，促进学生的全面发展。为了实现这一目标，高品质的语文活动需要具备以下内容要求。

1.注重语言应用能力的培养

语言应用能力是语文活动最为基本和核心的能力要求。在语文活动中，学生需要运用语言进行表达、交流、创作等实践活动，因此，活动设计应注重学生语言应用能力的培养。具体而言，语文活动应包括以下内容。

一是语言表达：通过演讲、辩论、角色扮演等形式，培养学生的口语表达能力，提高其语言的准确性和流畅性。二是书面表达：通过写作、文学创作等形式，培养学生的书面表达能力，提高其语言的规范性、艺术性和创新性。三是语言理解：通过阅读、听力训练等形式，培养学生的语言理解能力，提高其语言的感知力和鉴赏力。

2.注重信息素养的培养

在信息时代，信息素养已成为人们必备的素养之一。语文活动应注重培养学生的信息素养，使其能够有效地获取、评价、利用和创造信息。具体而言，语文活动应包括以下内容。

信息获取：通过资料查阅、网络搜索等形式，培养学生获取信息的能力，提高其信息获取的效率和质量。信息评价：通过资料筛选、信息鉴别等形式，培养学生评价信息的能力，提高其信息的真实性和可靠性。信息利用：通过文献引用、资料整理等形式，培养学生利用信息的能力，提高其信息的利用率和实用性。信息创造：通过信息整合、信息创新等形式，培养学生创造信息的能力，提高其信息的创新性和价值性。

3.注重创新能力的培养

创新能力是当前社会最为需要的能力之一。语文活动应注重培养学生的创新能力，激发其创造性思维和创造力。具体而言，语文活动应包括以下内容。

问题解决：通过分析问题、提出解决方案等形式，培养学生解决问题的能力，提高其解决问题的创新性和有效性。创意设计：通过文学创作、艺术设计和科技发明等形式，培养学生创意设计的能力，提高其创意的独特性和实用性。团队创新：通过小组讨论、合作创新等形式，培养学生的团队创新能力，提高其团队的协作性和创新性。

4.注重文化素养的培养

语文活动应以文化为基础，注重培养学生的文化素养，加深其对文化的认识和理解。具体而言，语文活动应包括以下内容。

文化知识：通过文化讲座、文化交流等形式，培养学生了解和掌握相关文化知识，提高其对文化认知的深度和广度。文化体验：通过文化实践、文化旅游等形式，培养学生体验文化的能力，提高其对文化的感受力和领悟力。文化传承：通过文化展示、文化传承等形式，培养学生传承文化的能力，提高其对文化传承的重要性和必要性的认识。

第二节 高品质语文活动的组织

组织高品质语文活动是一个涉及多方面因素的复杂过程。
一、组织高品质语文活动的建议
1.明确活动目的

首先，需要明确活动的目的。是为了提高学生对语文的兴趣？还是为了提高学生的语文能力？或是为了丰富学生的文化生活？还是多种目的兼而有之？了解活动的目的将有助于制订定合适的计划和策略。

2.策划活动内容

在明确活动目的之后，需要策划活动内容。活动内容应该与语文相关，并具有一定的教育意义。同时，活动内容应该具有趣味性，以吸引学生参与。可以考虑以下几种活动。

一是语文知识竞赛，二是诗歌朗诵比赛，三是作文比赛，四是文学讲座，五是阅读分享会，六是课堂教学活动，七是学生自主学习和作业活动，八是线上、线下相结合的学习活动。

3.确定活动形式

活动形式对于活动的成功与否也至关重要。以下是几种可供参考的活动形式。

一是现场比赛：如知识竞赛、诗歌朗诵比赛等。二是网络比赛：如作文比赛等。三是讲座：邀请知名作家或语文教育专家举办讲座。四是分享会：邀请学生或老师分享自己的阅读体验或写作经验。五是教学：精心准备并高效教学。六是学习：学生自主学习和作业。

4.宣传活动

宣传是吸引学生参与的重要环节。可以通过以下途径进行宣传。

一是学校内部宣传：通过学校内部网站、微信公众号等渠道进行宣传。二是社会媒体宣传：通过微博、微信等社交媒体进行宣传。三是海报宣传：在学校内部和周边地区张贴宣传海报。

5.组织活动执行

在活动举办前，需要做好以下工作：一是确定活动场地、时间和人员安排。二是准备必要的设备和道具。三是确定评分标准和评选规则。四是做好接待和安排工作。

6.进行活动总结

活动结束后，需要做好总结工作。以下是几个总结方面的建议。

一是活动参与情况：统计参与人数、参赛队伍等信息。二是活动效果评估：收集学生和老师的反馈意见，评估活动效果。三是获奖者表彰：对获奖者进行表彰和奖励。四是活动问题总结：总结活动中出现的问题，为下一次活动提供参考。

总之，组织有品位的语文活动需要充分准备和周密安排。只有做好充分的准备工作，才能确保活动的成功举办，达到预期的目的和效果。

当然，组织语文活动时，有几个注意事项需要考虑。

一是明确活动目标：确定活动的目的和意义，明确想要达到的效果，以便有针对性地进行准备和组织。

二是确定活动形式：根据参与人群的特点和活动目标，选择适合的形式，如讲座、讨论、小组活动、比赛等，以激发学生的兴趣和参与度。

三是合理安排时间：根据活动内容和预期效果，合理安排活动时间，避免时间过长或过短造成参与者疲劳或无法完成活动目标。

四是提供资源支持：根据活动需要，准备相关的教材、课件、参考资料等，以便提供给学生或教师使用，增加活动的质量和效果。

五是明确任务和角色：确保每个参与者都清楚自己的任务和角色，明确活动的要求和期望，以协调各个成员之间的合作和配合。

六是鼓励互动和合作：创造积极的互动环境，鼓励参与者之间的交流和合作，促进思想的碰撞和共享，提高学生的学习效果。

七是评估和反思：活动结束后，进行评估和反思，收集参与者的反馈意见和建议，总结经验和教训，为下次活动的改进提供参考。

通过遵循上述组织注意事项，可以有效地组织语文活动，提高学生的语文素养和学习成效。同时，也能够增强学生对语文学科的兴趣和自信心。

二、高品质语文活动对教师的具体要求

在教育领域，高品质语文活动被视为一种有效的教学方式，它不仅能够提高学生的语文能力，还能够培养学生的综合素质。对于教师而言，组织和实施高品质语文活动是一项重要的任务。下面阐述高品质语文活动对教师的具体要求。

第一，教师需要具备广博的知识和深厚的文化底蕴。高品质语文活动通常涉及多个领域的知识，如文学、历史、哲学、艺术等。教师需要具备这些领域的基本知识，以便能够为学生提供充分的理解和支持。同时，教师还需要具备深厚的文化底蕴，以便能够引导学生探索文本的深层含义和文化内涵。

第二，教师需要具备灵活的组织能力和应变能力。高品质语文活动通常需要教师在活动过程中进行灵活的组织和应变。例如，在阅读活动中，教师需要根据学生的阅读进度和阅读理解能力灵活调整阅读计划；在写作活动中，教师需要根据学生的写作水平和写作困难灵活调整写作要求。此外，教师还需要在活动过程中及时处理可能出现的问题和冲突。

第三，教师需要具备敏锐的教学洞察力和分析能力。高品质语文活动通常涉及学生的情感和认知发展，教师需要具备敏锐的教学洞察力和分析能力，以便能够及时发现学生的问题和困难，并采取有效的措施进行干预和指导。例如，在阅读活动中，教师可以通过观察学生的阅读行为和阅读成果，发现学生的阅读问题和困难，并采取针对性的指导措施。

第四，教师需要具备创新的教学思维和设计能力。高品质语文活动通常需要教师具备创新的教学思维和设计能力，以便能够设计出具有创意和吸引力的活动方案。例如，在写作活动中，教师可以设计出多种创新的写作形式，如小说创作、诗歌写作、剧本编写等，以激发学生的写作兴趣和创造力。

第五，教师需要具备严谨的教学计划和实施能力。高品质语文活动通常需要教师在活动之前进行严谨的教学计划和实施能力，以便能够保证活动的顺利进行和达成活动目标。例如，在阅读活动中，教师需要提前准备阅读材料、制订阅读计划、安排阅读时间和地点等；在写作活动中，教师需要提前布置写作任务、制订写作要求、安排写作时间和评判标准等。

第六，教师需要具备多元化的评价方式和反馈能力。高品质的语文活动通常需要教师具备多元化的评价方式和反馈能力，以便能够全面了解学生的学习情况并为其提供有效的反馈和建议。例如，在阅读活动中，教师可以采用阅读理解测试、读书笔记、口头表达等方式进行评价和反馈；在写作活动中，教师可以采用写作作品评价、写作心得交流、写作建议等方式进行评价和反馈。

三、高品质语文活动对学生的具体要求

高品质语文活动对学生的要求是多方面的，包括知识储备、思维能力、情感体验、文化素养等多个方面。以下将从这几个方面进行具体的阐述。

1.知识储备

高品质语文活动要求学生具备扎实的语文知识储备。这包括汉字、词语、语法、修辞、文史知识等多个方面。学生需要在平时的学习中注重积累，掌握足够的语文基础知识，以便能够在语文活动中运用自如。同时，学生还需要了解相关的文化背景和历史文化知识，以便更好地理解和欣赏文学作品。

2.思维能力

高品质语文活动不仅要求学生具备扎实的语文知识储备,还需要具备较高的思维能力。这包括观察、理解、分析、综合、抽象、概括、判断、推理等多个方面。在语文活动中,学生需要通过对文本的阅读、思考、讨论等活动,培养自己的思维能力,提高自己的思维水平。同时,学生还需要在平时的学习中注重锻炼自己的逻辑思维能力,以便能够在语文活动中更好地理解和运用相关的语文知识。

3.情感体验

高品质语文活动要求学生具备丰富的情感体验。这包括对文学作品中的情感表达、人物形象、主题思想等方面的理解和体验。学生需要在平时的学习中注重培养自己的情感体验能力,通过阅读文学作品、观察生活等方式,积累自己的情感经验,以便能够在语文活动中更好地理解文学作品中的情感表达和主题思想。

4.文化素养

高品质语文活动要求学生具备较高的文化素养。这包括对文学作品的艺术价值、文化内涵、人文思想等方面的理解和体验。学生需要在平时的学习中注重培养自己的文化素养,通过阅读文学作品、了解文化背景等方式,提高自己的文化素养水平,以便能够在语文活动中更好地理解和欣赏文学作品的艺术价值和文化内涵。

四、开展高品质语文活动需要具备的条件

开展高品质语文活动对于学生的语文素养和综合素质的提升具有重要的作用。然而,要成功地组织这类活动,我们需要满足一系列的条件。在此,我们将探讨开展高品质语文活动的必要条件,以帮助学生更好地参与到这类活动中,并从中受益。

首先,我们要明确高品质语文活动的特点。这些活动不仅需要具有丰富的文化内涵,还应具有创新性和趣味性。同时,这些活动还应与学生的实际生活和学习密切相关,以便激发他们的学习兴趣和主动性。因此,组织者需要精心设计活动,确保活动的主题和形式能够吸引学生，同时又能够达到语文教育的目标。

其次，活动组织的细节至关重要。在活动的策划阶段，组织者需要充分了解学生的需求和兴趣，以及他们的语文水平。通过了解这些信息，组织者可以设计出更贴近学生的活动，使得学生更愿意参与并投入精力。此外，组织者还需要制定详细的计划，包括活动的日程安排、所需的资源和设备、人员的分工和责任等。这些细节需要在活动前充分考虑和准备，以确保活动的顺利进行。

再次，高品质语文活动需要具有互动性和参与性。这意味着学生不仅需要参与到活动中，还需要在活动中扮演积极的角色。例如，学生可以成为活动的组织者、策划者或主持人，也可以参与到活动的评价和反馈中。这种参与感可以增强学生的主人翁意识，提高他们的责任感和积极性。同时，互动和参与也可以促进学生的合作学习和交流，提高他们的团队合作能力。

最后，高品质语文活动需要具有开放性和多样性。这意味着活动不应局限于课堂内的学习，而应该拓展到课堂外，涉及更广泛的学习领域。例如，可以组织文学讲座、读书俱乐部、写作比赛、戏剧表演、电影讨论等活动。这些活动可以为学生提供多样化的学习体验，帮助他们发展不同的语文技能和知识。同时，这些活动也可以为学生提供更广阔的视野，激发他们的创新思维和想象力。

要开展高品质语文活动，我们需要满足以下条件：活动应具有丰富的文化内涵、创新性和趣味性；活动的组织需要充分考虑学生的需求和兴趣，并具有详细的计划和准备；活动应具有互动性和参与性，以增强学生的主人翁意识和责任感；最后，活动应具有开放性和多样性，以提供多样化的学习体验和更广阔的视野。

通过满足这些条件，我们可以成功地组织高品质语文活动，帮助学生提高语文素养和综合素质。同时，这些活动也可以为学生提供更丰富的学习体验和生活经验，促进他们的全面发展。因此，我们应该重视高品质语文活动的组织，为学生提供更多的机会参与其中，并从中受益。

五、如何开展高品质语文活动

在教育领域中，高品质语文活动对于提高学生的语言能力和综合素质具有重要意义。开展高品质语文活动，可帮助学生更好地掌握语言技能，提高文化素养。

如何开展高品质语文活动呢？

1.明确活动目标。开展高品质语文活动的首要任务是明确活动目标。活动目标应当着眼于学生的语言应用能力和文化素养的提升，而不仅仅是知识的灌输。因此，教师需要从学生的实际需求出发，设计具有针对性和实用性的活动目标，确保学生在参与活动的过程中能够真正提高自己的语言能力和文化素养。

2.创新活动形式。高品质语文活动需要具备创新性的活动形式，以吸引学生的兴趣和参与度。教师可以采用多种形式，如朗诵、演讲、写作、阅读、戏剧表演等，让学生在多样化的活动中发现自己的兴趣和优势。此外，教师还可以借助现代科技手段，如网络、多媒体等，为学生提供更加丰富的学习资源和实践机会。

3.丰富活动内容。高品质语文活动还需要丰富的内容作为支撑。教师可以通过多种途径丰富活动内容，如组织学生参加文化考察、阅读经典著作、开展主题辩论等。此外，教师还可以结合学生的实际情况和兴趣爱好，设计具有挑战性和趣味性的活动内容，让学生在参与活动的过程中感受到成长的快乐。

4.加强活动评价。高品质语文活动的成功与否，关键在于活动评价。教师应当加强对活动的评价和反馈，及时发现学生在参与活动过程中出现的问题和不足，并给予及时的指导和帮助。同时，教师还应当注重对学生的激励和表扬，激发学生的学习热情和积极性。通过有效的活动评价，教师可以更好地了解学生的需求和实际情况，从而不断调整和优化活动内容和形式。

六、语文活动如何彰显高品位的艺术

语文活动不仅可以提高语言能力，还可以展现艺术才华。那么，如何通过语文活动，彰显艺术品位呢？

首先，选好主题。选择一个有深度、有内涵的主题，能让学生在语文活动中展现出独特的艺术视角。例如，可以从文学、历史、哲学等角度入手，挖掘主题背后的故事，用文字将其生动地呈现出来。

其次，注重语言的美感。语文活动不仅要求语言准确、流畅，更要求语言具有艺术性和感染力。因此，可以运用各种修辞手法，如比喻、排比、拟人等，让作品更具艺术感。

再次，表现形式的多样性。可以尝试将文学作品与艺术形式相结合，如诗歌朗诵、话剧表演、绘画等，让作品以更加丰富多彩的形式呈现出来。

语文活动是一个展示艺术才华的绝佳平台。通过深度挖掘主题、美化语言、丰富表现形式等方式，可以在语文活动中彰显出高品位艺术。

以下是课堂教学之外的五个具有高品质特点的语文活动的详细范例，供参考。

1.诗词朗诵会。诗词朗诵会是一种极具文化内涵的语文活动。活动组织者可以选择一些经典的古诗词，让参与者进行朗诵和欣赏。在朗诵会现场，可以设置专门的舞台和音响设备，为参与者提供良好的表演环境。同时，组织者还可以邀请专业的评委或艺术家对参与者的表演进行点评或示范，以提高活动的专业性和水准。

2.文学沙龙。文学沙龙是一种以文学作品为话题的语文活动。在活动中，参与者可以围绕某部文学作品展开深入的探讨和分析，分享自己的阅读感受和见解。为了增加活动的趣味性，组织者还可以设置一些互动环节，比如现场朗诵、角色扮演等。

3.语文知识竞赛。语文知识竞赛是一种以语文知识为内容的竞猜活动。在活动中，参与者可以回答与语文相关的各种问题，比如文学常识、语言规范等。为了增加活动的吸引力，组织者可以在现场设置奖品和荣誉证书，以激励参与者积极参与。

4.写作比赛。写作比赛是一种鼓励参与者发挥创造力和文学才华的语文活动。在活动中，参与者可以根据指定的主题或要求进行创作，比如小说、诗歌、散文等。为了增加活动的公正性和透明度，组织者可以邀请专业的评委进行评选，并将评选结果进行公开和公示。

5.文化讲座。文化讲座是一种以文化为主题的语文活动。在活动中，主讲人可以围绕某个文化话题展开深入的讲解和分析，为参与者提供一次了解和体验文化的机会。为了增加活动的互动性和参与度，组织者还可以设置提问环节或邀请参与者进行现场交流和讨论。

第三节　高品质语文活动以学生为中心

一、以学生为中心的教育理念

以学生为中心的教育理念，是指在教育教学过程中，以学生的需求、兴趣和能力为导向，充分发挥学生的主体作用，以培养学生的学习能力、实践能力和创新能力为目标的教育理念。这种教育理念的实践意义和社会价值越来越受到关注和认可。

以学生为中心的教育理念源于人本主义教育思想，它认为每个学生都是独特的个体，具有自己的兴趣和潜能，教育的目标应该是激发学生的内在潜力，帮助他们实现自我价值。因此，教育应该关注学生的感受和需求，尊重学生的个性差异，注重培养学生的自主学习和自我发展能力。

以学生为中心的教育理念强调学生的主体地位。在传统的教学模式中，教师是知识的传授者，学生是被动的接受者。而以学生为中心的教学模式下，学生是知识的主动探究者和建构者，教师则是学生学习的引导者和合作者。这种转变让学生更加主动地参与到学习过程中，充分发挥学生的主体作用，提高学生的学习效果。

以学生为中心的教育理念注重培养学生的实践能力和创新能力。在具体的教学过程中，学生需要运用所学知识解决实际问题，同时也需要不断思考、探索和创新。这种教育理念有助于培养学生的实践能力和创新能力，让他们在未来的工作和学习中更加具有竞争力。

以学生为中心的教育理念还具有培养健全人格的重要作用。以学生为中心的教学过程注重学生的情感和价值观的培养，有助于培养学生的自尊、自信和自律意识，帮助他们建立正确的价值观和人生观。同时，这种教育理念还可以帮助学生培养良好的团队协作精神和创新创业精神，提高他们的人际交往能力和社会适应能力。

二、高品质语文活动以学生为中心

高品质语文活动以学生为中心，强调学生的参与和体验，通过各种形式的实践活动，培养学生的语文素养和能力。在实践中，教师需要关注学生的个体差异，引导他们发挥自己的特长和兴趣爱好，让他们在愉悦的氛围中学习语文知识，提高语言表达能力。

1.活动注重学生的阅读体验

阅读是语文学习的基础，是学生拓宽视野、丰富知识储备的重要途径。因此，教师应该精心挑选适合学生的阅读材料，引导他们进行有目的地阅读，并鼓励他们积极思考和表达自己的见解。同时，教师还应该组织读书交流活动，让学生之间互相分享阅读体验和感悟，促进知识的交流和思想的碰撞。

2.活动注重学生的写作实践

写作是语文素养的重要组成部分，也是学生表达自己思想和情感的重要途径。因此，教师应该为学生提供丰富多彩的写作题目和情境，引导他们写出富有真情实感和思想深度的文章。同时，教师还应该组织作文评改活动，让学生之间互相评改作文，提高他们的写作水平和对他人作文的鉴赏能力。

除了阅读和写作，活动还应该注重学生的口语交际能力。口语交际是学生走向社会、实现自我价值的重要能力。因此，教师应该组织各种形式的口语交际活动，如演讲、辩论、角色扮演等，让学生在实践中锻炼口语表达能力。同时，教师还应该注重学生的文化素养和审美情趣的培养，让他们在文学、艺术等领域中汲取营养，陶冶情操。

三、以学生为中心的语文活动的特点

以学生为中心就是指在教育教学中，要以学生的需求和发展为出发点和归宿点，让学生成为学习的主人翁，充分发挥他们的主体作用。

具体来说，以学生为中心的语文活动应该具备以下几个特点。

1.趣味性：活动要生动有趣，能够吸引学生的注意力，让他们产生浓厚的兴趣和热情。比如说，我们可以使用一些有趣的教具和道具，让孩子们在游戏中学习语文知识。

2.差异性：活动要考虑到不同学生的不同需求和水平，让他们能够在活动中都能够得到发展和提升。比如说，我们可以设置不同难度级别的任务或者作业，让学生们自主选择适合自己的级别进行挑战。

3.实践性：活动要让学生们动手、动脑、动口，让他们在实践中获得经验和知识。比如说，我们可以组织学生们进行社会实践、调研或者实地考察等活动，让他们在实践中学习语文知识。

4.综合性：活动要综合培养学生的各种能力，包括听、说、读、写、认知能力、思维能力、审美能力等等。比如说，我们可以组织学生们进行小组讨论、分享交流等活动，让他们在交流中锻炼各种能力。

5.反馈性：活动要有及时、有效的反馈机制，让学生们能够及时了解自己的学习情况和不足之处，从而及时调整自己的学习策略和方法。比如说，我们可以组织学生们进行自我评价和互评等活动，让他们在评价中了解自己的优缺点。

四、以学生为中心的高品质语文活动的关键性和实施方式

语文活动是提高学生语言素养和思维能力的重要途径之一。传统的语文教育方式往往以教师为中心，而忽视了学生的主体地位，导致学生的学习热情不高，教学效果不佳。因此，我们应该转变教育观念，将学生置于语文活动的中心地位，以提高语文教学的质量和效果。

1.高品质语文活动应该注重学生的兴趣和需求。兴趣是最好的老师，只有学生对语文活动感兴趣，才能激发他们的学习热情和主动性。因此，教师应该通过观察、问卷调查等方式，了解学生对语文活动的兴趣和需求，并根据这些信息调整活动内容和方式，以提高学生的学习参与度和满意度。

2.高品质语文活动应该注重学生的主体地位。在语文活动中，学生应该是主体，而教师应该是引导者和组织者。教师应该尊重学生的主体地位，让学生成为语文活动的中心，并给予他们充分的自主学习和思考的机会。例如，教师可以组织小组讨论、角色扮演、写作比赛等自主性强的活动，让学生自由发挥、互相学习，以提高他们的自主学习能力和创造力。

3.高品质语文活动应该注重学生的实际应用能力。语文是一门实践性很强的学科，只有通过实际应用才能真正掌握语言的精髓。因此，教师应该通过多种方式提高学生的实际应用能力。例如，教师可以组织口语比赛、辩论赛等活动，让学生在实践中提高口语表达能力和思维反应能力；教师还可以引导学生参加社会实践、调研等活动，让学生在实践中提高对社会的认知和思考能力。

4.高品质语文活动应该注重评价和反馈。评价和反馈是提高学生语文素养的重要环节之一。教师应该通过观察、测评等方式，了解学生的学习情况和需求，并根据评价结果及时调整活动内容和方式，以提高教学质量和效果。同时，教师还应该给予学生充分的反馈和建议，让学生了解自己的不足之处并加以改进。

第四章　高品质语文课外活动

全国中小学语文统编教材总主编温儒敏认为，语文的功夫在课外。显然语文课外活动是很重要的。语文课外活动是学校语文教育的重要组成部分，也是落实国家教育政策，提高学生综合素质的重要途径。开展高品质的语文课外活动需要教育工作者充分考虑学生的需求和兴趣，注重活动的层次性和多样性，加强活动的组织、指导和监督，关注学生的参与度和综合素质，不断优化活动设计和实施策略，以提高活动的质量和效果。

第一节　语文课外活动

一、语文课外活动的定义

语文课外活动是学校在语文课程之外，通过学生自愿参与、寓教于乐的方式，培养学生的语文综合能力及兴趣爱好的一系列活动。

语文课外活动不仅是对语文课程的补充，而且是学生提高语文素养、丰富人文知识、锻炼综合能力的重要途径。

阅读活动：鼓励学生阅读经典名著、文学作品、报纸杂志等，提高学生的阅读能力和阅读兴趣。

写作活动：引导学生写日记、读书笔记、随笔等，提高学生的写作能力和表达能力。

演讲活动：组织学生开展演讲比赛、辩论赛等，提高学生的口语表达能力和思维逻辑能力。

文化活动：组织学生参观文化古迹、博物馆等，了解中华文化及世界文化，丰富学生的人文知识。

娱乐活动：组织学生开展文艺比赛、游戏活动等，让学生在轻松愉快的氛围中学习语文知识，同时培养学生的兴趣爱好。

语文课外活动是学生全面发展、提高综合素质的重要途径之一，是学校教育的重要组成部分。

二、语文课外活动的内涵

语文课外活动，是语文教学的延伸和重要组成部分，旨在提高学生的语文素养和能力。

语文课外活动具有多重内涵。首先，它通过丰富多彩的活动形式，如阅读、写作、演讲、辩论等，让学生在轻松愉悦的氛围中学习和运用语文知识。

其次，语文课外活动可以培养学生的创新思维和实践能力。通过自主探究、团队合作等学习方式，学生能够发挥自己的特长和才能，培养独立思考和解决问题的能力。

最后，语文课外活动应当包括学生的课外作业活动和自主学习活动。语文课外活动是指学生在课堂以外进行的与语文学科相关的各种活动。除了传统意义上的课外活动之外，这些活动不仅包括学生的课外作业活动，还涵盖了自主学习活动。通过这些活动，学生可以运用所学的语文知识，提高自己的语言运用能力，培养阅读和写作的兴趣，养成良好的学习习惯和自主学习能力。

学生的课外作业活动是语文课外活动的重要组成部分。语文作业可以以多元化的形式进行，例如课本剧表演、诗歌朗诵、作文比赛、成语接龙等。这些活动可以帮助学生巩固课堂上学到的知识，提高他们的学习兴趣和参与度。同时，学生在完成作业的过程中，能够培养独立思考、自主学习的习惯和能力。

自主学习活动也是语文课外活动的重要方面。学生可以在自主学习活动中培养自己的学习技能和良好习惯，例如阅读、写作、朗读、书法等。此外，自主学习活动还可以包括学生之间的合作学习、探究学习等，让学生通过互相交流、互相帮助，提高自己的语文素养和综合能力。

此外，语文课外活动还可以渗透德育和美育元素，培养学生的文化素养和社会责任感。通过了解中华传统文化和世界文学名著，学生能够深入了解文化的多样性和价值，树立正确的价值观和世界观。

三、历史长河中的语文课外活动

语文课外活动是指学生在课堂之外，通过各种形式与语言相关的活动来提高语文素养和语文能力。历史长河中，语文课外活动扮演着促进学生个性发展和全面素质提高的重要角色。下面分别从古代、近现代和当代三个时期，阐述历史长河中的语文课外活动。

1.古代时期的语文课外活动。在古代时期，语文课外活动主要体现在文人雅士的文化追求和文学创作上。诗歌、歌赋、曲艺等成为古代文人的重要表达方式。他们通过创作诗词，表达对自然、人情和社会现象的感慨，同时也培养了语言表达和思维能力。同时，古代的文人雅士还会举行文会、书院等集会形式，共同研讨文学艺术，相互交流借鉴，从而提高他们的语文素养和修养。

2.近现代时期的语文课外活动。进入近现代时期，随着社会的发展和教育的普及，语文课外活动逐渐多样化。文学社团、讲演比赛、诗歌朗诵等成为学生们参与的重要活动。这些活动旨在通过多种艺术形式，培养学生的语言表达能力、创造力和自信心，激发学生对语文学科的兴趣。同时，近现代时期还涌现出了一批优秀的文学刊物，如《小蚂蚁》《少年文艺》等，为青少年提供了一个展示自己才华的舞台。

3.当代时期的语文课外活动进入当代社会，随着科技的进步和信息的快速传递，语文课外活动领域进一步扩大。网络写作、微博博客等成为当代学生写作和表达的新方式，这些活动有利于培养学生的写作能力、思辨能力和信息获取能力。此外，一些专门的语文辅导机构及线上平台也提供了各种语言学习和辅导的课程和竞赛活动，为学生提供了一个学以致用、展示自我的机会。

不论是古代、近现代还是当代，语文课外活动都对学生的语文素养和语言能力的提升起到了积极的促进作用。它们丰富了学生的语言环境，提高了学生的文化素质。同时，语文课外活动也增强了学生对语文学科的兴趣和热爱，培养了学生的创新思维和批判意识。

语文课外活动在历史长河中扮演着重要的角色。它不仅促进了学生的语言能力和创造力的发展，也培养了学生的社交能力和审美情趣。因此，我们应该充分利用语文课外活动的机会，创造更多适应时代发展的方法和手段，为学生提供更广阔的发展空间。

四、语文课外活动的一般形式

语文课外活动是学生语文学习的重要环节之一，它旨在通过丰富多彩的形式，提高学生的语文应用能力，增强学生对语文学习的兴趣和主动性。本文将介绍一些常见的语文课外活动形式，并阐述其作用和意义。

首先，朗读活动是一种常见的语文课外活动形式。它可以通过朗读文学作品、课文、新闻等，提高学生的朗读技巧和表达能力。朗读活动可以帮助学生更好地理解文本，感受其中的情感和意义，同时也可以锻炼学生的口语表达能力和自信心。

其次，写作活动也是语文课外活动的重要形式之一。通过写作，学生可以表达自己的思想和情感，锻炼文字表达能力和逻辑思维能力。写作活动可以采取多种形式，如日记、周记、小说、随笔等。通过写作活动的开展，学生可以更好地理解语文学习的意义和价值，提高对语文学习的兴趣和主动性。

除此之外，演讲比赛也是语文课外活动的一种形式。通过演讲比赛，可以提高学生的口语表达能力、逻辑思维能力、情感表达能力和舞台表现能力。演讲比赛可以让学生更好地展示自己的才华和能力，增强自信心和荣誉感，同时也可以促进学生的交流和互动。

课外阅读活动也是语文课外活动的重要形式之一。通过阅读文学作品、科普读物、历史书籍等，可以拓宽学生的知识面和视野，提高学生的阅读能力和文化素养。课外阅读活动可以帮助学生更好地理解课堂学习的知识，增强对语文学习的兴趣和主动性。

第二节 高品质语文课外活动

一、高品质语文课外活动的概念

语文课外活动是学校语文教育的重要组成部分，也是落实国家教育政策，提高学生综合素质的重要途径。高品质语文课外活动是指以提高学生语文素养为目标，在课堂以外的时间进行的具有计划性、趣味性和实践性的学习活动。这些活动的设计与实施，旨在让学生在轻松愉悦的氛围中，加深对语文知识的理解，提高语文运用能力，培养创新思维和实践能力。

高品质语文课外活动的特点主要体现在以下几个方面。

1.目标明确：活动目标应与语文课程目标紧密结合，帮助学生掌握语言文字、文学鉴赏、阅读理解、写作表达等基本知识和技能。

2.计划周密：活动设计应根据学生的年龄特点和兴趣爱好，制订详细的计划，包括活动主题、时间安排、地点选择、道具准备等，以确保活动的顺利进行。

3.富有趣味性：活动应具有趣味性，能够吸引学生的注意力，激发他们的学习兴趣。可以通过游戏、比赛、表演等形式，让学生在轻松愉快的氛围中学习语文。

4.具有实践性：活动应具有实践性，让学生通过亲身参与和体验，加深对语文知识的理解，提高语文运用能力。可以通过组织学生参观文化古迹、开展社会调查等活动，让学生在实际场景中学习和运用语文。

5.培养创新思维：活动应注重培养学生的创新思维，鼓励他们提出新观点、新思路，激发他们的创造潜力。可以通过组织学生开展文学创作、演讲比赛等活动，培养学生的创新能力和表达能力。

高品质语文课外活动是学生在课堂之外进行语文学习的有益补充，具有以下意义与作用。

1.巩固和拓展课堂知识。通过参与语文课外活动，学生可以将课堂所学知识付诸实践，加深对课堂知识的理解和记忆，同时也能拓展学生的知识面，增强其对于文学作品的鉴赏能力和写作能力。

2.培养学生的学习兴趣与创新能力。语文课外活动形式多样，内容丰富，可以满足不同学生的兴趣和爱好，激发他们的学习热情。同时，学生在活动中也能够发挥自己的创新能力，探索新的学习方法和思路。

3.提高学生的社会适应能力。参与语文课外活动可以帮助学生更好地融入社会，增强他们的社会责任感和集体荣誉感，培养其团队合作和人际交往能力。

二、高品质语文课外活动的内涵

语文是学生学习的重要科目之一，是培养学生语言文化素养的基础。课内的语文教学可以帮助学生掌握基本的语言技能和文化知识，但是仅仅依靠课内教学是远远不够的。为了进一步提高学生的语文水平和兴趣，培养他们的语言表达能力和文学修养，开展高品质的语文课外活动是非常重要的。

高品质语文课外活动不仅仅是简单的阅读、写作等任务的延伸，更是通过丰富多样、具有挑战性的活动，引导学生主动参与、主动思考，培养他们的创造力、批判性思维和合作精神。以下是高品质语文课外活动的几个主要内涵。

1.阅读拓展：通过组织学生参加书法展览、文学读书会、阅读推广活动等，引导学生拓宽阅读领域，增加阅读的广度和深度。同时，还可以邀请专业人士或名人讲解文学作品，帮助学生更好地理解和欣赏文学作品。

2.写作提升：组织各类写作比赛、写作指导讲座和写作集训营等活动，鼓励学生多写、善写，培养他们的写作技巧和表达能力。同时，通过写作比赛的评选和展示，激发学生的写作热情，提高他们的写作水平和自信心。

3.口语表达：组织辩论比赛、演讲比赛、朗诵比赛等口语表达活动，培养学生的语言表达能力和沟通能力。通过这些活动，学生可以锻炼自己的演讲技巧，提高语言流利度和口头表达能力。

4.剧场表演：组织学生参与话剧、戏曲、舞台剧等戏剧表演活动，培养他们的表演能力和艺术修养。在表演过程中，学生需要理解剧本、塑造角色，培养情感表达和表演技巧，同时也可以增强学生对戏剧艺术的欣赏和理解。

5.小组合作：组织学生进行小组合作活动，如文学小组讨论、写作小组合作等，培养学生的团队合作和协作能力。通过小组合作，学生可以互相交流、互相学习，在合作中共同完成任务。

高品质语文课外活动旨在通过多样的活动形式，激发学生学习语文的兴趣，提升他们的语言表达能力和文学修养。通过参与这些活动，学生可以得到与课堂教学不同的学习体验和机会，培养自己的创造力、批判性思维和合作精神。同时，这些活动也有助于丰富学生的文化生活，提高他们的综合素质。因此，学校和教师应积极组织高品质的语文课外活动，为学生提供更多的学习和成长的机会。

三、高品质语文课外活动对人的深远影响

高品质语文课外活动对人的深远影响是不可忽视的。这些活动不仅可以增强学生的语言表达能力，还能激发他们的创造力和思维能力。

此外，参与高品质语文课外活动对学生的综合素质提高也有积极作用。因此，学校和家长应该积极推动和支持这些活动的开展。

在高品质语文课外活动中，学生有机会进行语言的实践运用。通过参与小组讨论、辩论赛、剧本研究等活动，学生能够提升自己的口头表达能力。他们需要学会清晰、准确地表达自己的观点，并能够进行有逻辑性的辩论。这种实践运用有助于学生自信地面对言语交流的挑战，并提高他们的人际沟通能力。

此外，高品质语文课外活动还能够激发学生的创造力和思维能力。通过编写作文、创作诗歌、参与语言艺术表演等活动，学生能够发挥自己的想象力和创造力。他们需要思考如何用精准的语言表达自己的思想和感受，这对他们的思维能力是一种锻炼。这种创造性思维的培养将使学生在解决问题和面对挑战时更加灵活和富有创意。

除了提升语言表达能力和创造力，高品质语文课外活动还能促进学生综合素质的提高。这些活动往往需要学生团队合作、分工合作、展示才艺等。通过与他人合作，学生能够学会倾听、尊重他人的观点，并培养团队意识和合作精神。同时，通过参与诗歌朗诵、演讲比赛等活动，学生能够展示自己的才艺，增强自信心。

四、高品质语文课外活动表现形式

高品质的语文课外活动是为了培养学生对语言文化的兴趣和理解能力，并提升他们的语文素养。这些活动不仅仅局限于课本的内容，而是通过多种形式和方法，创造性地将语文知识与实际应用结合起来，让学生在真实场景中感受语文的力量。下面就高品质语文课外活动的表现形式进行阐述。

1.小说阅读与分享会：组织学生阅读经典文学作品，如名著、文学经典等，并定期举办小说分享会。学生可以分享自己的阅读心得与体会，讨论作品中的人物、情节以及主题等，激发学生的阅读兴趣和思考能力。

2.朗诵比赛：举办朗诵比赛，让学生通过朗诵经典诗词或文学作品来提高语言表达能力。这种活动不仅能让学生学习到优秀的语文表达方式，还能提高学生的口语表达能力和自信心。

3.实地考察：组织学生进行实地考察，参观文学名人故居、文学馆、历史文化街区等地。通过实地考察的方式接触和了解名人的生活环境、创作背景以及文化氛围，增加学生的语文知识和文化素养。

4.创作比赛：举办创作比赛，让学生积极参与创作，包括作文、诗歌、小说等。通过比赛的方式激发学生的创作潜力，提升他们的写作能力和文学创作水平。

5.语言艺术展演：举办语言艺术展演，包括朗诵、独白、古诗演唱、戏曲表演等形式。学生可以通过参与表演形式的活动，培养语言表达和表演的技巧，展示自己的才华和个性。

6.作品展览和集体讨论：组织学生展览自己的作品，包括作文、画作、书法等。学生可以通过展览的方式展示自己的语文成果，同时进行集体讨论，交流学习经验和分享感悟。

7.朗读节：组织学生举办朗读节，学生可以选择自己喜欢的文学作品进行朗读，并邀请家长和其他同学进行欣赏。通过朗读节的形式，培养学生的阅读兴趣和朗读技巧，提高他们的语言表达能力。

8.语文剧演出：组织学生进行语文剧演出，可以选择经典文学作品进行改编和演出。学生不仅可以在剧中扮演各个角色，同时还可以通过演出的形式更好地理解和表达作品中的情感和主题。

9.语文竞赛：参加各类语文竞赛，如作文比赛、诗词大会等。通过竞赛的形式，激发学生的学习热情和竞争意识，提高他们语文素养和应试能力。

10.语文夏令营：组织学生参加语文夏令营，通过集中学习和生活的方式，提升学生的语文能力和文化素养。夏令营可以包括各种课程和活动，如写作训练、语文游戏、文学鉴赏等，使学生在轻松愉快的环境中提高自己的语文水平。

高品质语文课外活动应该注重培养学生的语文素养和文化修养,通过多种形式和方法让学生在实际应用中学习和感受语文的魅力。这些活动不仅能够提高学生的语言表达能力和写作水平,还能够增强学生的文化自信心和创造力。

五、高品质语文课外活动对教师的要求

高品质语文课外活动对教师提出了许多要求。

首先,教师需要具备丰富的语文知识和教学经验,以便能够设计和实施有挑战性和吸引力的课外活动。其次,教师需要具备良好的组织和管理能力,以确保课外活动的顺利进行,并确保学生的参与度和积极性。再次,教师还需要具备有效的沟通和引导能力,以鼓励学生的参与和发挥他们的创造力。最后,教师需要具备耐心和关爱,以理解和满足不同学生的需求,并给予他们适当的指导和支持。

在高品质语文课外活动中,教师需要具备丰富的语文知识和教学经验。只有了解语文的本质和特点,教师才能设计出有针对性和实效性的活动。他们需要熟悉不同阅读材料的选择和使用,以及不同写作形式和技巧的教授。此外,教师还需要通过丰富的教学经验,了解学生的学习需求和兴趣爱好,以便能够制定适合他们的课外活动。

同时,教师还需要具备良好的组织和管理能力。他们需要在时间和空间上进行合理的安排,确保课外活动的有序进行。他们需要制定详细的计划和安排,了解每个活动的目标和内容,并准备好所需教材和资源。此外,教师还需要善于协调和管理学生的行为,确保他们的参与度和积极性,防止一些不良行为的发生。

教师还需要具备有效的沟通和引导能力。他们需要与学生进行良好的互动和交流,鼓励他们积极参与到课外活动中。教师需要引导学生思考和讨论,培养他们的批判性思维和解决问题的能力。此外,教师还需要指导学生如何有效地运用语文知识和技巧,提高他们的语文水平和表达能力。

最后，教师需要具备耐心和关爱。在语文课外活动中，学生可能会遇到困难和挫折，教师需要给予他们足够的支持和帮助。教师需要倾听学生的想法和问题，理解他们的困难，并给予他们及时的反馈和指导。教师还需要关心学生的成长和发展，激发他们的学习兴趣和动力，让他们在语文课外活动中获得积极的体验和收获。

六、高品质语文课外活动对学生的要求

高品质语文课外活动对学生的要求是多样而全面的。

首先，学生需要具备对语文知识的理解和掌握能力。他们应该熟悉各种文学作品，包括古代文学、现当代文学和外国文学，能够理解其中的情节、人物和主题，并能够进行深入的文本分析。

其次，他们还需要具备良好的语文表达能力，包括写作、口语和朗读等方面。他们应该能够用准确、流畅、生动的语言表达自己的思想和感受，能够在不同场合和不同文体下灵活运用语言。

再次，学生还需要具备文化素养和批判思维能力。他们应该了解中国传统文化和世界各国的文化，能够从不同文化的角度去理解和分析文学作品，能够批判性地思考和评价文学作品的价值和意义。

最后，学生还需要具备合作与创新能力。他们应该能够以清晰、准确和流畅的方式表达自己的观点，并能够以恰当的语言风格和修辞手法来丰富和增强他们的写作水平。他们应该能够通过合作和交流来共同学习和进步，能够在课堂上积极参与各种语文活动，能够独立思考和创造性地表达自己的见解。

七、高品质语文课外活动应具备的条件

高品质语文课外活动的条件是多方面的。

活动内容应使学生在参与活动的过程中能够获得知识的积累和兴趣的培养，能够有效地引导学生参与活动，并提供专业的指导和评价，能够提供良好的学习氛围和所需的教学资源。

在开展高品质语文课外活动时，第一，合理的活动设计是实施高品质语文课外活动的基础。活动设计应该符合学生的年龄特点和语文学习的目标要求，注重兴趣引导和实践操作，使学生能够积极参与、主动探究。同时，设计的活动要有明确的目标和任务，具备一定的挑战性，能够激发学生的求知欲和创造力。

第二，优秀的教师团队是保障高品质语文课外活动的关键。教师在活动中应扮演着引导者、促进者和评价者的角色。他们应该具备丰富的教学经验和专业知识，善于激发学生的学习兴趣和发展潜能。教师还应具备一定的创新能力，能够根据学生的需求和实际情况进行活动设计和教学方法的调整，以提高教学效果。

第三，确保活动的内容既有教育性，又具备趣味性。教育性可以通过设计富含知识点和学习目标的活动主题来实现。例如，可以组织学生参观博物馆，通过观看文物和展览，了解或深入研究某一历史时期或文化背景下的文学作品，从而使学生在体验中获得知识的积累。同时，为了增加趣味性，可以引入游戏、竞赛或角色扮演等元素，激发学生的兴趣和参与度。

第四，活动的组织者应具备专业的教育背景和丰富的教学经验。他们需要具备良好的教育理念和方法，能够根据学生的不同特点和需求，制定相应的活动计划和教学策略。例如，可以通过分组合作、小组讨论或项目研究等方式，培养学生的合作意识和创新思维，提高他们的语文素养和综合能力。同时，组织者还应具备良好的沟通能力和团队合作精神，与其他教师和学校管理层进行紧密合作，共同推动活动的顺利开展。

第五，活动的环境和设施也是关键因素。学校应提供适宜的场地和设备，以支持高品质语文课外活动的开展。例如，可以设立语文角、文化展示区或图书馆等空间，提供丰富的学习资源和工具，供学生自主学习和参与相关活动。同时，活动的环境应该具备安全、舒适和具有创造力的特点，以激发学生的学习兴趣和想象力。

　　第六，家长和学校的支持是确保高品质语文课外活动成功的关键。家长应积极参与活动的组织和实施过程中，提供帮助和支持。例如，可以参与志愿者工作、提供必要的物资和资源，或者提供专业的指导和培训。学校应充分重视语文课外活动的重要性，为活动提供必要的经费和人力支持，并与家长和社区合作，共同创造良好的学习环境和氛围，促进学生全面发展。

　　第七，科学的评价机制是保证高品质语文课外活动的重要保障。评价应该贴近活动的目标和任务，注重学生的实际表现和个体差异。评价内容应全面、客观、具体，能够反映学生的语文素养和综合能力。此外，评价应该及时反馈给学生和家长，以促进学生的自我反思和进步，并为今后的活动改进提供有益的建议。

八、高品质语文课外活动应当遵循的原则

　　课外活动是提高学生语文素养的重要途径，因此应当重视课外活动的开展。在开展高品质语文课外活动时，应该遵循以下原则。

　　1.学生应该参与其中

　　学生是课外活动的主体，应该让他们充分参与到活动中来，这样才能更好地发挥他们的积极性和主动性。在组织课外活动时，应该尽可能地让学生自己动手、动脑，让他们成为活动的主人。

　　2.活动应该与课堂内容相关

　　课外活动应该与课堂内容相关，这样才能更好地巩固和加深学生对课堂知识的理解和掌握。同时，通过课外活动，可以让学生更好地认识到语文学习的重要性，激发他们的学习兴趣和热情。

　　3.活动应该有明确的目标

　　课外活动应该有明确的目标，不应该只是简单的玩耍。在组织活动时，应该明确该活动的目的、要求和具体任务，让学生在参与活动的同时，获得更多的知识、技能和能力。

4.活动应该具有可操作性

课外活动应该具有可操作性，应该结合实际情况进行组织。在组织活动时，应该考虑到学生的年龄、兴趣和实际能力，以及场地、设备和经费等因素，制定切实可行的计划和方案。

5.活动应该注重评价和总结

课外活动应该注重评价和总结，通过评价和总结可以让学生更好地认识到自己的不足和需要改进的地方，同时也可以对活动进行总结和反思，为今后的活动提供经验和教训。

总之，开展高品质的语文课外活动应该遵循以上原则，让学生通过参与活动来提高自己的语文素养和实践能力，同时也可以促进他们的全面发展和成长。

九、如何开展高品质语文课外活动

如何开展高品质的语文课外活动，一直是教育工作者关注的焦点。下面，我们将从活动设计、活动实施、活动评价三个方面，探讨如何开展高品质的语文课外活动。

首先，活动设计是开展高品质语文课外活动的关键。在设计活动时，我们需要充分考虑学生的兴趣爱好、知识水平和认知能力，结合语文学科的特点，创设生动有趣、富有挑战性的活动主题和任务。此外，我们还应该注重活动的层次性和多样性，以满足不同学生的需求和兴趣。

其次，活动实施是落实高品质语文课外活动的关键环节。在实施活动时，我们需要注重活动的组织、指导和监督，确保活动的顺利进行和安全有序。同时，我们还应该关注学生的参与度、合作意识和创新能力，引导学生通过实践活动，加深对语文知识的理解和运用。

最后，活动评价是促进高品质语文课外活动持续发展的关键环节。在评价活动时，我们需要注重评价的公正性、客观性和全面性，结合学生的参与度、活动成果和综合素质，对学生进行全面的评价和反馈。同时，我们还应该关注活动的反思和总结，不断优化活动设计和实施策略，提高活动的质量和效果。

另外，在实践中，我们应该从科学性、综合性、实践性、创新性和人文性五个方面出发，设计符合学生实际和教学需要的语文课外活动，以促进学生的全面发展。

1.科学性。语文课外活动应该符合学生的认知规律和学习特点，能够有效地促进学生的全面发展。在活动设计上，应该根据学生的实际情况，制定科学合理的目标和内容，以确保活动的针对性和实效性。

2.综合性。语文课外活动应该注重培养学生的综合素质，既包括语文知识技能，也包括非智力因素如情感、态度、价值观等方面。因此，活动应该尽可能地将知识与能力、过程与方法、情感态度价值观三个维度结合起来，全面提高学生的综合素质。

3.实践性。语文课外活动应该突出学生的实践操作能力，让学生在实践中增长知识、锻炼能力。活动设计应该注重学生的参与和体验，让他们在亲身实践中感受到语文学习的乐趣和魅力。

4.创新性。语文课外活动应该注重培养学生的创新意识和创新能力，鼓励学生发挥自己的想象力和创造力。在活动设计上，应该尽可能地为学生提供展示个性和创造力的机会，通过多种形式的创新活动激发学生的创新潜能。

5.人文性。语文课外活动应该注重培养学生的人文素养和审美情趣，让学生在活动中感受到中华文化的博大精深和人文精神的魅力。活动设计上应该注重选取具有人文内涵和审美价值的素材，让学生在活动中受到优秀文化的熏陶和感染，提高其人文素养和审美情趣。

十、高品质语文课外活动案例

文字的魔力——借助艺术创作感受文字之美

如果想开展一次以"文字的魔力——借助艺术创作感受文字之美"为主题的高品质语文课外活动，在这个课外活动中，文字将以艺术的形式展现其魔力,让你感受到文字的美丽与力量,可以采用以下形式。

1.诗歌朗诵会——舞动文字的旋律

诗歌是语文艺术的瑰宝,参加诗歌朗诵会不仅可以提升自己的语言感知能力,还能让文字在嘴唇上跳跃,舞动起来,让你更深入地理解诗歌背后的情感和意义。

2.字体设计比赛——展现个性的文字艺术

字体是文字的外衣,每个人都可以用自己独特的字体展现个性。通过参加字体设计比赛,你可以发挥创造力,设计出属于自己的字体,让文字不再单调,而是充满着艺术的独特魅力。

3.故事演绎乐园——从文字走进故事世界

故事是语文的灵魂,通过参与故事演绎乐园活动,不仅可以感受到文字所描述的人物和情节,还能够跟随故事中的主人公一起游历、探险,亲身体验故事的魅力。

探索文字的奥秘——用实践感知语文知识的深度

语文不仅仅是堆积知识的学科,更是一门需要实践和体验的学科。如果想开展一次以"探索文字的奥秘——用实践感知语文知识的深度"为主题的高品质语文课外活动,让学生一起参与下面这些课外活动,用实践感知语文知识的深度,可以采用以下形式。

1.阅读马拉松——挑战自我,挥洒文字的力量

阅读马拉松是一个通过长时间的阅读挑战来检验自己的阅读能力和文字理解能力的活动。在这个活动中,你将不断挑战自己的极限,感受文字在阅读中的力量和魅力。

2.演讲比赛——用文字演绎自我

演讲比赛是一个展现自己的舞台,你可以选择任何你感兴趣的话题,通过演讲的形式表达出来。这样的活动不仅可以提高你的演讲技巧,更能让你用文字演绎自我,展现你的思想和观点。

3.电子书写作大赛——用笔电中的文字书写未来

电子书写作大赛是一个利用现代科技手段书写文字的活动，你可以通过电子设备书写出自己的文字作品，表达自己的观点和情感。这样的活动不仅锻炼了你的电子写作能力，还让你感受到当代科技给文字带来的便利和创造力。

语文的实用之处——通过实践认识语文的生活价值

语文课外活动不仅有趣，还能带来实实在在的生活价值。如果想开展一次以"语文的实用之处——通过实践认识语文的生活价值"为主题的高品质语文课外活动，让学生一起参与下面这些活动，认识语文的实用之处吧！

1.实用写作工作坊——提升写作能力，畅享文字胜利果实

实用写作工作坊是一个培养写作能力的学习平台。在这里，将学习到各种文章写作技巧和实用写作知识，提升文字表达能力，畅享文字带来的胜利果实。

2.辩论赛——用文字战胜对手

辩论赛是一个锻炼语言表达能力和论辩技巧的活动，与其他选手进行辩论，通过文字论据的撰写和辩论的技巧，以文字战胜对手，展现出观点和力量。

3.文字拍卖会——用英文名称、单词和习语炒高价值

文字拍卖会是一个通过拍卖英文名称、单词和习语来认识文字的价值的活动，可以通过竞价来购买你喜欢的名称、单词和习语，同时学习它们的背后所蕴含的文化和内涵。

通过这些超级课外活动，可以深刻体验到语文之美和语文之力。让我们一起走进语文的世界，感受文字的魔力，用文字表达自己的情感和思想，探索文字的奥秘，认识语文的实用之处。通过这些活动，你将燃烧起对语文的热爱之火，让语文成为生活中不可或缺的一部分！

第五章　高品质语文课堂教学活动

第一节　语文课堂教学活动

一、语文课堂教学活动的概念

语文课堂教学活动是指在语文课堂中，教师运用各种教学方法和手段，针对学生的知识、能力和兴趣等方面进行的一系列教学活动。这些教学活动的主要目的是帮助学生提高语文知识和能力，提高语文素养，促进学生在语文领域的全面发展。语文课堂教学活动可以包括但不限于课堂讲授、案例分析、讨论、阅读、写作、听说、演讲等多种形式和方法。在教学活动中，教师应根据学生的实际情况和需求，设计合适的教学内容和方法，创设良好的教学氛围，促进学生自主学习和交流，提高课堂教学的效果和质量。语文课堂教学活动是指老师带领学生通过各种形式，让学生动起来，活动的目的是拓宽学生的视野，提高学生的思维和表达能力，通过阅读、思考、讨论、演讲和朗读等，让学生的语文水平得到提高。在活动中，学生探索知识的边界，通过比较、分析来发现共同点，从中学习归纳、总结经验，为知识的宝库打开一扇扇的大门。语文课堂教学活动还培养了学生的团队精神，通过合作和分享达到共同的目标，每个人都各司其职发挥潜能，在这个舞台上展现学生的才华和能力。

二、语文课堂教学活动的内涵

语文课堂教学活动是一种以学生为主体，以语言文字为基础，以听、说、读、写为基本技能，以培养学生语文素养为目标的教学形式。

它是一种动态的教学过程，包括教师的引导、学生的参与、文本的解读、技能的培养等多个方面。

  1.语文课堂教学活动注重学生的主体作用。在课堂教学中，学生是学习的主体，教师应该引导学生主动参与到学习过程中，激发他们的学习兴趣和积极性，使他们成为自主学习的主体。

  2.语文课堂教学活动注重语言文字的应用。语言文字是语文课堂教学活动的基础，听、说、读、写是基本的技能。在教学过程中，教师应该注重学生的口语表达、写作能力、阅读理解等方面的培养，使学生能够在实际生活中运用语言文字。

  3.语文课堂教学活动注重文本的解读。文本是语文课堂教学活动的重要内容，通过对文本的解读，可以帮助学生理解语言文字的意义和内涵，提高他们的阅读理解能力和写作能力。

  4.语文课堂教学活动注重学生语文素养的培养。语文素养是学生综合素质的重要组成部分，包括语言文字的应用能力、文化素养、审美能力等多个方面。在教学过程中，教师应该注重学生的语文素养培养，使他们具备较高的语文素养，为未来的学习和生活打下坚实的基础。

三、语文课堂教学活动的一般形式

  语文课堂是学生获取知识、提高能力和素养的主要场所。在语文课堂教学中，教师可以采取多种形式来开展教学活动，以提高学生的学习兴趣和积极性。以下是语文课堂教学活动的一般形式。

  1.讲授式：讲授式是指教师通过讲解、叙述等方式向学生传授知识。这是最常见的语文课堂教学形式。在讲授式教学中，教师需要注意语言的准确性和生动性，尽可能地用形象化的语言让学生理解抽象的概念和理论。

  2.问答式：问答式是指教师通过提问、回答等方式与学生进行互动交流。这种方式可以激发学生的学习兴趣，促进其思考和表达能力的发展。在问答式教学中，教师需要注意问题的难度和深度，以及对学生的回答进行适当的评价和引导。

3.讨论式：讨论式是指教师引导学生就某一主题进行讨论，让学生在讨论中获取知识和提高认识。这种方式可以培养学生的合作精神和探究意识。在讨论式教学中，教师需要注意讨论的主题和氛围的营造，以及对学生的讨论结果进行总结和评价。

4.活动式：活动式是指教师通过组织各种形式的活动来帮助学生理解和掌握知识。这种方式可以增强学生的实践能力和创造力。在活动式教学中，教师需要注意活动的可行性和安全性，以及对学生的活动结果进行适当的评价和引导。

5.探究式：探究式是指教师引导学生通过自主探究来获取知识和提高认识。这种方式可以培养学生的自主学习能力和创新精神。在探究式教学中，教师需要注意探究的主题和方式的确定，以及对学生的探究结果进行总结和评价。

四、语文课堂教学活动的一般要求

语文课堂教学活动是培养学生语言文字运用能力和文学素养的重要环节。它既是传授知识的场所，也是培养学生综合素质的平台。下面对语文课堂教学活动的一般要求进行阐述。

1.语文课堂教学活动需要具备目标明确性。在课程设计过程中，教师应明确制定教学目标，即希望学生在本节课中能够达到的具体要求。目标应当具体、明确，旨在引导学生掌握相关知识和技能，并能够运用于实际生活当中。

2.语文课堂教学活动需要具备启发性。教师应设计富有启发性的教学活动，通过创设情境、提出问题等方式，激发学生思维，培养学生的创造力和思考能力。这样可以引导学生主动探索，积极参与课堂，形成良好的学习氛围。

3.语文课堂教学活动需要具备互动性。教师应当注重与学生之间的互动交流，鼓励学生表达自己的观点、提出问题，并及时给予肯定和指导。同时，学生之间也应有合作互助的机会，通过小组讨论、合作学习等方式，促进学生之间的互动与交流。

4.语文课堂教学活动需要具备多样性。教师应注重设计多样性的教学活动，例如讲授、讲解、讨论、实践、创作等。这样可以满足不同学习者的需求，激发学生的学习兴趣，提高教学效果。

5.语文课堂教学活动需要具备评价性。教师应当建立科学、全面的评价体系，对学生的学习情况进行及时、有效的评价。评价应注重学生的整体发展，包括知识、能力和情感等方面的培养。

五、历史长河中的语文课堂教学活动

在人类文明的长河中，语文课堂教学活动扮演着重要的角色。它是语言和文化的传承者，对于培养一代又一代人，推动社会进步和文化繁荣起到了关键的作用。

在古代，语文课堂教学活动往往以文字和故事的形式存在。教师通过书写和口述，传授给学生基本的语言知识和历史文化知识。这种方式虽然古老，但却十分有效，使年青一代能够理解并继承祖先的智慧和文化传统。

到了近代，随着印刷术和教育的普及，语文课堂教学活动逐渐发展成为一种系统的教学方式。学校成为语文教育的主要场所，教科书成为传播知识和文化的主要载体。然而，这种模式也引发了一些问题，如教育过度重视知识传授，忽视了学生的个体差异和创造力。

到了现当代，随着信息技术的飞速发展，语文课堂教学活动也面临着新的挑战和机遇。在线教育和多媒体教学等新的教育形式逐渐兴起，为语文课堂教学活动注入了新的活力。同时，人们也开始反思教育的本质，强调学生的主体性和创新能力的培养。

总的来说，语文课堂教学活动在历史长河中扮演了重要的角色。在未来，我们应该继续探索和改进语文课堂教学活动的方式，使其更好地适应社会的发展和文化的变迁。

六、语文课堂教学活动应遵循的原则

语文课堂教学活动是提高学生语言文字运用能力的重要手段，也是培养学生综合素质和人文素养的重要途径。为了确保语文课堂教学活动的有效性和质量，以下原则应该得到遵循。

1.以学生为主体。语文课堂教学活动应该以学生为主体，充分考虑学生的认知特点、学习需求和兴趣爱好。教师应该根据学生的实际情况和个体差异，设计适合不同层次学生的教学活动，激发学生的学习兴趣和主动性。同时，教师应该注重学生的参与度和合作精神，鼓励学生主动思考和发表自己的见解，促进学生的自主学习和独立思考。

2.以教材为基础。语文课堂教学活动的开展应该以教材为基础，注重对教材的挖掘和利用。教师应该深入分析和理解教材，根据教材内容和学生实际情况，设计适合的教学活动。同时，教师应该注重教材的拓展和延伸，将教材内容与实际生活和社会实践相结合，拓宽学生的视野和知识面。

3.以教师为主导。语文课堂教学活动应该以教师为主导，充分发挥教师在教学活动中的作用。教师应该根据教学目标和学生的实际情况，设计合理的教学方案和教学活动，引导学生积极参与和主动学习。同时，教师应该注重自身素质的提高和专业知识的积累，不断提高自己的教学能力和教育水平。

4.以实践为主线。语文课堂教学活动应该以实践为主线，注重学生的语言文字运用能力和实践能力的培养。教师应该根据教学内容和学生的学习需求，设计适合的实践活动，如写作、阅读、口语表达等，让学生在实践中提高自己的语言文字运用能力。同时，教师应该注重实践活动的多样性和开放性，鼓励学生参与社会实践和课外活动，拓宽学生的实践途径和经验。

5.以评价为反馈。语文课堂教学活动应该以评价为反馈，注重对教学活动的评价和反思。教师应该根据教学目标和学生的学习情况，设计合理的评价方案和评价指标，对教学活动的过程和结果进行评价和反思。同时，教师应该注重评价结果的反馈和应用，及时调整教学策略和方法，提高教学质量和效果。

6.以创新为动力。语文课堂教学活动应该以创新为动力，注重培养学生的创新思维和实践能力。教师应该根据教学内容和学生实际情况，设计适合的创新活动和探究性问题，引导学生积极思考和创新。同时，教师应该注重自身创新素质的提高和创新能力的提升，不断探索新的教学理念和方法，推动语文课堂教学活动的创新和发展。

第二节 高品质语文课堂教学活动

高品质语文课堂教学活动是语文活动的重要内容，是学生成长、成才、成器的重要保障。高品质语文课堂教学活动不仅注重知识的传授，更关注学生的能力培养，让学生在轻松愉悦的氛围中提升语文素养，激发创新思维。在高品质语文课堂教学活动中，教师会运用多种教学方法，让学生在课堂上充分参与、积极互动。同时，这些活动也注重培养学生的阅读理解能力、写作能力、口头表达能力等核心技能，为他们的未来发展打下坚实的基础。

一、高品质语文课堂教学活动的概念

高品质语文课堂教学活动是指在语文课程的教学过程中，通过一系列精心设计、具有深度和广度的活动，激发学生的学习兴趣，提高他们的语文素养和综合能力，以实现语文课程教学目标的一种教学形式。

这些活动不仅需要符合语文课程的教学内容，还要充分考虑学生的认知水平和心理特点，采用多种教学方法和手段，让学生在参与活动的过程中，积极主动地学习语文知识，提高语文能力。

同时，这些活动还应该具有创新性和探究性，能够激发学生的创新思维和探究精神，让他们在学习语文的过程中，不仅能够掌握知识，还能够培养自己的创新能力和解决问题的能力。

因此，高品质语文课堂教学活动是一种系统化、科学化、具有实效性的教学形式，是提高学生语文素养和综合能力的重要途径。

在阅读活动中，可以读到许多有趣的故事和美妙的句子，感受到作者的情感和思想。这不仅能够扩展知识面，还能够提高阅读能力和理解能力。

在写作活动中，可以练习表达自己的想法和感受，提升自己的写作技巧和表达能力。通过写作，可以更好地理解自己的内心世界，并且能够与他人分享自己的想法和感受。

在演讲活动中，可以学习如何清晰、有力地表达自己的观点和想法。这不仅能够提高演讲能力和口头表达能力，还能够更好地与他人沟通和交流。

语文课堂教学活动能够让学生更好地学习语文，提高语文能力和素养，师生可以一起享受高品质语文课堂活动的乐趣！

二、高品质语文课堂教学活动的内涵

高品质语文课堂教学活动是一个综合性的过程，它涵盖了知识传授、能力培养、思维拓展和情感教育等多个方面。这种活动旨在提高学生的语文应用能力，培养他们的独立思考和创新能力，以及塑造其正确的价值观和人生观。以下从多个角度探讨高品质语文课堂教学活动的真正内涵。

首先，知识传授是语文课堂教学活动的基础。在这个过程中，教师需要系统地介绍语文知识，包括语言文字、文学文化、语法修辞等多个方面。同时，教师还需要通过课文讲解、文本分析等方式，帮助学生深入理解语文知识，并培养他们的基本语文能力，如阅读理解、写作表达和口语交际等。

其次，能力培养是语文课堂教学活动的核心。语文课堂教学活动不仅要求学生掌握语文知识，更要求他们能够将所学知识应用于实际生活中。因此，教师需要通过多种方式，如课堂讨论、写作练习、演讲比赛等，培养学生的语文应用能力。同时，教师还需要注重培养学生的创新能力，激发他们的潜能，帮助他们成为具有独立思考和创新能力的人才。

再次，思维拓展是语文课堂教学活动的重要环节。语文课堂教学活动不仅要培养学生的语文应用能力和创新能力，还需要帮助他们拓展思维，培养其批判性思维和问题解决能力。因此，教师需要通过文本解读、案例分析、问题讨论等方式，引导学生进行深入思考和分析，培养他们的批判性思维和问题解决能力。

最后，情感教育是高品质语文课堂教学活动的重要组成部分。高品质语文课堂教学活动不仅要求学生掌握知识和能力，还需要帮助他们塑造正确的价值观和人生观。因此，教师需要通过课文讲解、文本分析等方式，引导学生深入理解文本中的情感和价值观。同时，教师还需要注重培养学生的情感能力，如情感沟通、情感表达等，帮助他们成为具有健康情感和正确价值观的人才。

三、高品质语文课堂教学活动的内容

语文课堂教学活动应注重品质。为此，我们需要对教学内容进行合理安排和有效实施。具体来说，以下几个方面是需要注意的。

1.明确教学目标和教学内容。教学目标是整个教学活动的核心，它直接关系到教学的内容和教学方法的选择。因此，教师首先需要明确教学目标，了解语文课程对学生的基本要求。在确立教学目标后，需要根据教材内容和学生的学习状况，制订适当的教学计划和教学内容。

2.注重语言文字的实际运用。语文课程是一门实践性很强的学科，学生需要在实际运用中掌握语言文字。因此，教师在教学活动中应该

注重学生的口语表达、阅读理解和写作能力的培养。通过组织朗读、讲解、写作等实践活动，让学生在实践中学习、运用语言文字，提高他们的语文素养。

3.注重文化素养的培养。语文课程不仅是语言文字的学习，更是文化素养的培养。因此，教师在教学活动中应该注重文化素养的培养，让学生了解中华文化的深厚底蕴，培养其对文化的敬畏之心和对语文学习的热爱。

4.关注学生的学习状况和反馈。教学活动的最终目的是提高学生的学习效果。因此，教师需要关注学生的学习状况和反馈，及时发现学生的问题并进行有针对性的指导。同时，也需要通过多种方式获取学生的反馈信息，不断改进教学方法和教学内容，提高教学质量。

四、高品质语文课堂教学活动的形式

为了确保语文课堂教学的质量，有必要采取一些有品质的教学活动形式。这些形式包括但不限于：

1.阅读理解活动：可以安排学生阅读一篇文章或一本书，然后进行深入的讨论和理解。通过这种方式，学生可以更好地掌握阅读技巧，并提高对文本的理解能力。

2.写作练习：写作是一种重要的语言技能，可以通过各种写作练习来提高学生的写作水平。例如，可以安排学生写一篇短文或一篇论文，并对他们的作品进行评估和反馈。

3.口语表达活动：可以通过组织小组讨论、演讲比赛等形式来提高学生的口语表达能力。这些活动可以帮助学生更好地理解课文内容，并在实际情境中运用所学知识。

4.综合性学习活动：可以结合多种形式，如阅读、写作、口语表达等，来设计一些综合性学习活动。这些活动可以激发学生的兴趣，提高他们的学习积极性，并促进他们综合语言能力的发展。

以上这些形式的教学活动都有助于提高语文课堂教学的品质和效

果。然而，具体的教学活动形式还需要根据不同的教学内容、学生特点和教学环境进行选择和调整。

五、高品质语文课堂教学应该具备的样态

1.激发兴趣：教师应该采用多种形式的教学方法和教学资源，激发学生对语文学习的兴趣。例如，通过讲解有趣的文学作品、组织课外阅读、开展语言游戏等方式，让学生在愉悦的氛围中提升语文能力。

2.提供个性化学习：教师应根据学生的实际情况和学习特点，采用不同的教学策略和方法。通过差异化教学，满足学生的学习需求，培养每个学生的语文素养。

3.注重综合能力培养：语文教学不仅仅是对课文的理解与背诵，还应注重学生的听、说、读、写能力的培养。教师可以组织学生进行口语表达、写作训练、阅读理解等活动，全面提高学生的语文能力。

4.引导批判思考：语文教学应培养学生的批判性思维和创新意识。教师应引导学生对文本进行深入思考，培养他们的分析和综合能力，使他们具备对文本进行独立思考和丰富想象的能力。

5.鼓励多元文化体验：语文教学应该涵盖丰富多样的文化内容，培养学生的跨文化交流能力。教师可以通过介绍多元文化的文学作品、开展文化交流活动等方式，让学生广泛了解和体验不同文化之间的差异与共通。

6.提供实践机会：语文教学应该贴近学生的生活实践，开展与实际生活相关的教学活动。例如，组织学生参观文化景点、写实作文、参与文学创作等，让学生在实际操作中巩固语文知识和提升语文能力。

六、高品质语文课堂教学活动对教师的要求

1.系统性和专业性：教师需要具备系统的语文知识体系和教学理论，能够深入理解语文学科的内涵和特点，准确把握教学内容的要点和重点。同时，教师还应具备丰富的语文教材和教学资源，并能根据学生的不同需求进行合理的教学设计。

2.创新性和多样性：教师应该能够设计出富有创意和趣味性的语文教学活动，激发学生的学习兴趣和主动性。通过多样化的教学方法和手段，教师能够满足不同学生的学习风格和需求，提高学生的学习效果。

3.互动性和合作性：高品质语文教学活动需要营造积极互动的课堂氛围，教师应积极引导和促进学生之间的合作和交流。教师应该善于提问、引导和激发学生的思维，培养学生的批判性思维和创造性思维。

4.反思性和发展性：教师需要具备反思和自我发展的能力，能够不断总结和改进自己的教学实践。通过反思，教师可以深入思考教学中的问题和挑战，及时调整教学策略，提高教学效果。同时，教师还应积极参与教育研究和教师专业发展，保持对语文教育的持续学习和进步。

以上是高品质语文教学活动对教师的要求。通过不断努力和提升自身的素养，教师可以提供更优质的语文教学，培养学生的语文能力和综合素养。

七、开展高品质语文课堂教学活动要注意的问题

要开展高品质语文课堂教学活动，教师需要具备深厚的语文素养和专业知识，同时还需要掌握有效的教学策略和技巧。以下为教师提供一些关于开展高品质语文课堂教学活动应当注意的问题。

1.语文素养的培养。语文素养的培养是开展高品质语文课堂教学活动的基础。语文素养包括语音、词汇、语法、阅读、写作和口语表达等方面，需要学生在长期的学习和实践中逐渐积累和提高。因此，教师在开展教学活动时，需要注重学生的基础知识和基本技能的训练，同时还要注重培养学生的语文综合素养和应用能力。

2.课程标准的指导。课程标准是开展高品质语文课堂教学活动的指导性文件。课程标准明确规定了语文课程的性质、目标、内容和评价方式等，为教师开展教学活动提供了重要的依据。因此，教师需要认真研读课程标准，深入理解课程标准的内涵和要求，将其贯彻到教学活动中。

3.教学内容的选择。这是开展高品质语文课堂教学活动的关键。教学内容应该符合学生的认知规律和学习特点，同时还要紧密结合课程标准的要求和教材内容。因此，教师需要对教材进行深入分析和研究，根据学生的实际情况选择合适的教学内容，并对其进行有效的整合和拓展。

4.教学策略的运用。教学策略的运用是开展高品质语文课堂教学活动的核心。教学策略应该包括情境创设、问题解决、探究学习、合作学习等多种方式，旨在激发学生的学习兴趣和提高他们的学习效果。因此，教师需要结合具体的教学内容和学生的学习需求，选择合适的教学策略，并对其进行有效的实施和评价。

5.教学评价的开展。教学评价是开展高品质语文课堂教学活动的重要环节。教学评价应该包括学生的学习效果、教师的教学效果和课程实施的评价等方面，旨在促进学生的全面发展和提高教学质量。因此，教师需要制定科学合理的评价标准，采用多种评价方式和方法，对学生的学习效果和自身的教学效果进行客观、全面和准确的评价，为改进教学提供重要的依据和参考。

八、高品质语文课堂教学活动案例

案例一：戏剧教学法

李老师是一位小学语文老师，为了帮助学生更好地理解和掌握课本中的故事和人物，她采用了戏剧教学法。她首先带领学生阅读课本中的故事，然后让学生扮演故事中的角色。通过表演，学生可以深入了解故事中的人物性格、情感和行为，同时也能够锻炼学生的语言表达能力和表演技巧。这种教学方法不仅让学生对语文学习产生了浓厚的兴趣，还提高了他们的自信心和创造力。

案例二：文化体验之旅

张老师是一位初中语文老师，他注重通过文化体验之旅来引导学生学习语文。他带领学生参观当地的博物馆、文化遗址和历史名胜古迹，让学生亲身感受到中国传统文化的厚重底蕴。在参观过程中，他还会为学生讲解相关的历史、文化和文学知识，帮助学生将课本中的理论知识与实际的文化体验联系起来，从而加深学生对中华文化的认识和理解。

案例三：阅读分享会

王老师是一位高中语文老师，她注重培养学生的阅读能力和阅读兴趣。她组织了一系列的阅读分享会，让学生从自己阅读过的书籍中选择一本最喜爱的书籍进行分享。在分享会中，学生会向其他同学介绍这本书的主要内容、作者、写作风格和对自己的影响。通过这种活动，学生不仅能够提高自己的阅读能力，还能够增强自己的沟通能力和自信心。

案例四：写作工作坊

李老师是一位小学语文老师，她通过写作工作坊来帮助学生提高写作水平。她会为学生提供一些写作主题和写作材料，然后让学生自由发挥想象力进行创作。在写作过程中，她会为学生提供一些指导和建议，帮助他们完善自己的作品。同时，她还会组织学生之间进行作品交流和互评，从而让他们相互学习和借鉴。通过这种活动，学生不仅能够提高自己的写作水平，还能够增强自己的合作精神和实践能力。

案例五：课堂诗歌朗诵活动

张老师是一位高中语文老师，他注重培养学生的诗歌朗诵和赏析能力。他组织了一次诗歌朗诵活动，让学生选择一首自己喜欢的诗歌进行朗诵。在活动中，学生可以选择单独朗诵或者与同学合作进行朗诵。同时，张老师还会为学生提供一些诗歌赏析的指导和建议，帮助他们理解诗歌中的情感和意境。通过这种活动，学生不仅能够提高自己的朗诵能力，还能够增强自己的文学鉴赏能力和艺术修养。

案例六：辩论活动

王老师是一位初中语文老师，他注重培养学生的思辨能力和口头表达能力。他组织了一次辩论活动，让学生围绕一个热门话题展开讨论和辩论。在活动中，学生可以自由组队进行辩论，每个队伍都有机会发表自己的观点和看法。同时，王老师还会为学生提供一些辩论技巧的指导和建议，帮助他们更好地表达自己的观点和反驳对手的论点。通过这种活动，学生不仅能够提高自己的口头表达能力，还能够增强自己的逻辑思维能力、协作能力和应对突发情况的能力。

　　总之，以上这些案例都是开展高品质语文课堂教学活动的典型教学案例。这些教学方法不仅符合学生的认知规律和学习特点，而且能够激发学生的学习兴趣，提高他们的自信心和创造力，培养他们的合作精神和实践能力，增强他们的文学鉴赏能力和艺术修养，锻炼他们的思辨能力和口头表达能力。因此，这些教学方法值得在语文课堂教学中广泛应用和推广。

第六章　高品质语文口语交际活动

第一节　语文口语交际活动

一、语文口语交际活动的概念

语文口语交际是指在口语交流的过程中，运用语言、声音、肢体语言等手段，表达思想、情感、信息等的一种社会活动。它是人类社会交往中不可或缺的一部分，是人类文明进步和社会发展的重要标志之一。

在口语交际中，口语交际的主体是人，口语交际的对象是语言、声音、肢体语言等手段，口语交际的目的则是表达思想、情感、信息等。口语交际的过程是一个互动的过程，是一个不断交流、倾听、反馈的过程。

口语交际具有以下几个特点。

1.互动性：口语交际是在口语交流的过程中进行的，是一种互动的过程。

2.即时性：口语交际是在即时的情况下进行的，是一种即时的交流过程。

3.情境性：口语交际是在特定的情境下进行的，是一种情境化的交流过程。

4.多向性：口语交际是在多个参与者之间进行的，是一种多向的交流过程。

5.非文字性：口语交际是不依赖文字的，是一种非文字的交流过程。

语文口语交际在现代社会中具有越来越重要的地位和作用。它是人们日常生活、工作和学习中不可或缺的一部分，也是人际交往中最重要的手段之一。语文口语交际对于个人发展、社会交往、文化交流等方面都具有重要的意义。因此，我们应该重视语文口语交际，提高口语交际的能力，以更好地适应现代社会的需求。

二、语文口语交际活动的内涵及其重要性

语文口语交际活动是一种通过口语表达和倾听来交流思想、传递信息的活动。这种活动不仅涉及语言的理解和表达，也涉及社交技巧、情感智商和人格特质等多个层面。

1.语文口语交际活动具有丰富的内涵。它不仅包括日常生活中的对话、演讲、辩论等形式，还包括文学作品中的角色对话、叙述和描绘等元素。这种活动涉及语言的各种形式，包括口语、书面语、肢体语言等，并且需要在不同的语境和角色中进行运用。

2.语文口语交际活动对于人的全面发展具有重要意义。它不仅是人们社交交流的基本技能，也是个体表达自我、影响他人的手段。通过口语交际活动，人们可以有效地传递信息、解决问题、建立关系，并且提升个人的社交技巧和情感智商。此外，口语交际活动还可以促进个体的自我认知和情感表达，提升个人的情感智商和人格特质。

3.语文口语交际活动在教育领域中具有重要的应用价值。在语文教育中，口语交际能力的培养是不可或缺的一部分。通过口语交际活动，学生可以提升他们的语言理解、表达和交流能力，同时也可以促进他们的思维、表达和交流能力的发展。

语文口语交际活动的内涵及其重要性不容忽视。它不仅是人们社交交流的基本技能，也是个体全面发展和社会进步的重要手段。在教育领域中，培养学生的口语交际能力也是一项重要的任务。

三、语文口语交际活动的形式

在语文教育中，口语交际活动占据着重要的地位。它不仅有助于提高学生的语言表达能力，也有助于培养学生的自信心和沟通能力。下面探讨语文口语交际活动的不同形式，并分析其优缺点。

1.个人发言。这是最常见的口语交际活动形式，适合用于简单的问答环节或者让学生表达自己的个人观点。个人发言的好处在于它可以快速而有效地让每个学生对一个问题或主题发表意见，但缺点在于它可能让一些不善于在公众面前表达自己的学生失去机会，也可能让整个过程显得单调乏味。

2.小组讨论。这种形式适合用于涉及多个观点或复杂主题的情况。在小组讨论中，学生们可以在相互尊重和倾听的基础上，通过交流和争辩来达成共识。小组讨论的优点在于它可以让学生有机会表达自己的观点，同时也能学习到其他人的观点，但缺点在于它可能需要更长的时间来组织过程，也可能会让一些不积极参与的学生失去参与的机会。

3.角色扮演。这种形式适合用于故事性较强或角色丰富的课文。在角色扮演中，学生们可以通过扮演不同的角色来体验课文中的情境和情感。角色扮演的优点在于它可以让学生更深入地理解课文，同时也能培养学生的表演和沟通能力，但缺点在于它可能需要更多的准备时间，同时也可能会让一些不善于表演的学生感到紧张。

4.辩论。这种形式适合用于涉及多元观点或复杂价值观的课文。在辩论中，学生们可以通过激烈的交锋来理解课文中的多元观点和复杂价值观。辩论的优点在于它可以让学生更深入地理解课文，同时也能培养学生的逻辑思维和团队合作精神，但缺点在于它可能需要更多的准备时间，同时也可能会让一些不善于团队合作的学生感到紧张。

语文口语交际活动的形式多种多样，每种形式都有其优点和缺点。在实际教学中，教师应该根据具体情况选择最适合的活动形式，以最大限度地发挥口语交际活动的作用，提高学生的语言表达能力、自信心和沟通能力。

四、历史长河中的语文口语交际活动

在历史的长河中,语文口语交际活动的发展与变迁,犹如一条曲折而流淌不息的河流。从古代的口口相传,到中世纪的印刷口语,再到现当代的信息口语,其演变历程,既反映了人类文明的进步,也揭示了社会生活的演变。

古代的口口相传,是语文口语交际活动的最初形态。在那个时代,人们主要通过口头方式传递信息,交流思想。这种口语交际方式,在古代的文学、哲学、政治等领域留下了深刻的印记。例如,《诗经》中的诗歌,都是通过口头方式传播,影响了后世无数的文人墨客。

中世纪的印刷口语,标志着口语交际方式的重大变革。随着印刷术的发明和应用,文字成为信息的主要载体,口语交际的范围和深度大大提高。例如,《圣经》就是通过印刷口语传播,影响了一代又一代的人。

到了现当代,信息口语应运而生,成为一种全新的口语交际方式。信息口语的特点是即时、互动、多元。它通过互联网、移动设备等现代通信工具,使得信息的传播变得迅速而广泛。例如,微博、微信等社交媒体的出现,极大地推动了信息口语的发展,使得信息的传播变得更加便捷和广泛。

五、语文口语交际活动参考案例

语文口语交际能力是现代公民必备的能力之一,也是语文课程的重要组成部分。在语文教学中,口语交际活动不仅可以提高学生的口语表达能力,还可以促进学生的思考、沟通和合作能力。下面以一节语文口语交际活动为例,分析其设计理念、实施过程和效果评价,以期为语文教学提供有益的参考。

这节口语交际活动的主题是"讲述故事",要求学生以小组为单位,选择一个主题,合作编写故事并讲述给其他小组听。活动目标包括提高学生的口语表达能力、合作能力和创造力。

活动实施过程分为三个阶段：准备阶段、实施阶段和总结阶段。在准备阶段，教师介绍了活动主题和要求，并将学生分成若干小组。在实施阶段，学生小组合作编写故事，并由一位组员进行讲述。在总结阶段，学生小组互相评价和反馈，教师也对活动进行总结和评价。

在活动过程中，学生们表现出积极的态度和高度的参与度。他们通过合作编写故事，锻炼了思维能力和创造力，同时也培养了团队合作精神。在讲述故事时，学生们能够自信地表达自己的观点和想法，口语表达能力得到了提高。

活动效果评价方面，学生们在讲述故事时表现出了较高的语言表达能力和情感表达能力。他们的故事情节丰富、人物形象鲜明，让听众产生了共鸣。同时，学生们在合作编写故事和讲述故事的过程中，也锻炼了他们的团队合作精神和沟通能力。

这节语文口语交际活动案例的设计理念和实施过程是合理的，符合学生的认知水平和心理特点。通过这次活动，学生们不仅提高了口语表达能力，还培养了合作能力和创造力。这也为其他语文教学提供了有益的参考，让语文教学更加注重培养学生的口语交际能力。

第二节　高品质语文口语交际活动

高品质语文口语交际活动是一种非常有意义的教育活动，可以提高学生的口语表达能力、沟通技巧和语文素养。通过丰富多彩的口语表达形式和各种形式的组织形式，学生们将有机会展示自己的才华，提高自己的语言运用能力，为未来的学习和职业生涯打下坚实的基础。

一、高品质语文口语交际活动的概念

高品质语文口语交际活动是一种专门设计的教育活动，旨在提高学生的口语表达能力、沟通技巧和语文素养。该活动以学生的日常生活和实际需求为基础，通过丰富多彩的口语表达形式，如演讲、辩论、

朗诵、模拟情境等，激发学生的表达欲望和思考能力，培养他们的自信心和语言运用能力。

在高品质语文口语交际活动中，学生们将有机会参与各种形式的口语表达。例如，他们可以参加即兴演讲比赛，通过即兴发挥来展示自己的语言天赋和思维敏捷性；他们也可以参加模拟辩论赛，通过模拟实际场景来提高自己的辩论技巧和辩证思维能力。此外，他们还可以参加诵朗比赛，通过朗诵优美的诗歌和散文来感受语言的韵律之美，提高自己的语音和语感。

除了比赛形式，高品质语文口语交际活动还可以通过其他形式来提高学生的口语表达能力。例如，可以组织学生进行小组讨论，通过互相交流来提高自己的沟通技巧和合作能力；可以邀请专业人士举办讲座或培训班，通过实际操作来提高学生的口语表达能力和语言运用能力。

二、高品质语文口语交际活动的内涵

高品质语文口语交际活动是指一种有组织、有目的、有针对性的语言交流形式，旨在帮助学生提高语文口语表达能力，并培养其语言文字的运用能力。这种活动坚持问题导向、互动性强的原则，通过让学生参与真实的语言交流情境，激发学生的兴趣和提高他们的积极性，促进他们主动地运用语言进行真实的交流。

在高品质语文口语交际活动中，教师起到了引导和组织的作用。教师可以根据学生的实际情况和学习需要，设计合适的话题和活动形式，并提供相关的语言素材。教师还可以通过活动的引导和反馈，帮助学生纠正语言错误，提供适当的语言模式和表达方式。同时，教师还要注重培养学生的语言思维能力和交际能力，引导学生自主思考和表达，充分发挥学生的主体性和创造力。

高品质语文口语交际活动的核心是学生的参与和互动。在活动过程中，学生可以分组展开讨论，进行角色扮演和情景模拟，或者进行实地考察和访谈等活动。通过这些形式，学生可以在语言交流中感受到语言的真实运用，增强语言输入和输出能力，提高语文口语表达的流利度和准确性。同时，学生还可以通过与他人的交流互动，拓宽视野，增加知识和信息的获取渠道，培养合作意识和团队精神。

高品质语文口语交际活动的目的是培养学生良好的语文口头表达能力。良好的语文口头表达能力不仅是学生日常交流的基础，也是学习和生活中成功的重要保证。通过高品质语文口语交际活动的实施，学生可以提高自己的语言表达能力，增强自信心和表达能力，培养良好的语言习惯和交际技巧，更好地适应社会的需要。

高品质语文口语交际活动是一种有助于学生提高语文口语表达能力的有效途径。通过有目的、有组织、有针对性的语言交流实践，学生可以在情境中感受真实的语言运用，培养语言思维和交际能力，提高自己的语文口头表达能力，更好地适应学习和生活的需要。

除了以上提到的内涵，高品质语文口语交际活动还包括以下方面。

文化意识：高品质语文口语交际活动注重培养学生的跨文化交际能力。通过了解不同文化的语言习惯、社交礼仪等，学生可以更好地适应跨文化交际，并更加尊重和欣赏其他文化的差异。

情感沟通：高品质语文口语交际活动强调情感的表达和沟通。通过情感表达的训练，学生能够更好地与他人相互理解和共情，增强人际关系的融洽性。

实用性：高品质语文口语交际活动注重培养学生的实用口语交际能力，使学生能够在日常生活、学习和工作中应对各种实际情境，进行有效的口头交流。

创新性：高品质语文口语交际活动鼓励学生从不同的角度思考和表达，并培养学生的创新思维能力。通过开展创意演讲、即兴表达等活动，学生可以锻炼自己的创造性思维，并提高语言表达的独特性。

包容性：高品质语文口语交际活动倡导多元化和包容性。通过尊重和接纳不同的观点、文化和语言表达方式,学生能够培养开放的思维和包容的态度,促进多元文化的交流和融合。

高品质语文口语交际活动的综合实施可以促进学生综合素质的提升,提高学生的语言能力和交际能力,培养学生的自信心、合作精神和创新意识,使学生在现实生活中能够更好地与他人进行有效的口头交流。这种活动的实施不仅仅关注语言的准确性,更注重培养学生们全面发展的语文素养,使其具备与他人进行有效交流的能力。

三、高品质语文口语交际活动的基本形式

高品质语文口语交际活动的一般形式可以多样化,具体形式可以根据教学目标、学生特点和教学资源等进行选择。以下是一些常见的高品质语文口语交际活动的一般形式。

1.角色扮演:学生扮演不同的角色,根据特定情景进行对话交流。可以是模拟真实场景,如商店购物、饭店点餐等,也可以是虚构情景,如小说人物对话等。

2.情景模拟:学生在真实场景中进行模拟对话,如日常生活、旅游体验、求职面试等。通过身临其境的模拟,培养学生的语言运用能力和情境适应能力。

3.辩论活动:学生分组进行辩论,争论不同观点并提供理由和证据支持。可以选择热点话题或课堂相关的议题,培养学生的逻辑思维和辩论能力。

4.演讲比赛:学生展示个人观点、经验、独特见解等,通过演讲形式表达和传达。可以是主题演讲、故事分享或即兴演讲等形式。

5.讨论小组:学生分组进行话题探讨和讨论,互相交流意见和看法。可以是文学作品分析、时事热点话题讨论等。

6.朗读表演:学生可以朗读诗歌、故事、剧本等文本,并注重语音语调、情感表达和语境理解。

7.录音或视频制作:学生可以通过录音或视频的形式展示自己的

口语表达能力，可以是广播节目、访谈或短片等。

8.实地考察：学生参观实际场所，如博物馆、展览、城市等，进行口语表达和交流。

9.合唱或戏剧表演：学生合作进行歌曲合唱或戏剧表演，锻炼团队合作和表演技巧。

这些形式可以根据学生的语言能力、兴趣和要求来选择和设计，旨在创造真实的语言环境和丰富的口语交流体验，提高学生的语言运用能力和交际能力。同时，教师的引导和反馈也是确保口语交际活动高品质的重要环节。

四、高品质语文口语交际活动的一般要求

高品质语文口语交际活动有一些一般要求，以确保活动的有效性和学生的学习效果。以下是一些常见的高品质语文口语交际活动的一般要求。

1.语言准确性：学生在口语交际活动中应尽量准确地使用语言，避免语法错误和发音不准确等问题。通过词汇和语法的准确运用，培养学生的语言表达能力。

2.流利性和自然性：学生在口语交际活动中应尽量流利自然地表达自己的观点和意见，避免发言过于拖沓或生硬不自然。通过大量的口语实践和语言模仿，培养学生的口语流利性和自然性。

3.交际合作性：学生在口语交际活动中应注重交际合作，积极倾听他人的意见，并与他人互动和对话。学会倾听、理解和回应他人的表达，培养学生的有效沟通能力。

4.内容丰富性：学生在口语交际活动中应尽量表达丰富的内容，展示自己的知识、观点和见解。培养学生的思维广度和深度，提高口语表达的质量。

5.情感表达：学生在口语交际活动中应注重情感的表达，能够用适当的语言和语气传达自己的情感和态度。通过情感表达，培养学生的情感智慧和情感交流能力。

6.语言策略：学生在口语交际活动中应灵活运用各种语言策略，如比喻、举例、引用等，丰富口语表达的手段和形式。培养学生的语言灵活性和运用能力。

7.自我评估和改进：学生在口语交际活动中应学会自我评估和改进，意识到自己语言表达中存在的问题，并进行改进和提高。通过及时的反思和反馈，培养学生的自我管理和学习能力。

以上要求都需要教师的指导和辅导，教师可以通过指导学生的语言运用、引导学生发现和解决问题等方式，帮助学生提高口语表达能力。同时，教师也要注重给予学生积极的反馈和肯定，鼓励学生探索和表达，促进学生在口语交际活动中获得成就感和自信心。

五、高品质语文口语交际活动对教师的要求

高品质语文口语交际活动对教师提出了一系列要求，以下是其中的一些要求。

1.教师需要具备丰富的语文知识和口语表达能力，能够为学生树立语言表达的榜样，引导学生准确、流利地运用语言进行交际。

2.教师需要熟悉口语交际活动的设计和组织原则，能够合理选择和设计活动形式，使活动符合学生的年龄特点、学习目标和兴趣爱好。

3.教师需要具有良好的沟通和引导能力，能够引导学生积极参与，激发学生的兴趣和发言欲望，促进学生之间的互动和交流。

4.教师需要具备较强的观察和分析能力，能够及时发现学生口语表达中的问题，并给予针对性的指导和帮助。

5.教师需要给予学生积极的反馈和肯定，鼓励学生尝试、探索和改进，提高他们的自信心和学习动力。

6.教师需要培养学生的合作精神，组织学生进行小组活动，引导学生相互合作、互相支持，提高学生的团队合作能力。

7.教师需要关注学生的个体差异，给予个别指导和支持，满足学生的学习需求，促进每个学生都能有机会参与到口语交际活动中。

8.教师需要不断提升自己的专业知识和教学技能，参加教师培训、学术交流，不断完善自己的教学方法和教学策略。

六、高品质语文口语交际活动对学生的要求。

高品质语文口语交际活动对学生也提出了一系列要求，以下是其中的几点要求。

1.积极参与和表达意见：学生需要积极参与口语交际活动，勇于表达自己的意见和观点。他们应该有一种开放的态度，愿意与他人交流和分享，并且鼓励积极的互动和讨论。

2.监听和理解能力：学生需要具备良好的听力和理解能力，能够有效地倾听他人的表达，并理解他人的观点和意图。他们应该学会仔细倾听、提问和验证理解，以确保自己正确地理解他人的意思。

3.准确运用语言：学生应该努力提高语言的准确性，包括词汇的正确运用、语法的正确使用和正确的发音。他们需要注重细节，避免常见的语言错误，以确保他们的口语表达清晰、准确。

4.逻辑和思辨能力：学生需要具备一定的逻辑思维和思辨能力，能够从不同角度思考问题，并就问题提出合理的观点和证据。他们需要学会更深入地思考问题，分析不同的观点，并提出有力的论据支持自己的观点。

5.合作精神和团队意识：学生需要积极培养合作精神，能够与他人合作、协作和共同完成任务。他们应该尊重他人的意见和贡献，能够与他人建立良好的合作关系，并能够听取和接受他人的好的建议。

6.反思和自我提升：学生需要具备较强的反思和自我提升能力，能够意识到自己的不足之处，并主动寻求改进。他们应该从口语交际活动中学会总结经验，认识到自己的进步，并设定下一步的学习目标。

七、高品质口语交际活动案例

以下是一个典型的高品质口语交际活动案例。

主题：环保意识与行动

活动形式：小组讨论+角色扮演

步骤：

1.教师引入话题：教师介绍环保意识与行动的重要性，并提出一些相关问题，如为什么环保意识重要？如何在日常生活中做出环保行动？

2.学生小组讨论：将学生分成小组，每个小组讨论给定的环保问题，如节水、节能、减少塑料使用等。学生可以分享自己的观点、经验和想法，并提出解决方案。

3.角色扮演：每个小组选出代表，扮演在不同场景中提倡环保的角色，如环保志愿者、市政官员、学生领袖等。代表们根据学生的讨论和想法，进行角色扮演，表演在各场景中如何倡导环保意识与行动。

4.角色扮演分享：每个小组的代表进行角色扮演表演后，进行分享。其他小组成员可以提出问题和分享自己的观点，并进行互动交流。

5.教师总结和扩展：教师对学生的讨论和角色扮演进行总结，并扩展相关的知识和观点。教师可以提供环保行动的更多信息，如如何回收废品、如何参与社区环保活动等，并鼓励学生在日常生活中积极采取环保行动。

通过这样一个典型的高品质口语交际活动，学生能够在小组合作和角色扮演中表达自己的意见和观点，学习倾听和批判性思考，增强语言交际能力和合作精神，同时加深对环保意识与行动的理解和重视。这样的活动可通过场景设置、角色扮演等形式，使学生更加积极参与，达到语言和综合素养的提升。同时，教师则起到引导和促进学生交流、提供反馈和指导的角色，以确保活动的高品质完成。

再列举六个开展高品质口语交际典型活动案例，供教师参考。

案例一：角色扮演

角色扮演是一种非常有效的口语交际教学方法。在此活动中，学生被赋予特定的角色，通过模拟实际场景进行交流。例如，可以让学生扮演面试官和应聘者，进行模拟面试；或者让学生扮演客户和售货员，进行商品交易。角色扮演可以帮助学生了解不同情境下的交际技巧，提高他们的沟通能力。

案例二：课堂讨论

课堂讨论是一种常见的口语交际活动，能够促进学生之间的交流和合作。教师可以根据课程内容设置讨论主题，引导学生进行有意义的讨论。例如，可以针对某一文学作品中的主题或事件展开讨论，让学生发表自己的观点，与其他学生进行交流。课堂讨论不仅可以提高学生的口语表达能力，还可以促进他们的思维能力和社交技能的发展。

案例三：口头报告

口头报告是一种展示学生知识和技能的有效方式。在此活动中，学生可以选择自己感兴趣的话题进行报告，例如介绍一本自己喜欢的书、一个旅游景点或者一个科学发现等。口头报告可以帮助学生提高他们的演讲技巧和表达能力，同时也可以拓宽学生的视野和知识面。

案例四：小组合作项目

小组合作项目是一种富有挑战性的口语交际活动。在此活动中，学生被分成几个小组，共同完成一个项目。他们需要讨论、分工、协作，并与其他小组进行交流。例如，可以让学生合作制作一个关于某一主题的多媒体作品，并在课堂上展示。小组合作项目可以培养学生的合作精神和沟通能力，同时也可以提高他们的创造力和实践能力。

案例五：辩论

辩论是一种高层次的口语交际活动，可以提高学生的思维能力和语言运用能力。在此活动中，学生需要提出自己的观点，并反驳对方的观点。教师可以根据课程内容或者社会热点设置辩论主题，例如"网络对青少年的影响""人工智能是否应该取代人类工作"等。通过辩论，学生可以学会清晰明确地表达自己的观点，理解他人的观点，并学会用事实和逻辑来支持自己的观点。

案例六：模拟联合国

模拟联合国是一种模拟联合国会议的活动，它提供了一个国际交流的平台，让学生了解国际政治和外交的规则。在此活动中，学生需要代表不同的国家或组织，就某一主题进行发言、提出方案和进行谈判。模拟联合国活动不仅帮助学生提高口语表达能力，还培养他们的国际视野和跨文化交际能力。这种活动可以帮助学生了解国际社会如何运作，提高他们的全球意识和对不同文化的尊重。

以上就是六个开展高品质口语交际典型活动案例的介绍。这些活动可以在不同的教学环境中实施，从简单到复杂，从基础到高级，可以根据学生的实际情况和教学需要进行选择和调整。通过这些活动，学生可以锻炼他们的口语交际能力，提高他们的自信心和社交技巧，同时也可以拓宽他们的视野和知识面。

第七章　高品质语文阅读活动（一）

第一节　语文阅读活动

语文阅读活动是一种以文字为主要媒介，以理解和运用语言为基本目的的综合性学习活动。它不仅是语言学科的基础，也是其他学科不可或缺的重要组成部分。

一、语文阅读活动的概念

语文阅读活动是指通过阅读文字材料，借助已有知识和经验，理解文本意义，运用语言知识，提高语言能力的一种学习活动。它包括对文字、词汇、语法、篇章结构等方面的认知和理解，以及对文本主题、思想、文化内涵的领悟和探究。语文阅读活动不仅是对知识的掌握，更是对语言运用能力的培养和提高，是对人类语言文明的继承和传承。

语文阅读活动具有以下特点。

1.以文字为主要媒介

语文阅读活动是以文字为主要媒介的学习活动。文字是语言的符号系统，是人类文化传承的重要载体。通过阅读文字材料，可以获取各种信息和知识，掌握语言表达的技巧，培养语言运用的能力。

2.以理解为前提

理解是语文阅读活动的关键。只有理解了文本的意义，才能够进一步探究文本的主题、思想、文化内涵等更深层次的内容。理解需要借助已有的知识和经验，因此，语文阅读活动也是对已有知识和经验的巩固和拓展。

3.以运用为目的

语文阅读活动以提高语言能力为最终目的。通过阅读，可以掌握更多的词汇、语法、篇章结构等语言知识，进而提高语言表达的能力。同时，语文阅读活动也注重对文本主题、思想、文化内涵的领悟和探究，这有助于提高语言运用能力，也有助于培养人文素养。

二、语文阅读活动的内容

语文阅读活动是提高学生语言文字运用能力的重要途径，也是培养学生综合素质的重要手段。下面详细阐述语文阅读活动的内容，以帮助读者更好地理解语文阅读的意义和价值。

首先，语文阅读活动包括阅读文学作品、新闻报道、科普文章、实用文本等多样化内容。这些文本不仅为学生提供了丰富的语言材料，还帮助他们了解社会、历史、文化等多方面的知识。通过阅读文学作品，学生可以了解不同时期、不同地域的文化传统，感受文学艺术的魅力；通过阅读新闻报道，学生可以了解时事政治、经济发展、社会动态等方面的信息，提高对现实社会的认识；通过阅读科普文章，学生可以了解自然科学、社会科学等领域的前沿知识，培养科学素养；通过阅读实用文本，学生可以掌握各类应用文体的写作技巧，提高文字表达水平。

其次，语文阅读活动注重学生的阅读方法和技能的培养。在阅读过程中，学生需要学会快速阅读、细读、比较阅读等多种阅读方法，以便更好地理解和鉴赏文本。同时，学生还需要掌握查阅工具书、互联网等资源获取信息的能力，自主解决阅读中遇到的问题。此外，语文阅读活动还重视培养学生的批判性思维和创新能力，鼓励学生在阅读中发现问题、提出问题并尝试解决问题。这种批判性思维和创新能力的培养将有助于学生在未来的学习和职业生涯中更好地应对挑战。

再次，语文阅读活动提倡多元文化和国际视野。在阅读过程中，学生不仅需要了解本国文化传统，还需要关注世界各地的文化现象，尊重并理解不同文化的差异。通过阅读不同国家和地区的文学作品、新闻报道等文本，学生可以拓宽视野，培养跨文化交际能力，为今后的国际交流和合作做好准备。

此外，语文阅读活动还强调学生的参与性和互动性。在阅读过程中，学生需要与文本、作者、同学、老师等多方面进行互动和交流。这种互动和交流可以帮助学生更好地理解文本，提高阅读兴趣和积极性。同时，学生还需要积极参与课堂讨论、写作等活动，将阅读与思考、表达相结合，以实现更深层次的阅读理解和感悟。

最后，语文阅读活动是一个长期的过程，需要持续的努力和积累。学生需要养成良好的阅读习惯，定期阅读各类文本，不断提高自己的阅读能力和素养。同时，教师也需要根据学生的实际情况和需求，制定合理的阅读计划和目标，并为学生提供必要的指导和支持。此外，学校和家庭也应该为学生的语文阅读创造良好的环境和条件，以帮助学生更好地进行阅读学习和实践。

三、语文活动的现状及存在的问题

在当今社会，语文活动已经成为一项重要的教育内容，语文活动在中小学教育中占据了重要的地位，成为学生综合素质评价的重要指标。然而，在实践中，语文活动的现状却存在一些问题。下面将从教学目标、教学方法、教学资源、评价方式等方面进行阐述。

1.教学目标不明确

当前，语文活动的教学目标往往不够明确，缺乏具体的可操作性的目标。一些教师在开展语文活动时，只是为了完成教学任务，没有深入思考语文活动的真正目的和意义。这导致学生缺乏体验感和互动性，不能有效地提升学生的语言表达能力和思维能力。

2.教学方法不当

语文活动的教学应当是有趣、互动的，但在实践中，有些教师采用的教学方法却不够恰当，缺乏创新性和多样性。一些教师在开展语文活动时，仍然采用传统的讲授方式，让学生在课堂上枯燥地听讲。这导致学生对语文活动缺乏兴趣和热情，不能充分发挥语文活动的作用。

3.教学资源不足

语文活动需要丰富的教学资源作为支撑，但在实践中，一些学校的教学资源却严重不足。这主要表现在以下几个方面：一是教材单一，缺乏多样性；二是教学设备简陋，不能满足多样化的教学需求；三是教师水平参差不齐，缺乏专业化的培训和进修。

4.评价方式单一

语文活动的评价方式应当多元化，但目前很多学校的评价方式却仍然单一化。一些学校在评价学生语文活动时，仍然只重视考试成绩，忽视了对学生语言表达能力和思维能力的评价。这导致学生只关注考试成绩，忽视了自身综合素质的提高。

四、历史视域下的语文阅读活动

语文阅读活动在历史上有着悠久的传统，可以追溯到古代的私塾教育。在那个时代，阅读是学生们获取知识的主要途径，也是他们发展语言技能的基础。随着时间的推移，阅读在语文教育中的地位逐渐提升，成为不可或缺的一部分。

在中国的教育传统中，阅读与写作一直是语文教育的核心。古代的语文教育强调培养学生的基本素养，如文字学、诗词鉴赏和经史子集的阅读理解。在这个过程中，阅读被视为一种方法论，不仅能够丰富学生的内心世界，还能够提高他们的语言表达能力。

进入近代以后，随着印刷技术的普及和文学作品的增多，阅读活动得到了更广泛的推广。在这个时期，阅读不仅是为了获取信息，还成为一种审美活动和思考方式。人们开始关注阅读对于个体成长和思想开放的影响，各种类型的文学作品在社会中得到了广泛的传播。

在现代社会中，随着信息技术的飞速发展，阅读方式也在不断演变。从纸质书籍到电子书，再到网络在线阅读，阅读的形式越来越多样化。同时，人们对于阅读的需求也在不断升级，不仅要获取信息，还要在阅读中寻找情感共鸣和价值认同。

在人类历史的长河中，语文阅读活动一直扮演着重要的角色。它不仅是获取信息、拓展知识和提高思维能力的重要途径，也是文化传承、价值塑造和情感沟通的重要手段。总的来说，历史视域下的语文阅读活动经历了从古代到现代的漫长发展过程。它不仅是一项基本的语言技能，更是一种传承文化、启迪思想的重要途径。在未来的语文教育中，阅读活动将继续发挥重要作用，为培养具有全球视野和人文精神的下一代做出贡献。

五、国际视野下的语文阅读活动

随着全球化进程的加速，语文阅读活动的国际视野越来越受到关注。在这一背景下，我们需要思考如何将国际视野融入语文阅读活动，以拓宽学生的视野，提升他们的跨文化交流能力。下面从三个方面探讨国际视野下的语文阅读活动的实践与思考。

1.国际视野下语文阅读活动的意义

国际视野下的语文阅读活动旨在培养学生的全球意识，提高他们的跨文化交流能力。在全球化的时代，跨文化交流已经成为人们日常生活和工作的重要组成部分。对于学生而言，具备国际视野的语文阅读能力和跨文化交流能力，对于他们未来的职业发展和生活都具有重要意义。

2.国际视野下语文阅读活动的实践

一是引入多元文化视角。在语文阅读活动中，我们可以引入多元文化视角，让学生接触到不同国家和地区的文化。例如，我们可以选择一些国际知名作家的作品，如莎士比亚、马尔克斯、莫言等，让学生了解不同文化和背景下的人们的生活和思想。此外，我们还可以选择一些国际主题的阅读材料，如环保、和平等，引导学生关注全球性问题，培养他们的国际责任感。

二是开展比较阅读活动。比较阅读是一种有效的方法，可以帮助学生更好地理解不同文化和背景下的作品。我们可以选取两篇或两篇以上来自不同国家的文章，引导学生比较它们的主题、风格、结构等方面的异同。通过比较阅读，学生可以更好地理解不同文化和背景下的人们看待问题的角度和思维方式。

三是加强跨文化交流与合作。为了提高学生的跨文化交流能力，我们可以加强与国外学校的交流与合作。例如，我们可以组织学生参加国际性的语文阅读活动，如世界阅读日、世界儿童文学阅读周等。在活动中，学生可以通过与不同国家和地区的同学交流，了解他们的文化和生活，提高自己的跨文化交流能力。

3.国际视野下语文阅读活动的思考

如何培养学生的全球意识？培养学生的全球意识是国际视野下语文阅读活动的重要目标。为了实现这一目标，我们需要在教学过程中注重培养学生的跨文化交流能力和多元文化视角。我们可以通过引入多元文化视角的阅读材料、开展比较阅读活动、加强跨文化交流与合作等方式，引导学生关注全球性问题，培养他们的国际责任感。

如何提高学生的跨文化交流能力？提高学生的跨文化交流能力是国际视野下语文阅读活动的关键。为了实现这一目标，我们需要在教学过程中注重学生的口语表达和听力理解能力的培养。我们可以通过组织口语表达比赛、开展听力训练、设置跨文化交流课程等方式，提高学生的口语表达和听力理解能力，帮助他们更好地进行跨文化交流。

如何将国际视野融入日常教学？将国际视野融入日常教学是国际视野下语文阅读活动的基础。为了实现这一目标，我们需要在教学过程中注重引入国际性的阅读材料，引导学生关注全球性问题。我们可以通过选择一些国际知名作家的作品、选择一些国际主题的阅读材料、引入国外最新的教学资源和教学方法等方式,将国际视野融入日常教学,提高学生的综合素质和竞争力。

六、未来语文阅读活动趋势

在未来的语文教育中,阅读活动将会扮演更为重要的角色。随着技术的不断发展,阅读的方式和形式也在不断地变化和演进。

第一,数字化阅读将会越来越普及。随着互联网和移动设备的广泛使用,电子书和网络资源已经成为人们获取知识的重要途径。数字化阅读带来了许多便利,例如便于携带、易于搜索和可定制等。同时,数字化阅读也有一些弊端,例如对视力的影响和信息过载等问题。但是,随着技术的进步和对数字化阅读的研究,这些问题将会得到有效的解决。数字化阅读将会成为未来语文阅读活动的重要形式之一。

第二,多元化阅读将会越来越受到重视。在未来的语文阅读活动中,多元化阅读将会成为一个重要的趋势。多元化阅读指的是阅读不同类型、不同媒介、不同来源的文本,包括小说、散文、诗歌、新闻、社交媒体等。多元化阅读不仅能够提高学生的阅读能力和写作能力,还能够培养学生的批判性思维和创新能力。此外,多元化阅读还能够帮助学生更好地融入社会和了解社会。因此,在未来,语文教育将更加注重多元化阅读的培养。

第三,深度阅读将会越来越重要。随着信息量的不断增加,浅阅读已经不能满足学生的需求。在未来,深度阅读将会成为一种重要的阅读方式。深度阅读指的是对某一主题或文本进行深入探究和理解的过程。它要求学生不仅要了解文本的表面意思,还要理解文本的深层含义和背景知识。深度阅读能够培养学生的批判性思维和创新能力,同时还能够提高学生的阅读能力和写作能力。因此,在未来,语文教育将更加注重深度阅读的培养。

第四,跨学科阅读将会越来越重要。在未来的语文阅读活动中,跨学科阅读将会成为一个重要的趋势。跨学科阅读指的是将不同学科的知识和理论融入语文阅读,从而拓展学生的视野和知识面。跨学科阅读能够帮助学生更好地理解文本和社会,同时还能够培养学生的综合素质和解决问题的能力。因此,在未来,语文教育将更加注重跨学科阅读的培养。

第五,个性化阅读将会越来越重要。每个学生都有不同的阅读兴趣和需求,因此,在未来,个性化阅读将会成为一个重要的趋势。个性化阅读指的是根据学生的兴趣和需求来定制阅读内容和方式。它能够满足学生的个性化需求,提高学生的学习兴趣和积极性。个性化阅读可以通过智能推荐、自适应教学等技术来实现。因此,在未来,语文教育将更加注重个性化阅读的培养。

未来语文阅读活动将会朝着数字化、多元化、深度化、跨学科化和个性化等方向发展。这些趋势将对语文教育产生深远的影响,使得语文教育更加注重培养学生的阅读能力和综合素质。同时,语文教育也需要不断地适应和跟进这些趋势,采取有效的措施和方法来提高学生的阅读能力和写作能力。

第二节 高品质语文阅读活动

一、什么是高品质语文阅读活动

高品质语文阅读活动是指在语文教学中,为学生提供优质的阅读素材和有效的阅读指导,培养学生对文学作品的欣赏能力和阅读理解能力。这种活动能够帮助学生提升阅读水平、丰富语言表达能力、拓展文化视野,使学生在阅读中感受到知识的快乐、思维的启迪和情感的熏陶。

高品质的语文阅读活动应该具备以下几个要素。

1.选择优质的阅读素材:应该选择具有一定价值和意义的文学作品,如经典名著、优秀作品或多元文化的作品。素材的选择要贴近学生的生活、体验和兴趣，引发学生的阅读兴趣和阅读动力。

2.提供多样化的阅读体验：语文阅读活动不仅要包括课内的教材阅读，还应该扩展到课外阅读、报纸杂志和网络阅读等多个方面。引导学生进行广泛的阅读，丰富阅读体验，培养终身阅读的习惯。

3.提供有效的阅读指导：教师在语文阅读活动中扮演着重要的角色，他们需要引导学生进行深入的阅读，并通过提问、解析等方式帮助学生理解和分析文本。教师还应该培养学生批判性思维，让他们能够独立思考和评价文学作品。

4.引导学生进行主动思考：语文阅读活动要注重培养学生的主动思考能力，不仅要求学生理解文本，还要引导他们进行思辨、比较和评价。通过讨论、写作等方式，培养学生的批判性思维和创造性思维，提高他们的思维能力和表达能力。

5.融入学科知识和跨学科的内容：语文阅读活动应该与其他学科进行有机的结合，将文学作品与历史、地理、科学等学科知识进行关联，让学生能够跨学科地思考和理解。这样能够增加学生对知识的综合应用能力，培养学生的综合素质。

高品质语文阅读活动的实施需要教师和学校的共同努力。教师要不断提升自身的阅读能力和专业素养，了解最新的教学理念和方法；学校要提供良好的阅读资源和教学环境，鼓励和支持教师进行创新教学。

高品质语文阅读活动是一种寓教于乐的教学方式，它通过激发学生的阅读兴趣和提升阅读能力，培养学生全面发展的能力和素质。只有不断推进高品质语文阅读活动，才能促进学生的全面发展，提升他们的综合素质。

二、高品质语文阅读活动的内涵

高品质语文阅读活动的内涵，是对语言文字的理解、运用和感悟的过程。这种活动不仅要求学生具备基本的阅读技能和方法，还要求学生有较高的思维能力和文化素养。高品质语文阅读活动旨在提高学生的阅读理解、阅读思维、阅读探究和阅读能力，帮助学生更好地掌握语言文字的运用，拓宽学生的文化视野，培养学生的审美情趣和人文精神。

高品质语文阅读活动应该注重阅读的质量而非数量。在选择阅读材料时，应该根据学生的不同年龄、不同兴趣和不同水平进行分类推荐，注重选取经典名著、优秀文学作品、历史文献、科技文章等具有较高文化价值和思维价值的文本。同时，应该结合学生的实际生活和现实社会，注重选取具有时代感和现实意义的文本，以帮助学生更好地理解社会现象和人文精神。

高品质语文阅读活动应该注重阅读的过程而非结果。在阅读过程中，应该注重培养学生的阅读思维和方法，帮助学生理解文本的深层含义和思想内涵，提高学生的阅读能力和阅读素养。同时，应该鼓励学生进行阅读探究和思考，通过阅读不同类型、不同难度的文本，提高学生的阅读技巧和阅读能力。

高品质语文阅读活动应该注重阅读的情感体验。在阅读过程中，应该注重学生的情感体验和情感表达，通过朗读、默读、赏读等方式，让学生感受文本的语言美和情感美，培养学生的审美情趣和人文精神。同时，应该注重学生的个性化和多元化阅读，尊重学生的阅读选择和阅读习惯，让学生在阅读中获得个性化的情感体验和思考启示。

高品质语文阅读活动应该注重阅读的拓展和延伸。在阅读过程中，应该注重阅读的拓展和延伸，通过开展阅读分享、读书笔记、读后感等活动，让学生更好地理解文本的深层含义和思想内涵，拓宽学生的文化视野和思考角度。同时，应该注重与课堂外的语文学习活动相结合，如写作、演讲、戏剧表演等，让学生在实践中更好地掌握语言文字的运用和提升自身的文化素养。

高品质语文阅读活动是一个综合性、拓展性的学习过程，需要学生具备扎实的语言文字基础、良好的阅读思维和方法、丰富的文化知识和情感体验。通过高品质语文阅读活动，可以提高学生的阅读理解、阅读思维、阅读探究和阅读能力，培养学生的审美情趣和人文精神，拓宽学生的文化视野，为学生的综合素质提升和未来发展奠定坚实的基础。

高品质语文阅读活动能够提供丰富、有深度的阅读体验，有效促进读者的语文素养和阅读能力提升。高品质语文阅读活动首先强调阅读的多样性。它不仅包括文学类作品的阅读，还包括历史、文化、科学、社会等各个领域的文本阅读。通过多样化的阅读内容，读者能够拓宽知识面，了解不同领域的知识和信息，培养全面的素养。其次，高品质语文阅读活动注重阅读的深度。它不仅要求读者能够读完一本书或一篇文章，更要求读者能够对文本进行深入理解和思考。通过挖掘文本的内涵，深化对文学作品、文化现象等的理解，读者可以培养独立思考、批判性思维和创造性思维的能力。最后，高品质语文阅读活动关注阅读的互动性，它强调读者与文本之间的互动与对话。

三、高品质语文阅读活动应具备的条件

语文阅读活动是提高学生阅读能力和思维能力的重要途径。为了确保语文阅读活动的质量，需要具备以下条件。

第一，阅读材料需要具备高质量、多样性、趣味性和教育性。这可以确保学生接触到各种类型的文本，包括小说、散文、新闻、博客等。这些材料应该能够吸引学生的兴趣，并提供有价值的阅读经验。

第二，教师需要具备扎实的语文功底和教学能力。他们需要能够理解学生的需求和水平，并能够提供有针对性的指导和支持。在阅读活动中，教师可以通过提问、讨论和指导等方式，激发学生的思维和兴趣，提高阅读效果。

第三，阅读环境需要安静、舒适和有吸引力。学生需要一个良好的阅读环境来集中注意力、提高阅读效率。为此，学校可以提供专门

的阅读教室、图书馆和电子阅读设备等，以及舒适、宽敞的座位和照明等环境条件。

第四，阅读活动需要具有系统性、计划性和持续性。这意味着应该根据学生的年龄和阅读能力制定合适的阅读计划，并定期进行评估和调整。此外，阅读活动应该与其他学科和活动相结合，以促进学生的全面发展。

第五，家长和社会应该积极参与和支持阅读活动。他们可以为学生提供良好的阅读环境和资源，鼓励他们进行阅读和写作，并与学校和教师合作，共同提高学生的阅读能力和文化素养。

除此，高品质语文阅读活动应具备以下条件。

1.互动的阅读方式：阅读活动应该采用互动的方式，鼓励读者之间进行交流和分享，以促进阅读的深入和理解的提高。

2.个性化的阅读体验：阅读活动应该尊重读者的个性和兴趣，提供个性化的阅读体验，让读者能够在阅读中找到自己的乐趣和价值。

三、高品质语文阅读活动对教师的要求

语文阅读活动在提高学生语文能力方面起着至关重要的作用。要实现高品质的语文阅读，教师的作用不可忽视。下面详细阐述对教师的要求，以推动学生阅读能力的发展。

1.教师的角色

教师在高品质语文阅读活动中扮演着重要角色。他们不仅是阅读材料的组织者，还是阅读方法的指导者和学生阅读习惯的培养者。为了确保阅读活动的有效性，教师需要准确把握每个学生的阅读水平和需求，制定个性化的教学策略，激发学生的阅读兴趣和提高学生的主动性。

2.教师的能力要求阅读素养

教师需要具备较高的阅读素养，了解各种文体和主题的阅读方法，才能为学生提供有效的指导。此外，教师还需要熟悉不同年龄段和年

级的阅读材料，以便根据教学需求选择合适的文本。

教学技能：教师需要具备良好的教学技能，能够设计符合学生认知水平的阅读活动，提高学生的阅读能力和思考能力。同时，教师还需要具备较强的课堂管理能力，确保阅读活动的顺利进行。

评价能力：教师需要具备准确的评价能力，能够根据学生的阅读表现和成果进行评价，及时发现学生的问题和不足，提出改进建议，促进学生阅读能力的发展。

3.教师的素养要求

教育情怀：教师需要具备深厚的教育情怀，关注学生的全面发展，关注阅读的德育功能，让学生在阅读中体验生活、感悟人生。

人文素养：教师需要具备较高的人文素养，对历史、文化、哲学等领域有一定的了解，能够引导学生深入思考文本的主题和内涵。

职业道德：教师需要具备高度的职业道德，以身作则，注重自身形象和言行，为学生树立良好的榜样。

四、实现高品质语文阅读活动的途径

语文阅读活动是提高学生语文素养的重要途径之一。如何实现高品质的语文阅读活动，是当前语文教育领域亟待解决的问题。下面从以下几个方面阐述实现高品质语文阅读活动的途径。

1.建立正确的阅读理念。正确的阅读理念是实现高品质语文阅读活动的基础。在语文阅读活动中，教师应该树立"以读为主，以学生为中心"的阅读理念，注重培养学生的阅读兴趣和阅读能力，让学生在阅读中体验文字的美感和情感的世界，提高学生的语文素养。

2.选择适合的阅读材料。选择适合的阅读材料是实现高品质语文阅读活动的关键。教师应该根据学生的年龄、认知水平和兴趣爱好，选择适合的阅读材料。例如，对于低年级学生可以选择一些具有趣味性和启发性的童话、寓言等，对于高年级学生可以选择一些具有思想性和文化性的名著、历史等。

3.培养学生的阅读技能。培养学生的阅读技能是实现高品质语文阅读活动的重要手段。在语文阅读活动中，教师应该注重培养学生的阅读技能，例如默读、朗读、精读、略读等，让学生在阅读中能够把握文章的思路和主旨，理解文章的内涵和价值，提高阅读的效率和深度。

4.开展多元的阅读活动。开展多元的阅读活动是实现高品质语文阅读活动的有效途径。在语文阅读活动中，教师应该根据学生的个性差异和需求，开展多种形式的阅读活动，例如朗读比赛、读书笔记、阅读分享等，让学生在多元化的阅读活动中提高阅读的主动性和创造性。

5.建立科学的评价体系。建立科学的评价体系是实现高品质语文阅读活动的保障。在语文阅读活动中，教师应该建立科学的评价体系，对学生的阅读过程和阅读成果进行全面的评价，及时发现和解决学生在阅读中存在的问题和困难，促进学生的全面发展。

五、高品质语文阅读活动对学生的有益影响

高品质语文阅读活动对于学生具有多方面的重要影响。下面将从多个角度出发，详细阐述这些影响，以证明高品质语文阅读活动对于学生成长的重要性。

高品质语文阅读活动能够提高学生的阅读能力和语言表达能力。阅读是语言输入的过程，通过阅读高质量的文章，学生可以积累更多的词汇、掌握更多的语言表达技巧，从而提升自己的阅读能力。同时，阅读也能够培养学生的语感，使他们更好地理解和运用语言。这些能力对于学生未来的学习和生活都至关重要。

高品质语文阅读活动可以拓展学生的知识和视野。通过阅读不同类型的文章，学生可以了解不同领域的知识和文化，拓展自己的知识面。此外，阅读还可以帮助学生培养批判性思维和解决问题的能力，使他们能够更好地应对未来的挑战。

高品质语文阅读活动可以增强学生的情感认知和社交能力。阅读可以让学生接触到不同的情感体验，培养他们的共情能力和情感认知。同时，通过与他人的交流和分享，阅读还可以增强学生的社交能力，帮助他们建立更好的人际关系。

高品质语文阅读活动可以提高学生的文化素养和价值观。阅读可以让学生了解不同文化的价值观和思想，培养他们的文化素养。此外，通过阅读高质量的文章，学生还可以了解历史和文学知识，对于他们未来的学术和职业发展都具有重要意义。

高品质语文阅读活动对于学生的成长和发展具有多方面的重要影响。因此，我们应该重视语文阅读教育，为学生提供更多的阅读机会和资源，以帮助他们更好地成长。

在教育领域中，语文阅读被认为是提高学生语言能力、认知水平以及情感素养的重要手段。高品质的语文阅读活动更是对学生的全面发展具有显著影响。下面通过一个具体的案例，详细阐述高品质语文阅读活动对学生的塑造作用，以期提高对语文阅读活动的重视。

案 例 简 介

本次案例研究对象为某普通中学初三学生李明。李明在班级中表现平平，对语文阅读缺乏兴趣，阅读理解能力较弱。然而，在参与了一次高品质语文阅读活动后，李明在阅读理解能力、语言表达能力和情感素养等方面均取得了显著进步。

活动过程：在本次高品质语文阅读活动中，教师首先根据李明的兴趣和阅读能力，选择了适合他的阅读材料。在活动过程中，教师采用了一系列有效的阅读策略，如预测、推理、总结和联结等，引导李明主动阅读，积极思考。同时，教师还组织了小组讨论和分享环节，让李明在互动中深入理解阅读材料，并锻炼他的口头表达能力。

活动效果：经过一段时间的高品质语文阅读活动，李明的阅读理解能力得到了显著提升。在阅读过程中，他能够更加准确地把握文章的主旨、推断作者的意图、理解文章的深层含义。在小组讨论和分享环节，李明也变得更加积极主动，语言表达能力和自信心得到了明显提升。此外，通过与同伴的互动和交流，李明对阅读的兴趣愈发浓厚，逐渐养成了自主阅读的习惯。

案例分析：高品质语文阅读活动对李明的影响主要体现在以下几个方面。

1.阅读理解能力的提升：通过运用预测、推理、总结和联结等阅读策略，李明在阅读过程中能够更好地把握文章的主旨、理解作者的意图和文章的深层含义。这些策略使他的阅读理解能力得到了显著提升。

2.语言表达能力的提高：在高品质语文阅读活动中，教师通过组织小组讨论和分享环节，为李明提供了更多的口语表达机会。这不仅锻炼了他的口头表达能力，还提高了他的自信心。

3.情感素养的丰富：通过参与高品质语文阅读活动，李明对阅读产生了浓厚的兴趣，逐渐养成了自主阅读的习惯。他在阅读中接触到各种不同的主题和观点，不断拓宽了自己的视野，丰富了自己的情感体验。

4.学习动机的增强：在活动中，李明得到了教师的认可和鼓励，这激发了他更大的学习热情。此外，通过与同伴的互动和交流，李明意识到自己的阅读水平和能力在不断提高，进一步增强了他对语文阅读的兴趣和动机。

总结与启示：通过对李明案例的分析，我们可以清晰地看到高品质语文阅读活动对学生成长的积极影响。因此，教育工作者应加强对语文阅读活动的重视，根据学生的兴趣和能力，设计出更具吸引力和实效性的高品质阅读活动。同时，教师还应为学生提供充足的阅读材料和时间，鼓励他们进行自主阅读和思考，以全面提高学生的语言能力、认知水平和情感素养。

当然,对于学生而言,要积极参与高品质语文阅读活动,并主动运用各种阅读策略,不断提高自己的阅读能力和素养。同时,也要养成良好的阅读习惯,拓宽自己的阅读视野,丰富自己的情感体验,为将来的学习和生活打下坚实的基础。

六、高品质语文阅读活动对教师专业成长的影响

随着教育改革的不断深入,语文阅读活动在提高学生综合素质的同时,也对教师的专业成长产生了积极的影响。下面围绕语文阅读活动的价值、对教师专业成长的促进作用以及具体实践方法进行阐述。

对于教师而言,高品质的语文阅读活动对其专业成长具有显著的作用。首先,阅读活动可以帮助教师更新教学理念。通过接触各种类型的文本和新的教学方法,教师可以不断提高自己的教育素养,与时俱进。其次,阅读活动可以帮助教师提高教学质量。通过精心选择阅读材料和设计教学活动,教师可以锻炼自己的教学技能,优化教学方法,提高教学效果。最后,阅读活动可以帮助教师形成专业素养。在参与阅读活动的过程中,教师可以通过研究、交流等方式不断丰富自己的专业知识,提高自己的专业素养。

为了充分发挥高品质语文阅读活动对教师专业成长的促进作用,可以采取以下实践方法。

1.精选阅读材料:选择符合学生认知水平和兴趣的优质阅读材料,确保文本内容的多样性和教育价值。同时,教师可以根据教学需要,推荐相关书籍或文章,引导学生在课余时间进行深入阅读。

2.设计有效的教学活动:根据阅读材料的特点和教学目标,设计形式多样的教学活动,如小组讨论、读后感写作、演讲比赛等。通过这些活动,教师可以激发学生的学习兴趣,提高学生的参与度,同时也可以锻炼学生的各项能力。

3.建立阅读分享平台:为了营造良好的阅读氛围,教师可以利用课堂或课外时间，组织学生进行阅读分享，鼓励学生交流阅读心得和感悟。这不仅可以提高学生的口头表达能力，还可以帮助学生树立正确的阅读观念。

4.开展教学研究：通过收集和分析学生在阅读活动中的表现数据，教师可以深入了解学生的学习状况和需求，从而调整和优化教学方法。同时，教师也可以将阅读活动中遇到的问题和成功经验进行总结，为今后的教学提供参考。

七、高品质语文阅读活动所蕴含的文化特质

高品质语文阅读活动所蕴含的文化特质是多方面的，它不仅仅是语言技能的培养，更是涉及文化传承、思辨能力、创造力以及人际交往等方面的培养。

高品质语文阅读活动注重文化传承。通过深入学习和理解经典文学作品、传统文化和历史文化，学生能够感知到文化的多样性和独特性。这种传承的过程将使学生培养对传统文化的尊重和热爱，进一步加深自身的文化认同感和自豪感。

高品质语文阅读活动培养了学生的思辨能力。通过学习文学作品，学生能够培养批判性思维和分析问题的能力。他们学会质疑和思考，不断寻求新的观点和解决问题的方法。这种思辨能力的培养使他们在面对复杂的现实问题时能够做出明智的决策和判断。

高品质语文阅读活动激发学生的创造力。通过创作文学作品、写作和演讲等形式，学生能够自由发挥想象力和创造力，在语言表达中展现个性和独特的思维方式。这种创造力的培养将使学生在以后的生活和工作中更具创新精神和创造力，有能力解决问题和应对挑战。

高品质语文阅读活动促进了学生的人际交往和沟通能力的发展。通过课堂讨论、合作学习和演讲表达等活动，学生能够提高自己的沟通技巧和表达能力。他们学会倾听他人的观点、尊重他人的意见，并能够与他人有效地合作和协商。这种人际交往能力的培养使他们成为有责任感和担当精神的公民。

八、高品质语文阅读活动案例

语文阅读活动是提高学生阅读能力和文学素养的重要途径。下面阐述一个开展高品质语文阅读活动的典型案例，以供广大教育工作者参考。

1.背景：某中学为了提高学生的语文阅读素养，培养学生的阅读兴趣和习惯，推出了一系列高品质语文阅读活动。这些活动不仅形式多样，而且内容丰富，深受学生和教师的喜爱。

2.活动内容：

阅读分享会

阅读分享会是该中学语文阅读活动的第一种形式。它定期举行，每次由两名学生主持，邀请一些同学分享自己的阅读体验和感受。分享的内容可以是某本书、某篇文章，或者是学生自己创作的作品。通过这种方式，不仅可以提高学生的阅读能力和口头表达能力，还可以促进同学之间的交流和互动。

阅读竞赛

阅读竞赛是该中学语文阅读活动的第二种形式。每年定期举行，以年级为单位，通过初赛和决赛两轮选拔出阅读能力强的学生。竞赛的内容主要是文学类书籍的阅读，如小说、散文、诗歌等。通过这种方式，不仅可以激发学生的阅读兴趣和竞争意识，还可以培养学生的阅读能力和文学素养。

阅读讲座

阅读讲座是该中学语文阅读活动的第三种形式。它定期举行，邀请一些文学专家和作家来校为学生进行阅读指导。讲座的内容可以是对某本书的解读，也可以是介绍一些文学流派和代表作品。通过这种方式，不仅可以拓宽学生的阅读视野和知识面，还可以加深学生对文学的理解和认识。

阅读俱乐部

阅读俱乐部是该中学语文阅读活动的第四种形式。它是由学生自愿组成的阅读小组，定期举行活动，进行阅读交流和讨论。俱乐部的内容可以是某本书的阅读，也可以是某个作家的研究。通过这种方式，不仅可以提高学生的阅读能力和思考能力，还可以培养学生的团队合作精神和组织能力。

3.活动效果

通过一系列高品质语文阅读活动的开展，该中学取得了显著的活动效果。首先，学生的阅读兴趣和习惯得到了培养和提升，阅读能力也得到了明显提高。其次，学生的文学素养得到了提高，学生的作品质量和文学表达能力也得到了明显提升。最后，学生的团队合作精神和组织能力得到了培养和提升，学生的综合素质也得到了提高。

4.总结

高品质语文阅读活动是提高学生阅读能力和文学素养的重要途径。该中学的实践经验表明，通过多种形式的阅读活动，可以激发学生对文学的兴趣和热爱，培养学生的阅读能力和思考能力，提高学生的文学素养和综合素质。同时，也需要教育工作者不断探索和创新，不断改进和完善活动形式和内容，为学生的全面发展提供更好的支持和帮助。

第三节 高品质语文课内阅读活动

一、高品质语文课内阅读活动的重要性

高品质语文课内阅读活动对学生语文能力的提升和全面发展非常

重要。

1.提升阅读能力：阅读是语文学习的基础，通过大量的阅读活动，学生能够积累词汇、理解句子结构、掌握文章主旨等，从而提升阅读能力。

2.拓展知识面：阅读可以帮助学生接触到丰富多样的内容，包括文学作品、科普知识、历史事件等。通过阅读，学生能够扩展自己的知识面，增强对不同领域的了解和认知。

3.培养审美意识：高品质的语文阅读活动能够带给学生美的享受和审美体验。通过接触经典文学作品和优秀的文学文本，学生能够培养对美的感知能力，提高审美意识和欣赏能力。

4.培养品格和情感素养：好的文学作品常常包含着丰富的情感表达和深刻的人生哲理。通过阅读这些作品，学生能够感受到人物的情感变化和内心独白，进而培养自己的情感认知能力和品格素养。

5.培养思辨能力：高品质的语文阅读活动往往涉及作者的观点、立场以及逻辑推理等。学生需要主动思考和分析文本中的信息，培养自己的思辨能力和批判思维。

二、有效开展语文高品质课内阅读活动的设计与实施

语文教育的重要一环是阅读，它不仅是学生获取知识的主要途径，也是培养学生语言表达能力、理解能力、思维能力的重要手段。高品质的课内阅读活动不仅能帮助学生提升阅读技能，还能激发他们的阅读兴趣，提高阅读理解能力，从而提升语文素养。

1.语文高品质课内阅读活动的定义与特性。语文高品质课内阅读活动，指的是教师在课堂中组织的有目的、有计划、有组织的阅读活动。其目标是提高学生的阅读兴趣和阅读理解能力，提升学生的语文素养。其特性包括目的性、有序性、趣味性、挑战性和合作性。

2.高品质课内阅读活动的实施策略。设定明确的阅读目标：教师在课前应设定明确的阅读目标，目标应包括阅读理解、语言表达能力、

阅读兴趣等多个方面。选择合适的阅读材料：教师应根据学生的年龄、阅读水平、兴趣爱好等因素选择适合的阅读材料。材料可以是文学作品、科普文章、历史故事等。创造趣味性的阅读环境：教师可以设计一些趣味性的活动，如角色扮演、故事接龙等，让学生在愉快的氛围中阅读。提供有效的阅读指导：教师应在学生阅读过程中提供有效的指导，帮助学生理解文章内容，提升阅读技能。组织讨论与分享：教师可以在学生阅读结束后组织讨论和分享活动，让学生分享他们的阅读体验和收获。实施多元评价：教师应对学生的阅读活动进行多元评价，包括学生的阅读理解能力、表达能力、参与度等多个方面。

语文高品质课内阅读活动是提高学生语文素养的有效手段，教师应在课堂中积极开展此类活动，帮助学生提高阅读兴趣和阅读能力，从而提高语文素养。

三、有效开展语文高品质课内阅读活动要注意的问题

1.课内阅读要选择合适的阅读材料。语文教材中选取的文章都是符合学生认知发展、语言发展特点的，具有典型性、代表性和可塑性。教师在课内阅读中，要重视教材资源的利用，根据不同年段学生的心理发展特点和语文学习的特点，有针对性地选择一些具有典范性的名家名篇、经典作品、报纸杂志上的优秀文章以及优秀的网站等，让学生进行阅读。

2.课内阅读要重视阅读方法的指导。特别是针对小学生的课内阅读。小学生年龄小，自学能力较差，在课内阅读中，教师要重视阅读方法的指导。在阅读实践中，教师要有意识地渗透和指导一些基本的读书方法，比如略读法、默读法、精读法、摘抄法、写心得体会法等。其中，略读法能扩大阅读范围，默读法便于思索、不干扰别人，精读法有利于深入理解文本，摘抄法有利于积累语言材料，写心得体会法有利于提高思维能力和写作能力。学生一旦掌握这些基本读书方法，就能独立进行课内阅读了。

3.课内阅读要注意语言积累。吕叔湘先生说过："学习语言不是学一套知识，而是学一种技能。"因此，在课内阅读中，教师要引导学生在阅读积累的基础上，逐步掌握不同文体的特点及其阅读方法。比如，在阅读记叙文时，要引导学生抓住人物的语言、动作、神态和心理活动等细节描写，来表现人物性格；在阅读说明文时，要引导学生抓住事物的特点，了解事物的性质、特征、成因、功能等；在阅读诗歌时，要引导学生抓住意象，展开联想和想象，来领会在诗中蕴含的思想感情。学生掌握不同文体的特点及其阅读方法后，就能独立进行课内阅读了。

4.课内阅读要注意拓展延伸。语文学习的外延与生活的外延相等，课内阅读是课外阅读的延伸。在课内阅读的基础上，教师要鼓励学生开展课外阅读活动，让学生将课堂上学到的知识和方法运用到课外阅读中，促进知识向能力的转化。教师可以向学生推荐适合他们阅读的读物，组织学生开展形式多样的读书活动，比如故事会、朗诵会、辩论赛等。通过这些活动，让学生有机会展示他们的课外阅读成果，满足他们的表现欲和求知欲，激发他们课外阅读的兴趣。

四、有效开展语文高品质课内阅读活动的形式

语文阅读对于提升学生的语言能力和文化素养非常重要。为了有效开展语文高品质课内阅读活动，可以采取以下几种形式。

1.阅读导引。在阅读之前，教师可以为学生提供阅读导引，帮助他们理解文章的主题和结构。阅读导引可以包括文章的主要内容、重点词汇、语法知识点等。通过阅读导引，学生可以更好地理解文章，提高阅读效率。

2.小组讨论。在阅读之后，教师可以组织小组讨论，让学生分享他们对文章的看法和理解。小组讨论可以帮助学生更好地理解文章，同时也可以培养他们的表达能力和协作能力。

3.角色扮演。在阅读过程中，教师可以让学生扮演文章中的角色，

通过角色扮演的方式深入理解文章。例如，在小说阅读中，学生可以扮演小说中的角色，通过自己的行动和语言来体验小说中的情节和情感。

4.读书笔记。在阅读之后，教师可以要求学生写读书笔记，记录他们对文章的思考和感悟。读书笔记可以帮助学生更好地理解文章，同时也可以培养他们的写作能力和思考能力。

5.语言实践活动。在阅读过程中，教师可以组织语言实践活动，让学生通过实际操作来巩固所学知识。例如，在诗歌阅读中，教师可以组织诗歌朗诵活动，让学生通过朗读来感受诗歌的韵律和情感。

以上是有效开展语文高品质课内阅读活动的几种形式。通过这些形式，学生可以更好地理解文章，提高阅读效率，同时也可以培养他们的表达能力和协作能力。

五、高品质语文课内阅读活动案例

语文教育，作为我国教育体系中的重要一环，其目标不仅仅是传授语言知识，更重要的是培养学生的语文素养和语言应用能力。而课内阅读，作为语文教育中的重要一环，对于提高学生的阅读能力和语文素养有着不可替代的作用。

要理解高品质语文课内阅读应具备的特征。这些特征包括阅读的深度、广度和关联性。阅读的深度要求学生对文本有深入的理解和思考，不仅了解表面信息，还要深入挖掘文本背后所蕴含的意义和思想。广度则要求学生对文本有全面的了解，不仅包括文学类文本，也包括科学、历史、哲学等其他领域的文本。关联性则要求学生对文本有实际的应用能力，能够将所学知识应用于实际生活和未来职业中。

那么，如何实现这些特征呢？以下是一个典型的案例：北京大学中文系教授钱理群在指导中学生进行阅读时，采用了一种名为"文学的精读"的方法。这种方法注重引导学生对文本进行深入的理解和思考，注重学生对于文本中蕴含的意义和思想的理解和掌握。在实施过程中，钱教授选取了一些经典文学作品，如《红楼梦》《西游记》等，让学生进行逐句逐段的精读。通过这种阅读方式，学生不仅了解了作品的内容和形式，更重要的是通过与文本对话，深入思考和理解了作品所蕴含的意义和思想。

这个案例的意义在于它为我们提供了一种有效开展语文高品质课内阅读活动的典型方法。这种方法注重阅读的深度、广度和关联性，注重引导学生对文本进行深入的理解和思考，注重学生对于文本中蕴含的意义和思想的理解和掌握。这种方法不仅适用于中学阶段的语文教育，也适用于大学阶段的文学教育，具有很强的推广和应用价值。

总的来说，有效开展语文高品质课内阅读活动的典型案例为我们提供了很好的借鉴和参考。这种案例不仅为我们提供了开展高品质阅读的方法和思路，也为我们提供了理解和掌握文学作品的意义和思想的路径和方法。希望案例分析能够为语文教学提供有益的启示，推动语文课堂阅读教学高质量发展。

其他案例如下：

1.悬疑小说阅读活动：组织学生们阅读一系列悬疑小说，例如阿加莎·克里斯蒂的侦探小说，然后在课堂上进行讨论和推理，以找出真正的罪犯。

2.历史小说阅读活动：组织学生们阅读一系列历史小说，例如玛格丽特·米切尔的《飘》，然后在课堂上进行讨论和历史研究，以了解美国南北战争和美国南方地区社会生活的历史。

3.科幻小说阅读活动：组织学生们阅读一系列科幻小说，例如艾萨克·阿西莫夫的机器人系列，然后在课堂上进行讨论和科幻思考，以探索人类的未来和可能性。

4.儿童文学阅读活动：组织学生们阅读一系列儿童文学作品，例如罗尔德·达尔的魔法系列，然后在课堂上进行互动和游戏，以激发孩子们的想象力和创造力。

5.经典文学阅读活动：组织学生们阅读一系列经典文学作品，例如莎士比亚的戏剧，然后在课堂上进行讨论和思考，以培养他们的文学素养和审美能力。

6.旅行文学阅读活动：组织学生们阅读一系列旅行文学作品，例如简·莫里斯《世界：半个世纪的行走与书写》，然后在课堂上进行讨论和旅行准备，以了解不同文化和历史背景。

7.文学名著阅读活动：组织学生们阅读一系列文学名著，例如《傲慢与偏见》《红与黑》等，然后在课堂上进行讨论和思考，以培养他们的文学素养和批判性思维。

8.诗歌阅读活动：组织学生们阅读一系列诗歌作品，例如中国古代诗词、西方现代诗歌等，然后在课堂上进行朗诵和讨论，以培养他们的语言表达能力。

9.短篇小说阅读活动：组织学生们阅读一系列短篇小说作品，例如欧·亨利和司汤达的短篇小说集等，然后在课堂上进行讨论和思考，以培养他们的文学素养和审美能力。

10.文化背景阅读活动：组织学生们阅读一系列与他们所学文化背景相关的文学作品，例如中国古典诗词、日本古典文学等，然后在课堂上进行讨论和思考，以培养他们的文化素养和跨文化交流能力。

六、语文高品质课内阅读活动如何激发学生兴趣

语文阅读活动是一种非常重要的教学方法，可以激发学生的兴趣和好奇心，从而使学生更加积极地参与到课堂学习中。下面探讨语文高品质课内阅读活动如何激发学生兴趣，以及如何设计有效的阅读活动。

1.关键把握高品质课内阅读活动的特点

互动性：高品质的阅读活动应该注重互动，让学生积极参与讨论和交流，从而加深对课文的理解。多样性：高品质的阅读活动应该注重多样性，让学生接触到不同类型的文章和材料，从而拓展学生的阅

读范围和阅读水平。趣味性：高品质的阅读活动应该注重趣味性，让学生感受到阅读的乐趣和意义，从而激发兴趣和好奇心。

2.如何设计有效的阅读活动

选择合适的阅读材料：选择适合学生年龄和阅读水平的阅读材料，让学生感受到阅读的乐趣和意义。

设计互动性的问题：设计互动性的问题，让学生通过讨论和交流来加深对课文的理解。设计多样化的活动：设计多样化的活动，让学生接触到不同类型的文章和材料，从而拓展学生的阅读范围和阅读水平。创造趣味性的情境：创造趣味性的情境，让学生感受到阅读的乐趣和意义，从而激发兴趣和好奇心。

七、语文高品质课内阅读活动作业的设计

以下是一个可能的设计方案。

1.阅读一篇或多篇文章。例如：语文课本中的课文、经典文学作品、现代诗歌等。学生需要阅读文章并理解其内容。

2.回答问题。学生需要回答与文章相关的问题，例如：文章的主题是什么？作者想要表达什么思想？文章中有哪些语言技巧？等等。这些问题可以帮助学生深入理解文章的内容和语言特点。

3.分析文章。学生需要分析文章的结构、语言特点、修辞手法等，例如：分析文章中的比喻、拟人、排比等修辞手法，以及文章的结构和思路。这些分析可以帮助学生更好地理解文章的意义和思想。

4.写作练习。学生需要写一篇或多篇与文章相关的作文，例如：写一篇读后感、写一篇评论文章，这些写作练习可以帮助学生更好地掌握语文知识和写作技巧。

5.交流讨论。学生需要与其他学生或教师交流讨论文章的阅读体验和思考，例如：分享自己的阅读体验、讨论文章中的难点和重点、分享自己的阅读心得等。这些交流讨论可以帮助学生更好地理解和掌握语文知识。

以上作业设计方案，可以根据实际情况进行调整和改进。通过这样的作业设计，可以帮助学生更好地掌握语文知识和写作技巧，提高他们的阅读能力和表达能力。

八、语文高品质课内阅读活动的评价

在语文教育领域，课内阅读活动扮演着重要的角色。它们不仅有助于提高学生的阅读能力，还有助于培养他们的阅读理解能力和批判性思维。然而，对于这种阅读活动的评价却存在一定的复杂性。评价可以有以下标准。

第一，阅读效果的评估：评估应具有科学性、客观性和全面性，能够反映学生的阅读成果、阅读能力和文学修养，为学生的自我认识和后续阅读提供指导和帮助。高品质的课内阅读活动具有提高学生阅读能力的优点。通过大量的阅读，学生可以接触到各种不同的主题和体裁，从而培养出良好的阅读技能。这些技能包括理解文本、分析情节、推断作者意图等。这些技能在学生的日常生活中，如学术、职业和社交方面都非常重要。

第二，是否选择优质阅读材料：阅读材料应具有高质量、权威性和代表性，在文笔、思想、谋篇布局上都得较好，能起到样板作用，有利于学生阅读能力和文学素养的提高。如果阅读材料选择不当，可能会限制学生的视野和阅读体验。例如，如果教师只选择文学经典或过于复杂的文本，可能会使一些学生感到枯燥或难以理解。其次，如果教师没有正确地引导或解读文本，学生可能会缺乏对文本的理解和欣赏。最后，如果课内阅读活动占用过多课堂时间，可能会影响其他语文技能的训练，如写作和口语。为了改进高品质的课内阅读活动，教师需要精心选择阅读材料，确保它们适合学生的年龄和阅读能力。同时，教师需要提供足够的时间和资源来解释和理解文本。此外，教师还可以鼓励学生参与讨论和分享他们对文本的理解和感受，以促进他们的批判性思维和沟通技能的发展。

第三，阅读过程的设计：活动设计应具有启发性、互动性和实践性，能够引导学生深入阅读、思考和探究，促进学生的思维能力和表达能力的发展。

第四，阅读与写作的结合：阅读和写作是语文学习的两个重要方面，阅读活动应与写作相结合，通过写作培养学生的语言运用能力和创作能力，促进阅读和写作的综合发展。

第五，阅读活动的评价：评价应具有公正性、激励性和反馈性，能够对学生的阅读活动进行全面、客观的评价，同时激励学生积极参与阅读活动，并提供有针对性的反馈和建议。

语文高品质课内阅读活动在提高学生的阅读能力、理解能力和批判性思维方面具有重要作用。然而，为了充分发挥其潜力，教师需要仔细选择和引导这些活动，以确保学生获得最佳的学习体验。

九、语文高品质课内阅读活动设计方案

语文高品质课内阅读活动的设计方案可以从以下四个部分来思考：活动背景、活动目标、活动设计和活动评价。

1.活动背景

语文阅读是提高学生语文素养的重要途径之一。在传统的语文教学模式中，阅读通常是被视为一种单一的教学任务，缺乏趣味性和互动性，难以激发学生的学习兴趣。因此，我们提出了高品质课内阅读活动的概念，旨在通过丰富多彩的阅读活动，激发学生的阅读兴趣，提高学生的阅读能力和语文素养。

2.活动目标

高品质课内阅读活动的目标主要包括以下几个方面：激发学生的阅读兴趣，培养学生的阅读习惯；提高学生的阅读能力和语文素养，包括语言表达能力、阅读理解能力、写作能力等；增强学生的合作意识和团队协作能力；丰富学生的文化底蕴，拓宽学生的视野。

3.活动设计

以下是高品质课内阅读活动的具体设计方案。

一是阅读材料选择。阅读材料的选择应该具有代表性和针对性，符合学生的年龄和认知水平。可以选择经典文学作品、优秀作文、名人传记、科普读物等。同时，可以根据教材内容和学生实际情况，有针对性地选择阅读材料，帮助学生巩固课堂知识。

二是阅读活动形式。阅读活动的形式应该多样化，可以包括朗读、默读、小组讨论、阅读分享、阅读竞赛等。通过多种形式的活动，可以激发学生的阅读兴趣，提高学生的阅读能力和语文素养。

三是阅读时间安排。阅读时间的安排应该充分考虑学生的实际情况和教学进度。可以选择课前、课中或课后时间进行阅读，也可以利用周末或假期的时间进行集中阅读。同时，可以为学生提供适当的阅读时间和空间，保证学生的阅读质量。

四是阅读指导。阅读指导是高品质课内阅读活动的重要环节。教师可以根据学生的实际情况和阅读材料的特点，制定相应的阅读指导方案。例如，可以引导学生进行精读、略读、速读等不同的阅读方式，也可以引导学生进行思考和感悟，加深对阅读材料的理解和体验。

五是阅读评价。阅读评价是高品质课内阅读活动的重要环节之一。教师可以根据学生的阅读表现和成果进行评价，可以采用书面测试、口头表达、朗读展示等多种方式进行评价。同时，也可以引导学生进行自我评价和相互评价，帮助学生发现自己的不足和优势，提高学生的自我认识和评价能力。

4.活动评价

高品质课内阅读活动的评价应该遵循以下原则。

一是评价内容全面性。评价内容应该包括学生的阅读表现、阅读能力、语文素养、合作意识、文化底蕴等方面，全面反映学生的综合素质和发展潜力。

二是评价方式多样性。评价方式应该包括书面测试、口头表达、朗读展示、小组讨论、阅读分享等多种方式，充分体现学生的个性特点和优势。

三是评价主体多元性。评价主体应该包括教师、学生、家长等多元主体，从不同角度对学生进行评价，充分体现评价的客观性和公正性。

四是评价反馈及时性。评价结果应该及时反馈给学生和家长，帮助学生发现自己的不足和优势，激发学生的自我完善和自我提高的积极性。

第四节 高品质语文课外阅读活动

一、开展高品质语文课外阅读活动的形式

课外阅读是提高学生语文素养的重要途径之一。通过阅读丰富多彩的课外读物，学生可以开拓视野，增加知识储备，提高阅读和写作能力。为了更好地推广课外阅读，我们需要采取有效的措施，积极开展高品质的语文课外阅读活动。

主要的活动形式有：

1.阅读分享。阅读分享是一种非常有效的课外阅读活动形式。学生可以在课堂上或学校图书馆内分享自己阅读过的优秀作品，与同学们共同交流、探讨。通过分享，学生可以更好地表达自己的阅读感受和心得体会，同时也可以促进同学们之间的互相学习和提高。

2.阅读比赛。阅读比赛是一种富有趣味性和挑战性的课外阅读活动形式。学校可以组织各种类型的阅读比赛，例如文学名著阅读比赛、诗歌朗诵比赛、阅读知识竞赛等。通过比赛可以激发学生的阅读兴趣和热情，同时也可以提高他们的阅读水平。

3.阅读俱乐部。阅读俱乐部是一种长期性的、稳定的课外阅读活动形式。学生可以自愿加入俱乐部，并在俱乐部内与同学们共同阅读、

交流、探讨各种类型的文学作品。俱乐部可以定期组织各种活动，例如读书会、研讨会、文学讲座等，以帮助学生更好地理解和掌握文学作品。

4.阅读推广活动。阅读推广活动是一种旨在推广阅读文化、提高学生阅读兴趣的活动形式。学校可以组织各种类型的阅读推广活动，例如朗读会、故事会、读书沙龙等。通过这些活动，学生可以更好地了解阅读的意义和价值，同时也可以提高他们的阅读能力和口头表达能力。

5.阅读训练营。阅读训练营是一种集中式的、高强度的课外阅读活动形式。在训练营期间，学生将会接受系统的阅读训练和指导，例如快速阅读、精读细读、文学鉴赏等。通过训练营，学生可以快速提高自己的阅读能力和水平，同时也可以结交志同道合的朋友，共同进步。

二、开展高品质语文课外阅读活动对阅读材料的要求

课外阅读活动在语文学习中具有极其重要的地位。为了获取高质量的阅读体验，确保阅读材料的高品质是关键。

第一，阅读材料的内容应该是积极向上、具有正能量的。这不仅是对学生身心健康发展的保障，也是对学生意识形态的一种正确引导。在选择阅读材料时，我们应该倾向于选择那些弘扬中华优秀传统文化、反映社会主义核心价值观、培养学生正确价值观和道德品质的作品。

第二，阅读材料应具备内容丰富和知识性的特点。课外阅读的目的不仅是娱乐，更重要的是拓宽知识面，提升语文素养。因此，选择的阅读材料应涉及各类主题和领域，包括文学、历史、科学、哲学等，以满足不同学生的兴趣和需求。同时，材料内容应具有知识性和深度，帮助学生从中获得新的认知和启发。

第三，阅读材料应具备艺术性和审美价值。语文素养的提升离不开对美的感知和欣赏。因此，选择的阅读材料应具有优秀的艺术性和审美价值，能够引发学生的想象力和创造力，培养他们对美的感知和欣赏能力。

第四，阅读材料应贴近学生的实际生活。为了使学生对阅读产生共鸣，提高他们的阅读参与度，选择的阅读材料应贴近学生的实际生活，反映当代社会现象和时事热点。这样的材料更容易引发学生的兴趣和思考，帮助他们建立正确的价值观和人生观。

第五，阅读材料应具备思维挑战性。优质的课外阅读材料应该具有一定程度的思维挑战性，能够引导学生深入思考和探讨。通过接触不同观点和复杂问题的解析，学生可以锻炼自己的批判性思维和分析能力，从而提升自己的独立思考能力。

第六，阅读材料应该具有多样化的体裁和题材。多样化的阅读材料能够开阔学生的视野，提高他们的阅读能力和文学鉴赏能力。从古诗词、现代诗歌、小说、散文到科普读物等，这些不同体裁和题材的阅读材料都能够让学生获得不同的阅读体验和收获。

三、高品质语文课外阅读典型活动案例

案例一：诗歌朗诵会

诗歌朗诵是一种很好的课外阅读活动形式，可以帮助学生更好地理解和感受文学作品的美。可以组织学生进行诗歌朗诵比赛，挑选经典诗歌作为朗诵内容。在比赛前，学生可以利用课余时间进行练习，提高自己的口头表达能力。在比赛中，学生们可以展示自己的才华和个性。这种活动不仅可以丰富学生的阅读体验，还可以锻炼学生的表达能力和表演能力。

案例二：读书分享会

读书分享会是一种很好的课外阅读活动形式，可以帮助学生更好地理解和感受文学作品的美。可以组织学生进行读书分享会，让学生们分享自己读过的好书或者优美的句子。在分享会上，学生们可以相互交流，分享自己的阅读体验和感悟。这种活动不仅可以帮助学生提

高阅读水平，还可以增强学生之间的友谊和互相学习的氛围。

案例三：读书征文比赛

读书征文比赛是一种很好的课外阅读活动形式，可以帮助学生更好地理解和感受文学作品的美。可以组织学生进行读书征文比赛，命题或由学生自选图书进行读后感写作。在比赛中，学生们可以通过写作来表达自己对书的理解和感受。这种活动不仅可以帮助学生提高阅读水平，还可以锻炼学生的写作能力和创作能力。

案例四：经典名著演绎

经典名著演绎是一种很好的课外阅读活动形式，可以帮助学生更好地理解和感受文学作品的美。可以组织学生进行经典名著演绎，让学生们通过表演来展示文学作品的魅力。在表演中，学生们可以通过扮演不同的角色来更好地理解和感受文学作品的人物形象和情节。这种活动不仅可以帮助学生提高阅读水平，还可以锻炼学生的表演能力和团队协作能力。

案例五：课外阅读知识竞赛

课外阅读知识竞赛是一种很好的课外阅读活动形式，可以帮助学生更好地理解和感受文学作品的美。可以组织学生进行课外阅读知识竞赛，通过竞赛来检验学生对文学作品的掌握程度。在比赛中，学生们可以相互竞争，回答与文学作品有关的问题。这种活动不仅可以帮助学生提高阅读水平，还可以增强学生之间的竞争意识和集体荣誉感。

案例六：作家进校园

作家进校园是一种很好的课外阅读活动形式，可以帮助学生更好地理解和感受文学作品的美。可以邀请知名作家或诗人进校园，为学生们举办讲座。在讲座中，作家们可以分享自己的写作经验和创作心得，引导学生们更好地理解文学作品的价值和意义。这种活动不仅可以帮助学生提高阅读水平，还可以拓宽学生的视野，让他们了解更多关于文学和创作的专业知识。

第八章　高品质语文阅读活动（二）

第一节　高品质视域下的小说阅读教学活动

一、小说阅读活动的现状及存在问题

在当今社会，小说阅读活动已成为许多人生活中不可或缺的一部分。然而，该活动在发展过程中也存在着一些问题和挑战。下面阐述小说阅读活动的现状及存在的问题，以期对该活动进行全面、客观的认识和理解。

随着互联网和电子设备的普及，小说阅读活动的形式和内容也在不断变化。目前，人们可以通过手机、电脑、平板等电子设备，以及各种应用程序和在线平台进行小说阅读活动。这些新的阅读方式为人们提供了更为便捷、灵活的选择，但也带来了一些问题。例如，电子设备的屏幕亮度、分辨率等参数可能会对读者的视力和眼部健康造成影响；网络连接的稳定性也会影响读者的阅读体验。

此外，小说阅读活动的现状还受到出版市场和政策法规的影响。在出版市场上，小说的出版和销售受到市场竞争的激烈挑战，许多出版社和作者面临着生存和发展的压力。同时，政策法规对出版物的审查和限制也对小说阅读活动的开展产生了一定的影响。例如，某些国家或地区的政治环境可能会限制某些作品的传播和阅读。

在小说的内容方面，也存在着一些问题。例如，一些小说可能存在着描写暴力、色情等不适宜的内容，这些内容必将会对读者的身心健康造成不良影响。此外，一些小说可能存在着语言和文字上的难度，

使得读者难以理解和欣赏其中的意义和价值。

二、小说阅读教学活动存在的问题

在教育领域中，中小学小说阅读教学活动一直是一个备受关注的话题。尽管该活动在教学实践中得到了广泛的应用，但是它也存在着许多问题。下面对这些存在的问题进行详细的阐述，以便更好地了解和解决这些问题。

对于学生而言，小说的内容往往过于抽象，他们难以理解其中的意义和内涵。由于小说具有深刻的主题和复杂的人物关系，对于中小学生而言，理解这些内容无疑是一项艰巨的任务。因此，很多学生在阅读小说时往往会感到困惑和无助，这不仅影响了他们的阅读效果，还可能打击他们的阅读兴趣。

中小学小说阅读教学活动的教学方法也存在着一定的问题。很多教师在进行该活动时，采用的教学方法过于单一和死板。他们往往只是让学生简单地阅读小说，然后针对小说中的一些重要情节和人物进行分析和解读。这种方法虽然可以帮助学生理解小说的大致内容，但是却无法真正地让学生深入理解和欣赏小说的艺术价值。

由于小说阅读教学活动的时间有限，教师往往无法充分地引导学生进行深入的阅读和思考。很多教师只是让学生在课堂上进行简单的阅读和讨论，而没有留出足够的时间让学生深入思考和领会小说中的主题和意义。这种蜻蜓点水式的教学方式很难取得良好的教学效果。

针对以上存在的问题，我们可以采取一些有效的措施和方法来改善中小学小说阅读教学活动。教师可以通过提供更加具体和形象的教学材料和辅助手段，帮助学生更好地理解小说的内容。例如，教师可以提供一些与小说相关的图片、音频和视频资料，以及一些辅助性的背景知识和语言解释，从而使学生更加容易理解小说的主题和人物关系。

教师可以采用更加灵活和多样化的教学方法，以激发学生的学习兴趣。例如，教师可以组织学生进行小组讨论、角色扮演和写作活动等，从而让学生在轻松愉悦的氛围中深入理解和欣赏小说的艺术价值。

教师可以通过布置课外阅读和思考作业，引导学生进行更加深入的阅读和思考。例如，教师可以让学生在课后自行阅读小说的某些章节或段落，并要求他们写出读后感或分析报告。通过这种方式，教师可以有效地延长小说阅读教学活动的时间，让学生在更加充足的时间内进行深入的阅读和思考。

中小学小说阅读教学活动是一项非常重要的教学任务，它对于培养学生的阅读兴趣和阅读能力具有重要的作用。尽管该活动存在着一些问题，但是通过采取有效的措施和方法，我们可以有效地改善这些问题，并促进该活动更好地开展。

三、高品质视域下的小说阅读活动的策略

在阅读小说时，读者需要采取一些策略来确保对文本的深入理解和全面欣赏。特别是在高品质视域下，读者需要关注以下方面。

1.关注情节、人物和环境

阅读高品质小说是一项令人愉悦的文学体验，它能够带给我们深刻的思考和情感的共鸣。在阅读过程中，我们需要注意情节、人物和环境这三个方面，以便更好地理解和欣赏小说的价值。

情节是小说发展的过程，它是小说中最重要的部分。一个好的情节应该具有复杂性和连贯性，让读者在阅读过程中产生情感共鸣和紧张感。情节的展开应该有一定的逻辑性和意外性，让读者在猜测下一步发展时感到挑战和乐趣。

人物是小说中的另一个重要元素。一个好的人物应该有鲜明的个性和相对复杂的情感，让读者在阅读过程中产生共鸣和理解。人物的形象应该通过描写其外貌、性格、心理活动、行为等方面来突出体现，从而让读者更好地理解人物的内心世界和动机。

环境是小说中人物和情节所处的背景和情境。一个好的环境描写应该能够为小说的人物和情节提供支撑和烘托，让读者更好地理解小说中的时代背景和社会背景。环境描写还应该具有生动性和形象性，让读者在阅读过程中产生身临其境的感觉。

2.解析语言与风格

语言和风格是作者表达思想情感和文学技巧的重要手段。读者需要仔细品味文本中的语言和风格，以领悟其中的深意和艺术价值。

首先，读者应关注文本中的语言特点，包括用词、句式和修辞手法。通过分析作者的用词和句式，读者可以进一步了解作者的写作风格和情感表达。

其次，读者应该关注作者在小说中所运用的文学技巧，如象征、隐喻、讽刺等。这些技巧不仅是作者文学才华的体现，也是传达小说主题和意义的重要手段。

3.思考主题与意义

主题是小说探讨的核心问题，意义则是作者通过小说所传达的思想和情感。读者需要深入思考这两个方面，以实现与作者的情感交流和思想碰撞。

读者需要挖掘小说中所探讨的主题，如生死、人性、爱情等。通过对这些主题的深入思考，读者可以更深刻地理解小说的内在价值和社会意义。

读者应该关注小说的意义层次，包括表面意义、深层意义和象征意义等。通过分析这些意义层次，读者可以更全面地领悟作者的创作意图和文本的多元内涵。

4.关注历史与文化背景

小说往往反映了特定的历史时期和文化背景。读者需要了解这些背景信息，以便更好地理解小说的社会意义和时代特点。

读者应该关注小说的创作背景，包括作者的生活经历、时代背景和社会环境等。这些信息有助于读者更好地理解小说的创作动机和时代背景。

读者需要了解小说所反映的历史时期和文化特点。通过对这些背景知识的了解，读者可以更深入地理解小说的文化内涵和社会价值。

四、高品质小说阅读教学活动的方法

在教育领域中，阅读教学活动对于提高学生的阅读理解能力和语文素养具有重要意义。而中小学高品质小说阅读教学活动更是能够激发学生对阅读的兴趣，培养其自主阅读的能力，同时也有助于提升学生的写作水平。下面介绍一些中小学高品质小说阅读教学活动的方法。

要保证小说阅读教学活动的高品质，教师必须充分准备。在选择小说时，应该根据学生的阅读水平和兴趣爱好进行选择。所选小说应该具有丰富的情节、有趣的人物形象和适当的难度。此外，教师还需要准备相关的教具和教学资源，如 PPT、图片、音频等，以帮助学生更好地理解小说内容。

在小说阅读教学过程中，教师应该注重培养学生的阅读策略和技巧。例如，教授学生如何通过快速阅读、细读、跳读等方式抓住文章重点，如何根据上下文理解生词等。同时，教师还应该引导学生深入分析小说中的人物形象、情节发展和主题思想，从而提高学生的阅读理解和批判性思维能力。

教师可以采用多种教学方法，如小组讨论、角色扮演、写作练习等，以激发学生的学习兴趣和参与度。小组讨论可以促进学生之间的交流和合作，角色扮演可以让学生更好地理解小说中的人物形象和情感，写作练习可以让学生通过写作来表达自己的阅读感受和理解。

教师还应该注重评价和反馈。通过评价和反馈，可以了解学生的阅读水平和存在的问题，从而及时调整教学策略。评价方式可以包括课堂表现、作业、测试等，反馈应该具体、明确，同时给予学生一定的指导和鼓励。

五、高品质视域下的小说阅读活动应注意的问题

在高品质阅读小说时，需要注意一些重要问题。首先，要理解小说的主题和情节，确保对故事有全面的了解。其次，要注意角色的动机和行为，以便更好地理解他们的决策和行动。此外，还应关注小说的语言和文学技巧，例如象征、隐喻和叙述手法等。最后，要对作者和背景进行一些研究，以便更好地了解小说在当时社会和文化背景下的意义。

要实现这些目标，高品质阅读需要一些具体的实践技巧。首先，应该阅读小说的整个文本，而不是仅仅阅读摘要或简介。其次，应该关注小说的细节，例如语言、文风和结构等。此外，还应尝试想象小说中的场景和人物，以便更好地理解故事的情感和主题。

在阅读小说时，还需要避免一些常见的错误。例如，不要将自己的想法强加给作者或角色，而是尝试理解他们的决策和行动。此外，不要过于关注情节而忽略了语言和文学技巧的重要性。最后，不要只是阅读小说，而应该尝试从中获得一些启示和思考。

六、中小学高品质小说阅读教学活动案例

中小学小说阅读教学活动在提高学生语文能力、培养阅读兴趣、提升人文素养等方面具有重要作用。通过范例的介绍，我们可以更好地了解这一教学活动的具体实施方式和效果。

范例基本信息：

本次范例为一个中学语文阅读教学活动，活动主题为"探索小说中的世界"。活动时间为一个学期，每周安排一节课，共16节课。参与学生为初中二年级的学生，共有5个班级，每班约40名学生。

活 动 目 标

本次活动的目标是通过阅读不同类型的小说，帮助学生提高语文阅读能力、鉴赏能力和写作能力，同时培养学生的阅读兴趣和文学素养，加深学生对社会现象和社会心理的了解。

活 动 流 程

1.阅读准备

在活动的准备阶段,老师需要带领学生做好以下几个方面的准备。

* 引导学生了解小说的基本要素和小说阅读的基本方法;

* 安排学生预习课文,了解每篇小说的背景和作者信息;

* 准备阅读材料,包括小说文本、导读材料、参考书籍等。

2.阅读实践

在阅读实践阶段,老师需要带领学生做好以下几个方面的实践。

* 引导学生进行自主阅读,鼓励学生通过阅读理解小说情节和人物形象;

* 组织小组讨论,让学生分享阅读心得和体会,加深对小说的理解;

* 针对每篇小说进行深入解析,引导学生分析小说中的语言、结构、主题等元素;

* 安排学生进行阅读笔记的整理和写作练习,帮助学生巩固阅读成果。

3.阅读反思

在阅读反思阶段,老师需要带领学生进行以下几个方面的反思。

* 组织学生进行个人总结,回顾自己在阅读过程中的收获和不足;

* 针对小说中的主题进行深入探讨,引导学生思考小说与社会现实之间的联系;

* 安排学生进行创作练习,鼓励学生尝试自己创作小说,提升学生的写作能力。

活动效果评估

本次活动的效果评估主要采用以下几种方式。

* 阅读理解测试：针对每篇小说，设计相应的阅读理解题目，测试学生对小说情节和人物形象的理解程度；

* 阅读笔记和写作练习：评价学生的阅读笔记和写作练习，了解学生在阅读过程中的思考和表达能力；

* 小组讨论和课堂表现：观察学生在小组讨论中的参与度和表现，评估学生在课堂上的学习效果。

活动经验总结

在本次活动中，我们获得了以下几个方面的经验总结：

* 准备阶段需要充分，包括引导学生了解小说基本要素、安排预习、准备阅读材料等；

* 阅读实践阶段需要注重学生的自主阅读和实践，通过小组讨论、解析小说等手段加深学生对小说的理解；

* 阅读反思阶段需要引导学生进行深入探讨和反思，帮助学生巩固阅读成果和提高文学素养；

* 活动效果评估需要全面，包括测试、观察、评价等多种方式。

中小学高品质小说阅读教学活动对于提高学生的语文能力、培养阅读兴趣和提升人文素养具有重要作用。通过本次范例的介绍和总结，我们可以更好地了解这一教学活动的具体实施方式和效果，为今后的教学工作提供有益的参考。

第二节　高品质视域下的散文阅读教学活动

一、中小学散文阅读活动现状及存在问题

在当前的中小学校园中，散文阅读活动已成为一种普遍的教学方式。然而，在实际操作过程中，这些活动存在一些问题。

我们需要关注的是阅读材料的选择。在许多情况下，教材的枯燥性和单一性会降低学生的阅读兴趣。散文作为一种文学形式，其魅力在于文辞的优美和思想的深度，然而在教材中，这些优点往往被忽视。因此，为了提高学生的阅读积极性，我们需要从多个角度选择阅读材料，注重内容的趣味性和思想性。

阅读活动的开展方式也存在一定的问题。在许多情况下，教师将阅读作为一种课后作业或家庭作业，缺乏有效的课堂引导。这样的做法容易使学生产生应付心态，无法真正体会到阅读的乐趣。因此，我们建议教师在课堂上加强引导，让学生在阅读过程中深入思考，形成自己的见解。

除了阅读材料的选择和活动的开展方式，还有一个问题值得关注，那就是阅读评价体系的缺失。在现有的教学评价体系中，阅读活动的评价往往被忽视或者流于形式。这使得学生和教师对阅读活动的重视程度降低，影响了阅读效果的提升。因此，我们建议建立完善的阅读评价体系，将阅读活动纳入教学考核，以此促进阅读效果的优化。

当前的散文阅读活动存在诸多问题，包括阅读材料的选择、活动的开展方式以及评价体系的缺失。为了改善这些问题，我们需要从多个角度进行努力，包括提高阅读材料的趣味性和思想性、加强教师的课堂引导以及建立完善的阅读评价体系。只有这样，我们才能真正发挥散文阅读活动在中小学教育中的作用，提高学生的阅读能力和综合素质。

为了实现这一目标，我们需要学校、教师和学生三方面的共同努

力。学校应为阅读活动提供必要的资源和支持，例如设立图书馆、购买适合学生阅读的书籍、提供教师培训等。教师则需要积极引导学生参与阅读活动，通过课堂讨论、写作练习等方式激发学生的阅读兴趣。同时，学生自身也需要培养良好的阅读习惯，包括定时阅读、做好读书笔记等。

家庭和社会也应该为散文阅读活动的开展提供支持。家长可以与孩子共同阅读、讨论书籍内容，培养他们的阅读兴趣。社会各界，包括出版社、图书馆等机构，也应积极推广阅读活动，为中小学生提供更多的阅读资源和机会。

要解决当前中小学散文阅读活动存在的问题，我们需要从多个方面进行改进和努力。通过提高阅读材料的趣味性和思想性、加强教师的引导、建立完善的评价体系以及家庭和社会的支持，我们可以逐步改善阅读现状，提高中小学生的阅读能力和综合素质。这不仅有助于学生的个人成长，也有利于整个社会的发展。

二、开展高品质散文阅读活动的措施

散文是一种独特的文学形式，它以其独特的语言和形式，展现了作者对于生活的思考和观察。在阅读散文的过程中，读者可以感受到作者的情感和思想，同时也可以激发自己的思考和情感体验。但是，在现代社会中，我们越来越倾向于阅读短篇故事或者新闻报道，而忽视了散文的重要性。因此，我们需要采取一些措施，来推动高品质散文的阅读。

我们需要鼓励阅读经典的散文作品。这些作品都是经过时间考验的，具有极高的文学价值。例如，朱自清的《荷塘月色》是一篇描绘自然景色的经典之作。通过阅读这些作品，我们可以了解到不同的文化和思想，也可以激发自己的思考和情感体验。

我们需要推广高品质的散文阅读。在现代社会中，我们越来越倾向于阅读短篇故事或者新闻报道，而忽视了散文的重要性。因此，我们需要通过各种途径来推广高品质的散文阅读。例如，我们可以组织一些散文朗诵活动，让读者们通过声音来感受散文的美妙之处；我们也可以组织一些散文写作比赛，让读者们可以更加深入地了解散文这种文学形式。

我们需要培养读者的阅读习惯。阅读是一种需要长期坚持的活动，只有长期的阅读才能让我们真正地感受到散文的美妙之处。因此，我们需要通过各种途径来培养读者的阅读习惯。例如，我们可以向读者们推荐一些优秀的散文作品，让读者们可以在闲暇时间里进行阅读；我们也可以向读者们介绍一些阅读的方法和技巧，让读者们可以更加高效地进行阅读。

开展高品质的散文阅读对于我们的文学素养和思考能力都有着重要的影响。

三、高品质散文阅读的选材

散文是一种自由、灵活的文学形式，它以个人经历、情感和思考为主题，强调作者的真实感受和独特见解，具有强烈的个人色彩和感性特点。高品质的散文不仅要表达作者独特的思想和情感，还要能够引起读者的共鸣和思考。因此，在选择散文阅读材料时，我们需要关注以下几个方面。

1.选材的真实性和可靠性。首先，选材的真实性和可靠性是高品质散文的基础。作者在描述自己或他人的经历时，必须要有真实可靠的依据，不能凭空捏造或歪曲事实。散文的魅力在于其真实性和自然性，如果失去了真实性，就会失去散文的灵魂。

2.主题和内容的丰富性和深度。高品质的散文需要有丰富多样、深刻内涵的主题和内容。作者需要对所表现的主题进行深入的思考和分析，使读者能够从中获得深刻的启示和感悟。同时，散文的内容应该具有时代性，能够反映当代人的思想、情感和生活状态，具有普遍的社会意义。

3.文字表达的优美和精练。高品质的散文需要用优美的文字表达，使读者能够感受到美的意境和浓郁的文化底蕴。同时，文字也要精练简洁，不拖沓啰唆，让读者更容易理解和接受。散文的文字应该是自然流畅、深入浅出的，读起来让人感到舒适、愉悦。

4.思想情感的独特性和感染力。高品质的散文需要有独特、深刻的思考和真挚的情感。作者需要将自己的思想和情感融入散文，使读者能够产生共鸣和情感共振。这种感染力不仅可以让读者深入理解作者的情感和思想，还能够启发读者的思考和感悟能力。

四、开展高品质散文阅读活动应注意的问题

散文是一种自由、灵活、富有创意的文学形式，它注重表现作者的情感、思想和体验，强调语言的艺术性和表现力。在开展散文阅读活动时，应注意以下几点。

1.注重阅读体验。散文是一种注重阅读体验的文学形式，因此，在开展散文阅读活动时，应注意引导学生感受散文的美感和情感，让学生通过阅读散文来体验生活、感受人生。

2.注重语言艺术。散文是一种注重语言艺术的文学形式，因此，在开展散文阅读活动时，应注意引导学生欣赏散文的语言艺术，让学生感受到语言的优美和深刻。

3.注重思想表达。散文是一种注重思想表达的文学形式，因此，在开展散文阅读活动时，应注意引导学生理解散文的思想表达，让学生感受到作者的思想和情感。

4.注重文化内涵。散文是一种注重文化内涵的文学形式，因此，在开展散文阅读活动时，应注意引导学生理解散文的文化内涵，让学生感受到文化的深刻和博大。

5.注重情感体验。散文是一种注重情感体验的文学形式，因此，在开展散文阅读活动时，应注意引导学生感受散文的情感体验，让学生感受到作者的情感和情感共鸣。

第三节 高品质视域下的诗歌阅读教学活动

一、诗歌阅读教学活动的现状及建议

诗歌,作为文学的一种重要形式,一直被视为人类文化的瑰宝。通过阅读诗歌,人们能够深入了解不同文化背景下的思想观念、情感表达和社会现象。然而,当前我国诗歌阅读教学活动却面临一些问题和挑战。

1.现状分析

一是教学内容单一。目前,我国诗歌阅读教学的内容大多以经典诗歌为主,且往往侧重于对作者和作品的讲解,而忽略了其他重要元素。同时,由于教材的限制,教学内容单一化严重,缺乏多元化的选择和拓展,导致学生对于诗歌的兴趣逐渐减弱。

二是教学方法陈旧。许多教师在进行诗歌阅读教学时,仍然沿用传统的教学方法,即以教师讲解为主,学生被动接受。这种教学方式难以激发学生的学习兴趣和主动性,也无法培养他们的批判性思维和创新能力。

三是学生阅读水平较低。由于学生自身阅读水平的限制,他们在理解和鉴赏诗歌时往往会出现偏差。许多学生对于诗歌的阅读还停留在感性的认识上,缺乏对诗歌深层内涵和艺术手法的理解。

四是社会环境的影响。在当今快节奏的社会中,人们对于诗歌的重视程度逐渐降低。相对于诗歌,人们更倾向于追求实用性和功利性的知识和技能。这种社会环境给诗歌阅读教学带来了一定的压力和挑战。

2.相应的对策与建议

一是拓展教学内容。为了改变教学内容单一的现状,我们应该拓宽诗歌阅读教学的范围。除了经典诗歌外,可以引入当代诗歌、民间

诗歌以及不同文化背景下的诗歌作品，让学生接触更为丰富的诗歌资源，提高他们的学习兴趣和审美水平。

二是创新教学方法。教学方法的改革是提升诗歌阅读教学有效性的关键。教师应该转变传统的以教师为主导的教学模式，采用互动式、探究式、项目式等多种教学方法，积极发挥学生的主体作用，鼓励他们主动参与教学过程，培养其批判性思维和创新能力。

三是加强学生阅读能力的培养。针对学生阅读水平较低的问题，教师应该在日常教学中注重培养学生的阅读能力和技巧。通过引导学生进行比较阅读、专题研讨、写作赏析等实践活动，帮助他们建立正确的阅读观念和方法，提高其对诗歌的理解和鉴赏能力。

四是营造良好的社会氛围。政府、教育机构和社会各界应该共同努力，加强诗歌文化的宣传和普及，营造良好的社会氛围。例如，可以举办各类诗歌创作比赛、诗歌朗诵活动、诗人讲座等，让更多人关注和参与到诗歌阅读与创作中来，从而为诗歌阅读教学创造一个有利的环境。

二、高品质视域下诗歌阅读教学活动的特点

高品质的诗歌阅读教学对于提高学生的语言素养和审美能力具有重要意义。在探讨高品质视域下诗歌阅读教学活动的特点时，将从教学理念、教学内容、教学方法和教学评价四个方面进行详细阐述。

1.教学理念。高品质的诗歌阅读教学应以学生的全面发展为导向，注重培养学生的审美情趣和语文素养。在教学活动中，应充分尊重学生的主体性，发挥学生的主动性和创造性。同时，教师应树立文化自觉意识，深刻理解诗歌的文化内涵和价值，以更好地引导学生领略诗歌的魅力。

2.教学内容。高品质的诗歌阅读教学内容应具有以下特点。

选材优良：选用的诗歌作品应具有较高的艺术价值和审美意义，能够引起学生的共鸣和兴趣。同时，选材应关注学生的年龄和认知水平，以避免过于复杂或抽象的内容。文化内涵丰富：诗歌作为文化的载体，应通过教学活动传递丰富的文化内涵。学生通过阅读不同时期、不同地域、不同风格的诗歌作品，可以了解不同文化的价值观、思维方式和生活方式，从而拓宽视野。关注审美教育：高品质的诗歌阅读教学应注重培养学生的审美能力。通过欣赏优美的诗歌语言、意境和表现手法，学生可以陶冶情操，提高审美情趣。

3.教学方法。高品质的诗歌阅读教学采用多种教学方法，以适应不同的教学内容和教学目标。以下是一些常用的方法。

诵读法：通过朗读、吟诵等形式的反复诵读，帮助学生加深对诗歌的理解和感受。同时，通过教师的指导和纠正，提高学生的语音、语调和语感。讲解法：对于诗歌中的难点和重点，教师需要进行详细的讲解。通过深入浅出的解释和阐述，帮助学生更好地理解诗歌的内涵和艺术特点。讨论法：在教学过程中，组织学生进行小组讨论或全班讨论，以促进学生的互动和合作。通过互相交流和学习，可以激发学生的学习兴趣和思考能力。拓展法：结合教学内容，适当引入相关的文化背景、作者生平等拓展知识。这有助于学生更好地了解诗歌的背景和内涵，拓宽视野。

4.教学评价。高品质的诗歌阅读教学评价应关注学生的全面发展和个性差异，以下是一些有效的评价方法。

考试评价：通过书面测试和口头测试等方式，检测学生对诗歌作品的理解、分析和鉴赏能力。同时，考试评价还可以了解学生对课堂内容的掌握情况。活动评价：组织学生进行课堂展示、诗歌朗诵会等各类活动，对学生在活动中的表现进行积极评价和鼓励，以激发学生的学习兴趣。平时评价：在教学过程中，关注学生的平时表现和学习进步。通过观察学生的课堂参与度、学习态度和学习成果，给予学生及时的反馈和指导。

三、高品质视域下诗歌阅读教学活动的措施

在高品质视域下，诗歌阅读教学活动的措施应注重以下几个方面。

教学活动的设计应注重培养学生的审美能力和文学鉴赏能力。通过引导学生感悟诗歌的韵律美、意境美和语言美，帮助他们深入理解诗歌所表达的情感和意义。教师可以利用多媒体教学辅助工具，通过示范朗诵、背景音乐、图片展示等方式，营造浓郁的审美氛围，让学生沉浸在诗歌的情境之中。

教学活动应重视学生的朗诵环节。诗歌是语言的艺术，通过朗诵，学生可以更好地领略诗歌的情感基调和韵律之美。教师应该在教学过程中留出足够的时间，让学生自由诵读、相互评鉴，并给予指导。针对学生的发音、语调、语速等方面进行细致的指导和纠正，帮助他们提高朗诵水平，更好地表达诗歌的内涵。

教学活动应注重拓展学生的文化视野。诗歌作为文化的载体，与历史、文化、哲学等学科有着密切的联系。为了帮助学生更好地理解诗歌的内容和背景，教师应该在教学中适当引入相关的文化知识，如作者的生平事迹、时代背景、文化传统等。这不仅可以丰富教学内容，还能够帮助学生构建更为全面的知识体系。

教学活动应关注学生的写作能力和创造力的培养。诗歌作为一种文学形式，对学生的写作和创造力具有一定的要求。通过模仿经典诗歌、进行诗歌创作等方式，教师可以培养学生的写作能力和创新思维。同时，教师还可以鼓励学生尝试不同形式的诗歌创作，如散文诗、现代诗等，激发他们对诗歌的热爱和创作欲望。

高品质视域下的诗歌阅读教学活动中，教师应当注重培养学生的审美能力和文学鉴赏能力。

四、高品质视域下诗歌阅读教学活动应注意的问题

在高品质视域下进行诗歌阅读教学，有许多问题需要特别关注。以下是对这些问题的详细阐述。

1.诗歌阅读的教学目标应该是提高学生的审美能力和人文素养。通过阅读和理解诗歌,学生可以培养对语言和文化的敏感度和鉴赏力,同时也能陶冶情操,提高个人修养。因此,在教学活动中,教师需要明确教学目标,注重培养学生的综合能力和素质。

2.教师需要选择适合学生的诗歌作品。选择的标准应该包括诗歌的思想内容、艺术形式和语言风格等多个方面。同时,教师还需要考虑学生的年龄、心理特征和认知水平等因素,以确保所选诗歌能够引起学生的兴趣和共鸣,并有助于实现教学目标。

3.在教学活动中,教师需要注重学生的主体地位。学生应该是教学活动的主角,而不是被动的接受者。教师应该引导学生主动参与诗歌阅读、分析、评价和创造等活动,发挥学生的积极性和创造力。同时,教师也需要给予学生充分的时间和空间,让学生自己品味和体验诗歌的魅力。

4.教师需要采用多种教学方法和手段进行诗歌阅读教学。不同的诗歌作品需要采用不同的教学方法和手段,以帮助学生更好地理解和感受诗歌的内涵和形式。例如,可以采用朗诵、讲解、讨论、写作等多种方式进行教学,同时也可以借助多媒体等现代技术手段辅助教学,提高教学效果和质量。

5.教师需要对学生的阅读成果进行评价和反馈。评价的标准应该包括学生对诗歌的理解、分析和创造能力等方面。评价结果应该及时反馈给学生,以帮助学生了解自己的不足之处并加以改进。同时,教师也需要对学生的学习过程进行监督和管理,及时发现和解决学生的学习问题。

五、高品质视域下的诗歌阅读教学对诗歌作品的要求

高品质视域下的诗歌阅读教学对诗歌作品的要求应遵循以下原则。

1.诗歌作品的文学性。在高品质的诗歌阅读教学中,首先要求诗歌作品具有较高的文学性。文学作品应该具有语言的精致和深刻,以及形式和内容的和谐统一。诗歌作为文学的一种重要形式，更应该在语言、意象、情感等方面展现出卓越的文学性。在选择诗歌作品时，应当注重其文学品质和文化内涵，避免低俗化、浅薄化的倾向。

2.诗歌作品的艺术性。高品质的诗歌阅读教学不仅要求诗歌作品具有文学性，还要求其具有艺术性。艺术性是指诗歌作品通过独特的艺术手法和形式，传达出独特的审美体验和思想感情。在选择诗歌作品时，应注重其艺术价值和审美意义，探究作品中的艺术表现形式和美学追求。

3.诗歌作品的时代性和社会性。高品质的诗歌阅读教学还应关注诗歌作品的时代性和社会性。时代性和社会性是指诗歌作品能够反映特定时代的社会现实和人文精神，具有历史背景和社会价值。在选择诗歌作品时，应当注重其时代背景和社会影响，避免过于狭隘和个人化的作品。同时，也应当积极推广当代优秀诗歌作品，促进诗歌文化的传承和发展。

4.诗歌作品的多样性和包容性。高品质的诗歌阅读教学需要注重诗歌作品的多样性和包容性。多样性是指诗歌作品在主题、形式、风格等方面具有丰富多样的特点，能够满足不同读者的审美需求和文化背景。包容性则是指诗歌作品应该尊重不同的文化传统和价值观，避免过于狭隘和排他的倾向。在选择诗歌作品时，应当注重不同地域、不同民族、不同文化背景的诗歌作品，以呈现出多元文化的特色和魅力。

在高品质视域下的诗歌阅读教学活动我们应根据不同学段、不同层次的学生特点和教学需要进行选择适合的诗歌作品并设计安排相应的教学方案，从而更好地发挥优秀诗歌作品的感染力和启示作用。

六、高品质视域下的诗歌阅读教学活动对教师的要求

高品质视域下的诗歌阅读教学活动要求教师具备多方面的素养和能力。

教师需要具备专业的诗歌素养，这是基础和前提。具体而言，这包括对诗歌基本特征和历史沿革的理解，对诗歌语言的特殊性的认识，以及熟练掌握诗歌解读的方法论。教师还需要广泛阅读诗歌作品，积累对各种诗歌流派和风格的感性认识和理性思考，从而能够更好地引导学生进行诗歌阅读和审美体验。

教师需要具备较高的文学素养。高品质的诗歌阅读教学活动要求教师对文学有深入的理解和认识，包括对文学基本理论、文学史和文学鉴赏理论的知识储备。教师还需要具备良好的文学品味和对文学性的敏锐感知能力，以便能够在解读诗歌时充分发掘诗歌的文学价值和艺术魅力。

教师需要具备较高的教育教学素养。具体而言，这包括对教育基本理论、课程论和教学论的掌握，以及对课堂管理和学生心理的认知。教师需要灵活运用各种教育教学手段，合理安排教学内容，精心设计教学环节，以激发学生的学习兴趣，帮助他们更好地投入到诗歌阅读学习中。

教师需要具备较高的审美素养。高品质的诗歌阅读教学活动要求教师对美有较高的敏感性和感悟能力，并能够将其传递给学生。教师需要具备对诗歌中美的元素的识别和鉴赏能力，以便能够在教学中引导学生发现和欣赏诗歌的美，从而培养他们的审美情趣和审美能力。

七、关于高品质视域下诗歌阅读教学活动案例的分析

在高品质视域的指引下，诗歌阅读教学活动有一些典型案例。这些案例强调对诗歌的深度理解和审美体验，通过精心设计的教学环节，引导学生感受诗歌的美学魅力，培养他们的文学鉴赏能力和批判性思维。以下是对这些案例的相关分析。

案例一中，教学活动注重诗歌的语境与语义分析。首先，通过展示一些著名的现代派或意象派诗人的作品，引导学生了解不同诗歌流派的特点和风格。然后，结合具体的诗歌作品，进行深入的语境分析，

帮助学生理解诗歌中蕴含的深刻意义和情感。此外，还强调对诗歌语言的细致品味，通过小组合作、课堂讨论等方式，引导学生探究诗歌语言的韵律、节奏、修辞等手法，培养他们对诗歌语言的敏感度和理解力。

案例二着重于诗歌的审美体验和情感熏陶。教学活动以诗歌鉴赏为主线，通过配乐朗诵、角色扮演、课堂互动等方式，引导学生深入体验诗歌的情感内涵。同时，还注重培养学生的审美情趣，通过赏析不同风格、不同时代的诗歌作品，引导学生领悟诗歌的美学特质，提高他们的审美能力和艺术鉴赏水平。此外，还鼓励学生通过创作诗歌来表达自己的思想和情感，将所学所感与自身经历相结合，培养学生的创造力和想象力。

案例三中，教学活动强调诗歌与社会文化的联系。教师结合具体的诗歌作品，分析诗人的思想观点、文化背景、历史事件等元素。此外，还涉及文学与社会的联系以及如何将诗歌与现实生活相结合等方面。这些内容有助于学生了解诗歌在社会文化背景下的地位和作用，培养他们的人文素养和社会责任感。同时，通过引导学生分析诗歌中的文化元素和历史信息，还能够培养他们的文化批判意识和跨文化交流能力。

案例四注重诗歌与多元文化的融合。教学活动涉及不同地域、不同民族、不同语言的诗歌作品，引导学生了解不同文化背景下的诗歌特点和风格。同时，还涉及跨文化比较、文化交流与互鉴等内容，帮助学生认识和理解多元文化的价值和意义。此外，还鼓励学生通过创作多语种诗歌、参与国际诗歌交流活动等方式，拓展自己的诗歌视野和表达能力，培养具有国际视野的诗歌人才。

案例五中，教学活动强调诗歌的批判性思维培养。教师结合具体的诗歌作品和文学理论，引导学生深入探究诗歌的意义和价值。同时，还鼓励学生通过写诗、评论、研究等方式表达自己的观点和看法。这些内容有助于培养学生的批判性思维能力和文学批评素养。此外，教学活动还涉及文学理论和批评方法等内容，帮助学生了解和掌握文学批评的基本方法和思路。

这些典型案例都强调了对诗歌的深度理解和审美体验。它们通过不同的教学环节和方式，引导学生感受诗歌的美学魅力和情感熏陶。同时，这些案例还注重培养学生的文学鉴赏能力和批判性思维能力。通过这些教学活动的学习和实践，学生的综合素质和文化修养得到了全面的提升和发展。

第四节　高品质视域下的戏剧阅读教学活动

一、高品质视域下的戏剧阅读活动存在的问题

戏剧作为一种独特的艺术形式，通过演员的表演来展现人物、情节和冲突。戏剧阅读是将戏剧作品的文本作为文学作品进行解读和研究的过程。高品质视域下的戏剧阅读活动则更加注重从专业和学术的角度来分析和评价戏剧作品。下面通过分析现状，探讨当前高品质视域下的戏剧阅读活动的特点和发展趋势。

1.戏剧阅读活动的现状

随着文化多元化和文学理论的发展，戏剧阅读活动的形式和内容也越来越丰富。这些变化不仅拓展了戏剧作品的受众群体，也为演员和研究人员提供了更多的表演和学术参考。

戏剧阅读活动的专业性不断增强。越来越多的专业戏剧团体和机构参与到戏剧阅读活动中来，为演员提供了一个展示才华的平台。同时，专业戏剧教育机构也在不断增多，为戏剧爱好者和从业人员提供了学习和交流的机会。这些专业力量的加入，使得戏剧阅读活动逐渐被重视和认可。

戏剧阅读活动的学术性不断深化。在戏剧阅读活动中，研究人员

通过对剧作家的生平、时代背景、作品风格等多个角度进行分析和研究，深入挖掘戏剧作品中所蕴含的文学价值和人文精神。同时，针对不同受众群体的需求，戏剧阅读活动也呈现出多样化的发展趋势。例如，针对学生群体的戏剧阅读活动，通常会更加注重对基本戏剧知识和技能的普及；而针对专业演员或研究人员的戏剧阅读活动，则更加注重对高级戏剧理论和实践的探讨。

戏剧阅读活动也有利于推广优秀传统文化的传承与发展。很多地方将传统文化元素融入戏剧阅读活动，既丰富了戏剧作品的艺术表现力，也使得传统文化得到保护和传承。例如，一些地方剧作家通过学习传统剧目并将其改编为现代戏，使得传统文化在新的时代背景下焕发出新的生机。

2.问题与挑战

尽管高品质视域下的戏剧阅读活动已经取得了一定的成果，但仍存在一些问题和挑战。

部分地区存在戏剧阅读活动开展不足的情况。这主要是由于缺乏专业的戏剧人才和机构，以及缺乏对戏剧艺术的正确认识和重视。因此，需要加强对这些地区的支持和投入，提高当地戏剧阅读活动的水准和质量。

戏剧阅读活动的学术研究还需要进一步深化。虽然现有的研究成果已经较为丰富，但仍有许多研究领域尚未得到充分的挖掘和探讨。例如，针对不同受众群体的戏剧阅读活动仍需进一步细化；对传统戏剧作品的创新改编也需要更多理论和实践的支持；同时，对国际戏剧理论和实践的研究也需要加强交流与合作。

戏剧阅读活动还需要更好地与现代科技相结合。随着数字化和智能化技术的发展，将科技与戏剧阅读活动相结合已经成为一种趋势。例如，通过数字化技术将传统戏剧作品进行记录和保存；通过智能化技术为学生提供个性化的学习资源；通过互联网平台推广戏剧阅读活动的影响力。

高品质视域下的戏剧阅读活动在当前文化多元化和文学理论的发展背景下呈现出积极的发展态势。然而，仍需要进一步解决存在的问题和挑战，以推动戏剧阅读活动更好地发展。

在高品质视域下，戏剧阅读活动存在的问题还表现在：戏剧阅读活动的受众范围相对较小。戏剧阅读活动的形式单一，缺乏多样性。戏剧阅读活动的推广力度不够，缺乏有效的宣传和推广策略。戏剧阅读活动的质量参差不齐，缺乏统一的标准和评价体系。

二、高品质视域下的中小学戏剧阅读教学活动的特点

在当今社会，戏剧作为一种艺术形式，越来越受到人们的关注和喜爱。它不仅可以带给观众视觉和听觉上的享受，还可以通过表演传达深刻的思想和情感。对于中小学生而言，戏剧不仅可以锻炼他们的语言表达能力和团队协作能力，还可以培养他们的创造力和想象力。然而，在实际的教学过程中，戏剧阅读教学活动的开展并不顺利。

戏剧阅读教学活动的定义：戏剧阅读教学活动是一种将戏剧和阅读教学相结合的教学方式。它通过引导学生对文学作品进行表演、角色扮演等形式，帮助学生更好地理解和掌握文学知识，同时培养学生的语言表达能力和团队协作能力。与传统的阅读教学相比，戏剧阅读教学具有更加生动、有趣、互动的特点，能够更好地激发学生的学习兴趣。

高品质视域下中小学戏剧阅读教学活动的特点：

1.教学内容的选择。高品质的戏剧阅读教学活动的开展需要选择适合进行戏剧表演的文学作品。这些作品应该具有生动、有趣、易于理解等特点，同时还要考虑到学生的年龄、认知水平和学习需求等因素。在选择作品时，教师需要注意避免选择过于复杂或深奥的作品，以免增加学生的阅读难度和表演难度，影响教学效果。

2.学生的参与度。高品质的戏剧阅读教学活动的开展需要关注学生的参与度。在活动的设计和实施过程中，教师需要关注学生的兴趣和特长，尽可能地为学生提供多样化的表演方式和角色选择，以激发学生的参与热情和创造力。同时，教师还需要关注学生的情感体验和心理需求，营造积极、和谐的课堂氛围，让学生感受到安全、自由的表演环境。

3.教师的指导作用。高品质的戏剧阅读教学活动的开展需要发挥教师的指导作用。在活动的设计和实施过程中，教师需要关注学生的表演技巧和语言表达能力的培养和提高。教师可以为学生提供一些表演技巧和注意事项的指导，如语音语调、动作表情等，帮助学生更好地理解和表达文学作品中的情感和思想。同时，教师还需要关注学生在表演过程中的问题，及时给予指导和帮助，以确保活动的顺利进行。

4.教学效果的评估。高品质的戏剧阅读教学活动的开展需要关注教学效果的评估。在活动结束后，教师需要对学生的学习成果进行评估和反馈，以便及时发现和解决存在的问题和不足之处。教师可以采用多种评估方式，如学生自评、互评、教师评价等，以全面了解学生的学习情况和发展状况。同时，教师还可以鼓励学生家长参与评估过程，以获得更多有益的反馈和建议。

三、高品质视域下的中小学戏剧阅读教学活动对教师的要求

在当今的教育领域，戏剧阅读已成为一种受欢迎的教学方式。它不仅能够激发学生的兴趣，提高他们的阅读能力和口语表达能力，还能够培养他们的团队合作能力和创造力。高品质的戏剧阅读教学活动需要教师具备一定的专业素养和技能。下面探讨教师在高品质视域下的中小学戏剧阅读教学活动中的要求，并从教学计划、教学内容、教学技能和评估四个方面进行分析。

1.教学计划。在制订教学计划时，教师需要考虑学生的年龄、认知水平和学习需求等因素。针对不同年级的学生，戏剧阅读教学的难度和内容应有所不同。例如，对于低年级的学生，可以选择一些简单

的剧本,如《小红帽》《灰姑娘》等,以提高他们的阅读兴趣和自信心;对于高年级的学生,可以选择一些复杂的剧本,如《哈姆雷特》《罗密欧与朱丽叶》等,以培养他们的阅读理解能力和分析能力。此外,教师还需要考虑学生的特长和兴趣爱好,合理分配角色,让每个学生都有机会展示自己的才华。

2.教学内容。在选择教学内容时,教师需要关注剧本的品质和意义。选择优秀的剧本是开展高品质戏剧阅读教学的关键。剧本应该具有深刻的思想内涵、丰富的文化底蕴和生动的情节,同时还需要注意剧本的难度和长度适中,以确保大多数学生能够理解和参与。在教学过程中,教师还需要注重培养学生的文学素养和审美能力,让学生品味剧本的语言和表现手法,体会其中蕴含的美学价值。

3.教学技能。在教学技能方面,教师需要具备较高的教学水平和创新能力。首先,教师需要具备优秀的课堂组织能力,能够有效地调控课堂氛围和节奏,保证每个学生都能够积极参与。其次,教师需要具备良好的口语表达能力和肢体语言表现力,能够准确传达剧本的思想和情感。此外,教师还需要具备多样化的教学策略和方法,如分组讨论、角色扮演、戏剧表演等,以激发学生的兴趣和创造力。在指导学生进行戏剧表演时,教师还需要注意培养学生的团队合作精神和沟通能力。

4.评估。在评估方面,教师需要建立科学合理的评估体系,对学生的表现进行全面、客观、准确的评价。评估应该包括学生的阅读理解能力、口语表达能力、团队合作能力等多个方面。教师可以采取多种评估方式,如个人自评、小组互评、教师评价等,以增加评估的多样性和可信度。通过评估,教师可以了解学生在戏剧阅读教学活动中的优势和不足之处,为后续的教学提供参考和改进方向。

五、高品质视域下的中小学戏剧阅读教学活动对学校的要求

随着教育的不断发展和进步,戏剧作为一种综合性的艺术形式,在学校教育中扮演着越来越重要的角色。戏剧不仅可以提高学生的语言表达能力、情感沟通能力和团队合作能力，还可以培养学生的创造力和批判性思维。开展戏剧阅读教学活动，对学校教育提出了较高的要求。

在过去的几年中，戏剧教育在国内外得到了越来越多的关注和重视。在国内，越来越多的中小学开始尝试将戏剧引入课程，以提高学生的综合素质。然而，在实践中，我们发现了一些问题。首先，一些学校缺乏专业的戏剧教师和教学资源，导致戏剧教育难以有效开展。其次，一些学校过于注重表演技巧和形式，而忽略了戏剧的内在价值和意义。最后，一些学校缺乏对戏剧教育的长期规划和支持，导致戏剧教育难以持续发展。

在国外，一些国家已经将戏剧教育纳入了中小学教育体系中。例如，英国早在2004年就颁布了《戏剧与表演艺术法案》，为戏剧教育提供了法律保障和支持。在美国，许多中小学都开设了戏剧课程，并且获得了联邦政府和地方政府的资助和支持。

在高品质视域下，中小学戏剧阅读教学活动对学校的要求可以概括为以下几个方面：首先，教育理念是开展戏剧阅读教学活动的基础和前提。学校应该秉持"以人为本"的教育理念，关注学生的全面发展，注重培养学生的创新精神和批判性思维。其次，师资力量是开展戏剧阅读教学活动的重要保障。学校应该招聘具备戏剧教育背景或相关经验的教师，并定期组织教师培训和交流活动。此外，学校应该为学生提供丰富的戏剧阅读材料和教学资源，包括剧本、音乐、道具、服装等。

在高品质视域下，中小学戏剧阅读教学活动对学校的要求较高。学校应该秉持"以人为本"的教育理念，注重培养学生的创新精神和批判性思维。同时，学校应该招聘具备戏剧教育背景或相关经验的教师，为学生提供丰富的戏剧阅读材料和教学资源，并制定长期规划和支持戏剧教育的发展。只有这样，才能使戏剧教育在学校教育中发挥出更大的作用，促进学生的全面发展。

六、关于高品质视域下戏剧阅读教学活动的研讨

在当今社会，戏剧作为一种艺术形式，具有独特的魅力和感染力。作为一种有效的教育方式，戏剧阅读教学不仅能够帮助学生更好地理解文学作品，还能够培养学生的创造力和合作精神。笔者旨在探讨高品质视域下的中小学戏剧阅读教学活动，为教育工作者提供一些有价值的建议和指导。

1.文献综述。近年来，随着教育改革的不断深入，戏剧阅读教学在中小学教育中得到了越来越多的关注。通过查阅相关文献，发现目前中小学戏剧阅读教学的研究主要集中在以下几个方面：教学方法、课程设计、教师素质和学生参与度等。在教学方法方面，研究者们提出了多种戏剧阅读教学的策略，如角色扮演、即兴表演和小组讨论等。在课程设计方面，研究者们探讨了如何根据不同文学体裁和主题设计戏剧阅读教学课程。在教师素质方面，研究者们关注如何提高教师的戏剧素养和教育水平。在学生参与度方面，研究者们关注如何引导学生积极参与戏剧阅读教学过程，提高他们的学习效果。

然而，目前的研究还存在一些不足之处。首先，关于中小学戏剧阅读教学的研究数量相对较少，缺乏系统性和全面性。其次，现有研究大多关注教学方法和课程设计等宏观层面，缺乏对具体教学案例的深入分析和评价。最后，关于教师素质和学生参与度的研究相对较多，但缺乏对戏剧阅读教学整体效果的评价和比较研究。

2.收集和分析。通过对一些学校的教学计划、教案、课堂实录和学生反馈等资料的收集和分析，我们试图揭示高品质视域下的中小学戏剧阅读教学活动的典型范例。我们遵循深入实地、细致观察、充分交流、资料收集和分析评价等基本步骤，以确保研究的可靠性和有效性。

在深入实地方面，与学校管理者、教师和学生进行深入交流和访谈，了解学校开展戏剧阅读教学的背景、理念、实践经验和问题。在细致观察方面，对课堂教学过程进行录像和笔记记录，以便后续分析和评价。在充分交流方面，与教师和学生进行开放式对话和讨论，了解他们的教学体验和感受。在资料收集和分析方面，收集课堂教学实录、学生反馈、教案和教学计划等资料，并运用内容分析、案例分析和质性研究等方法进行深入分析和评价。最后，在评价和比较方面，对典型范例进行评价和比较研究，为教育工作者提供有价值的建议和指导。

3.结果与讨论。我们发现学校在教学实践中存在一些共性和差异。首先，学校普遍注重学生的参与和体验，采用多种戏剧教学方法激发学生的学习兴趣。其次，学校注重教师的专业发展和培训，提高教师的戏剧素养和教育水平。最后，学校注重课程设计和教材开发，根据不同文学体裁和主题设计戏剧阅读教学课程和剧本。

然而，学校也存在一些差异和不足之处。例如，有些学校过于强调学生的参与和体验，导致课堂教学节奏不够紧凑；有些学校过于依赖剧本和角色扮演，缺乏对文学作品深度的理解和分析；还有些学校缺乏足够的资源支持，限制了戏剧阅读教学的实践和创新。

在讨论部分，对典型范例的优缺点进行分析和评价，并提出一些有价值的建议和改进措施。建议教育工作者在开展戏剧阅读教学时，要注重学生的参与和体验，同时也要注重对文学作品的深度理解和分析，还建议教育工作者要关注教师的专业发展和培训，提高教师的戏剧素养和教育水平。最后，建议教育工作者要关注课程设计和教材开发，根据不同文学体裁和主题设计多样化的戏剧阅读教学课程和剧本。

七、高品质视域下戏剧阅读教学活动作业布置要注意的事项

随着社会的发展和教育的进步，戏剧作为一种综合艺术形式，越来越受到人们的关注和喜爱。对于中小学生来说，戏剧不仅可以提高他们的语言表达能力和审美鉴赏能力，还可以培养他们的团队合作意识和创新思维能力。因此，开展中小学戏剧阅读教学活动，具有重要的现实意义和理论价值。下面从作业布置的角度出发，探讨在高品质视域下，中小学戏剧阅读教学活动要注意的事项。

在以往的教学中，作业布置主要是针对戏剧阅读文本的理解和掌握，如戏剧的情节、人物、主题等方面的分析和探讨。然而，在高品质视域下，作业布置不仅要关注学生对戏剧文本的理解和掌握，还要注重培养学生的创新思维和批判性思考能力。因此，在中小学戏剧阅读教学活动作业布置中，教师需要考虑到学生的个体差异和学习需求，设计多样化的作业形式和内容，以激发学生的学习兴趣。

中小学戏剧阅读教学活动作业布置存在一些问题。首先，作业布置缺乏多样性和层次性，不能满足不同学生的需求；其次，作业布置过于注重知识的掌握，缺乏对学生创新思维和批判性思考能力的培养；最后，作业布置缺乏与实际生活的联系，无法激发学生的学习兴趣。针对这些问题，教师在进行作业布置时，应该注重作业的多样性和层次性，设计一些具有探究性和实践性的作业；同时，还要注重培养学生的创新思维和批判性思考能力，鼓励学生进行自主探究和学习；最后，还要注重作业与实际生活的联系，让学生通过完成作业来提高自己的实际应用能力。

第五节　高品质视域下的实用类文本阅读教学活动

一、实用类文本阅读教学活动的定义及内涵

实用类文本，包括说明书、广告、新闻、图表、人物传记、调查报告等，在我们的日常生活中占据了重要的位置。这类文本有其独特的语言特点和阅读需求，因此，实用类文本阅读教学活动的开展就显得尤为重要。

实用类文本是指文章体文本。实用文本是一种偏向于实际工作所需要用到的文章，广泛应用于我们生活中，具有简洁、易懂、时代鲜明、实用性强等特点。实用类文本通常具有简洁、直接、明了的语言特点，其目的是传达信息、解决问题或引起注意。例如，产品说明书需要简洁明了地解释产品的使用方法，新闻报道需要快速准确地传递事件信息。

实用类文本的阅读教学通常涉及以下几个方面。

1.需要明确实用类文本的阅读目的。阅读目的通常包括获取信息、解决问题、了解情况等。在阅读过程中，需要时刻关注阅读目的，有针对性地获取所需信息。

2.需要理解实用类文本的语言特点。实用类文本通常使用简单、直接、明了的语言，避免过于复杂或模糊的措辞。在阅读这类文本时，需要熟悉并理解这些语言特点，以便更好地理解文本内容。

3.需要注重实用类文本的阅读方法。阅读方法包括扫描、浏览、查阅等。根据阅读目的和语言特点，需要选择合适的阅读方法，以提高阅读效率。

二、实用类文本阅读教学活动的现状

随着信息技术的快速发展，实用类文本在人们的生活中越来越常见，如说明书、操作指南等。这些文本具有简洁、实用、易懂的特点，要求读者具备较强的阅读能力和理解能力。因此，如何有效地进行实用类文本的阅读教学，提高学生的阅读能力和理解能力，成为一个重要的研究课题。

目前，实用类文本的阅读教学现状并不乐观。首先，教师在教学实用类文本时，往往采用传统的阅读教学方法，注重对文本的语法、词汇等语言知识的教学，而忽略了实用类文本的特点和阅读目的。这种教学方法不仅枯燥无味，而且难以激发学生的学习兴趣，导致学生的学习效果不佳。

其次，学生在阅读实用类文本时，往往缺乏阅读技巧和方法。他们往往只是简单地阅读文本，而没有深入思考和理解文本的意义和内涵。这种阅读方法不仅浪费时间，而且难以达到阅读的目的。

因此，如何有效地进行实用类文本的阅读教学，提高学生的阅读能力和理解能力，成为一个重要的研究课题。

首先，教师可以采用多种教学方法进行教学。例如，教师可以采用问题导向的教学方法，引导学生思考和理解文本的意义和内涵。教师也可以采用案例分析的教学方法，让学生通过案例分析来掌握实用类文本的特点和阅读方法。此外，教师还可以采用小组合作的教学方法，让学生通过小组合作来共同学习和探讨实用类文本的阅读方法和技巧。

其次，学生需要掌握一定的阅读技巧和方法。例如，学生需要掌握快速阅读和深度阅读的方法，快速浏览全文，了解文章的主旨和结构；深度阅读需要学生深入思考和理解文本的意义和内涵。此外，学生还需要掌握一定的词汇和语法知识，以便更好地理解文本的内容和意义。

三、开展高品质视域下的实用类文本阅读教学活动要注意的问题

实用类文本阅读教学活动是语文教学的一个重要环节，对于提高学生的语文素养和应用能力具有重要意义。在开展实用类文本阅读教学活动时，需要注意以下几个方面，以确保教学质量和效果。

1.教学内容的选择应注重实用性和适用性。实用类文本的种类繁多，教师在选择教学内容时，应根据学生的实际需求和兴趣，选择具有代表性和实用性的文本，同时结合教学大纲的要求，对文本进行适当的取舍和调整。此外，教师还应该根据学生的实际情况和教学需要进行适当的补充和延伸，以扩大学生的知识面和应用能力。

2.教学方法应注重启发性。实用类文本的阅读需要学生通过阅读理解、分析、评价等思维过程，实现对文本的深入理解和应用。因此，

教师在教学过程中应注重启发式教学，通过问题引导、讨论交流等方式，激发学生的学习兴趣，培养学生的思维能力和应用能力。同时，教师还应该通过教学过程中的互动反馈、总结归纳等环节，及时了解学生的学习情况，帮助学生解决学习中遇到的问题。

3.应注重培养学生的应用能力。实用类文本的阅读与实际应用密切相关。因此，在教学过程中，教师除了让学生了解文本的表面信息之外，更应通过分析、评价、应用等环节，提高学生的实际应用能力。例如，教师可以引入实例分析或者模拟实际场景等方式，让学生将所学知识应用到实际情境中，从而加深对知识的理解和掌握。

4.应注重培养学生的阅读素养。实用类文本的阅读需要学生具备一定的阅读素养和阅读技能。因此，教师在教学过程中应注重培养学生的阅读素养和技能。例如，可以教授学生如何运用各种阅读方法来分析不同种类的文本，如何基于写作特点理解和表达文本内容，以及如何形成质疑的能力来宏观甄别各类作品等。此外，教师还可以通过培养学生的阅读习惯、阅读速度、阅读策略等方面来提高学生的阅读素养和技能。

四、开展高品质视域下的实用类文本阅读教学活动对教师的要求

实用类文本阅读是语言教学的重要组成部分，对于培养学生的阅读能力和交际技能具有重要意义。成功地开展高品质视域下的实用类文本阅读教学活动并非易事，对教师的要求较高。下面从以下几个方面阐述开展实用类文本阅读教学活动对教师的要求。

1.教师的基本素质

第一，语言能力。教师必须具备扎实的语言能力，包括听、说、读、写、译等方面。在实用类文本阅读教学中，教师需要运用语言来表达思想、传递信息，并帮助学生理解文本内容。因此，教师自身的语言能力对于教学是否成功至关重要。第二，专业知识。实用类文本涉及各种专业领域，如科技、经济、法律等。教师需要具备一定的专业知识，以便更好地理解和解析文本内容。这有助于教师在教学过程中为学生提供更准确、深入的指导。第三，教学技能。教师需要掌握一定的教学技能，包括课程设计、教学方法、课堂管理等方面。实用类文本阅读教学需要教师结合学生的实际情况，运用适当的教学方法，帮助学生掌握阅读技巧、提高阅读理解能力。

2.教师的专业素养

第一，学科素养。实用类文本涉及各个学科领域，教师需要具备相应的学科素养，以便更好地理解和教授文本内容。这包括了解相关学科的基本概念、理论体系、研究方法等方面的知识。第二，跨学科素养。实用类文本阅读常常涉及多个学科领域的知识，教师需要具备跨学科素养，能够将不同学科的知识融合在一起，帮助学生全面理解文本内容。第三，文化素养。实用类文本阅读涉及不同文化背景下的知识，教师需要具备相应的文化素养，以便更好地理解文本中的文化背景和价值观。这包括了解不同文化、地区、国家的文化传统和习俗等方面的知识。

3.教师的教学能力

第一，教材分析能力。教师需要具备教材分析能力，能够全面分析教材内容和学生实际情况，制订科学合理的教学计划和目标。对于实用类文本阅读教学，教师需要分析教材中各类文本的体裁、结构、语言特点等，从而能够针对性地设计教学活动。第二，教学方法创新能力。教师需要具备教学方法创新能力，能够在实践中不断尝试新的教学方法和手段，提高教学效果。实用类文本阅读教学可采用多种教学方法，如任务型教学法、情景教学法等，教师可以根据具体情况选择合适的教学方法。第三，教学评价能力。教师需要具备教学评价能力，能够科学合理地评价学生的学习成果和教学质量。在实用类文本阅读教学中，教师需要根据学生的阅读理解能力、交际技能等方面制定评价标准，并运用多种评价方式对学生的学习进行全面评估。

4.教师的个人品质

第一，责任心和敬业精神。教师需要有高度的责任心和敬业精神，能够全身心地投入教育事业中。在实用类文本阅读教学中，教师需要认真备课、上课、批改作业等，确保教学质量。同时，教师还需要关注学生的学习状态和情感需求，及时调整教学策略，帮助学生解决问题。第二，耐心和细心。实用类文本阅读教学活动需要教师具备耐心和细心，能够耐心回答学生的问题、细心关注学生的情感需求。同时，对于学生的学习困难和问题，教师也需要耐心细致地给予指导和帮助。

四、开展高品质视域下的实用类文本阅读教学活动对阅读教材的要求

开展高品质视域下的实用类文本阅读教学活动，对于提高学生的阅读能力和培养综合素质具有重要意义。下面从几个方面阐述开展此类教学活动对阅读教材的要求。

1.阅读教材应该具备系统性和科学性。实用类文本阅读教学是一个系统性的教学活动，教材应该根据学生的认知特点和学习规律，选择适合不同年级和层次的教学内容，并注重知识的内在联系和逻辑关系。同时，教材的编写应该遵循科学的方法和原则，确保教材内容的准确性和可靠性。

2.阅读教材应该注重实用性和实效性。实用类文本的阅读不同于其他类型的阅读，它更加注重阅读材料的应用性和实用性。因此，教材应该选取真实、生动的实用类文本，注重与学生实际生活和未来工作的联系，使学生能够将所学知识应用到实际情境中，提高阅读能力和语言表达能力。同时，教材也应该关注学生的阅读体验和学习效果，设计有针对性的练习和活动，帮助学生巩固所学知识和提高阅读技能。

3.阅读教材应该具有启发性和创新性。高品质视域下的实用类文本阅读教学需要培养学生的创新思维和解决问题的能力，因此教材应该具有启发性和创新性。教材应该通过引导学生深入思考、合作探究等多种方式，激发学生的学习兴趣。同时，教材也应该注重培养学生的批判性思维和创新能力，让学生在学习过程中不断拓展自己的思维和视野。

4.阅读教材应该具有多样性和选择性。实用类文本涵盖了多个领域和话题，因此教材应该具有多样性和选择性。教材应该根据不同的领域和话题选择相应的文本类型和题材，并注重选取具有代表性和典型性的材料。同时，教材也应该注重多样化的教学方式和方法，让学生在学习过程中不断探索、尝试和创新，发现适合自己的阅读方式和思维方式。

五、开展高品质视域下的实用类文本阅读教学活动的基本方法

实用类文本的阅读教学活动是提高学生阅读能力和应用能力的重要途径。为了实现高品质的教学效果，教师需要遵循以下基本方法。

1.明确教学目标和内容。教师需要明确教学目标和教学内容，根据学生的实际情况和需求，选择适合的实用类文本作为教学内容。同时，教师应制定具体的教学目标，例如提高学生阅读理解能力、应用写作能力等，以便更好地评估教学效果。

2.选择合适的教学方法。教学方法是影响教学效果的关键因素之一。针对实用类文本的阅读教学，教师可采用多种教学方法，例如任务型教学法、情景模拟法、合作学习法等。这些教学方法可以提高学生的参与度和兴趣，同时促进师生之间的互动交流，达到更好的教学效果。

3.注重学生阅读思维的培养。实用类文本通常具有较高的思维含量，因此，教师在教学过程中应注重培养学生的阅读思维。通过引导学生分析文本结构、段落关系、句子之间的联系等，帮助学生理解文本的主旨、观点和重要细节。此外，教师还可以组织课堂讨论和思考题等教学活动，以提高学生的思维深度和广度。

4.强化学生的应用能力。实用类文本的阅读教学不仅仅是为了提高学生的阅读理解能力,更重要的是培养学生的应用能力。因此,在教学过程中,教师可以组织一些实践活动,如课堂写作、口语表达、情景模拟等,以便让学生更好地将所学知识应用到实践中。

5.使用多媒体和互联网资源。随着信息技术的发展,教师可以利用多媒体和互联网资源进行辅助教学,提高教学效果和质量。例如,教师可以利用PPT等多媒体软件制作教学课件,以便更好地展示教学内容;同时,还可以使用互联网上的实用类文本资源,例如新闻报道、广告文案、合同协议等,以便丰富教学内容和形式。

6.关注教学反馈和评估。教学反馈和评估是提高教学质量的重要环节之一。在教学过程中,教师需要及时了解学生的学习情况和反馈意见,以便调整教学方法和进度。此外,教师还需要制定科学的评估标准和方法,对教学效果进行全面评估,以便更好地总结经验和教训,提高教学质量。

7.提高教师素质和能力。教师是教学活动的引导者和组织者,其素质和能力直接影响教学效果和质量。为了提高实用类文本的阅读教学质量,教师需要不断学习和提高自身素质和能力。例如,加强专业知识的学习和实践经验的积累,关注教育技术的发展和应用等,以便更好地适应教学发展的需要。

六、高品质视域下的实用类文本阅读教学活动案例

在高品质视域下,实用类文本阅读教学活动的实践具有重要意义。以下是几个典型的案例,旨在给教师提供参考,并帮助学生提高阅读能力和实用技能。

第一个案例是关于一份产品说明书的阅读教学。在这个活动中,教师首先让学生阅读一份产品说明书,并要求学生在阅读后详细描述产品的特点和使用方法。接着,教师提供了一份有关该产品的详细描述和使用方法,并要求学生比较和评估自己阅读的理解能力。这个活动不仅帮助学生提高阅读理解能力,还培养了他们的信息筛选和整合

能力。

第二个案例是关于一篇新闻报道的阅读教学。在这个活动中，教师首先让学生阅读一篇新闻报道，并要求学生在阅读后总结和分析该新闻报道的主要内容和观点。接着，教师提供了一个详细的新闻报道分析模板，并要求学生根据模板进行个人分析和思考。这个活动不仅帮助学生提高阅读理解能力，还培养了他们的分析和思考能力。

第三个案例是关于一篇研究论文的阅读教学。在这个活动中，教师首先让学生阅读一篇研究论文，并要求学生在阅读后了解和掌握该研究论文的研究问题、研究方法和结论等。接着，教师提供了一个详细的研究论文分析模板，并要求学生根据模板进行个人分析和思考。这个活动不仅帮助学生提高阅读理解能力，还培养了他们的研究和思考能力。

第四个案例是关于一篇广告的阅读教学。在这个活动中，教师首先让学生阅读一篇广告，并要求学生在阅读后了解和掌握该广告的主要内容、受众和市场等相关信息。接着，教师提供了一个详细的广告分析模板，并要求学生根据模板进行个人分析和思考。这个活动不仅帮助学生提高阅读理解能力，还培养了他们的市场分析能力。

这些实用类文本阅读教学活动的典型案例，可以供教师借鉴参考。通过科学合理的教学设计和实践，可以有效地提高学生的阅读能力和实用技能。这对于培养学生的综合素质和未来的职业发展具有重要的意义。

第六节 高品质视域下的论述类文本阅读教学活动

一、论述类文本阅读教学活动的定义及其内涵

在当代教育观念中，阅读教学一直是语言教育的核心部分。而论述类文本阅读教学作为阅读教学的一种类型，也日益引起了广大教师

的关注。如何准确理解论述类文本阅读教学的定义及其内涵，已成为提升这类教学活动效果的关键。

1.论述类文本阅读教学的定义。论述类文本阅读教学是以论述类文本为主要材料，通过师生互动、生生互动，引导学生进行自主阅读、理解和评价的教学过程。在此过程中，学生需运用已掌握的语言知识和阅读策略，对文本进行解析、推理、评价和反思，以提升自身的阅读理解能力和批判性思维。

2.论述类文本阅读教学的内涵。第一，培养学生的阅读理解能力。论述类文本阅读教学的主要目标是培养学生的阅读理解能力。这包括对文本主旨、结构、论证方法、语言表达等多方面的理解。教师需要通过一系列教学活动，引导学生深入挖掘文本信息，理解作者的论点、论据以及论证过程，从而提升学生对这类文本的阅读理解能力。

第二，提升学生的批判性思维。论述类文本阅读教学不仅需要学生理解文本本身，还需要培养学生的批判性思维。在教学过程中，教师应鼓励学生对文本进行评价、质疑和思辨，引导学生发现问题、分析问题和解决问题，使学生能够在批判性思维中提升自己的阅读能力和创新素养。

第三，培养学生的阅读策略。在论述类文本阅读教学中，教师还需要培养学生的阅读策略。这包括预测、推断、猜测、概括、比较、分析等策略。通过这些策略的培养，学生能够更加熟练地处理复杂、抽象的论述类文本，进一步提高阅读效率和理解深度。

二、论述类文本阅读教学活动存在的问题

在当前的阅读教学活动中，论述类文本阅读教学存在一些问题，严重影响了学生的学习效果。以下是我们需要针对的问题。第一，教师在阅读教学中往往把文本割裂开来，缺乏整体把握。第二，学生在阅读论述类文本时，也存在着难以整体把握文本内容的问题。第三，教师对文本的解读过于狭隘，缺乏深入的剖析。第四，学生在阅读论

述类文本时，往往只停留在表面，难以深入挖掘文本内涵。以上问题的存在，不仅影响了学生对论述类文本的阅读兴趣，也制约了他们阅读能力的提高。

因此，我们需要采取有效的措施来解决这些问题。第一，教师需要在阅读教学中注重整体把握文本。这包括在讲解文本前先让学生通读全文，并引导他们从整体上理解文本的结构和主旨。同时，教师还可以通过组织课堂讨论等方式，引导学生深入思考文本内容。第二，学生需要提高自己的阅读能力和思维水平。这包括在阅读论述类文本时，注重整体把握文本内容，并积极思考文本中的问题。同时，学生还可以通过拓展自己的知识面和提高自己的文学素养等方式来增强自己的阅读能力和思维水平。第三，教师和学生需要共同努力，加强对文本的解读和剖析。这包括教师需要关注学生的思考能力和思维方式，并引导他们从多个角度来看待问题，学生本人可以从段落的理解上以及个性化的认知入手。对于学生觉得含混不清的地方，举具体的事例进行详细的阐释和研究，这样也便于促进批判性的思考以及检测学生的学习能力。

三、开展高品质的论述类文本阅读教学活动应注意的问题

要确保高品质的论述类文本阅读教学活动的顺利开展，需要注意以下几个问题。

第一，教师需要充分认识到论述类文本的特点和教学难点。论述类文本不同于叙事类文本，它通常以抽象的概念和逻辑推理为主要内容，这给学生的阅读理解带来了一定的难度。因此，教师需要针对这些难点设计有效的教学策略，帮助学生更好地理解和掌握论述类文本的阅读技巧。

第二，教师需要注重培养学生的阅读兴趣和阅读习惯。一些学生可能因为论述类文本的难度而对这类文本产生畏惧心理，进而影响他们的阅读兴趣和阅读效果。因此，教师需要关注学生的情感体验，通

过选择适合学生水平的文本、设计有趣的教学活动等方式，激发学生的阅读兴趣和阅读习惯，帮助他们建立自信心和学习动力。

第三，教师需要注重培养学生的自主学习能力。高品质的论述类文本阅读教学不仅仅是帮助学生提高阅读理解能力和写作能力，更重要的是培养学生的自主学习能力和终身学习的意识。因此，教师需要注重学生的主体地位，通过引导学生自主探究、小组合作等方式，培养学生的自主学习能力，帮助他们建立正确的学习观念和方法。

第四，教师需要注重与学生的沟通和反馈。在高品质的论述类文本阅读教学活动中，教师需要时刻关注学生的学习进展和情感需求，及时发现学生在阅读中遇到的问题和困难，并给予适当的指导和帮助。同时，教师还需要通过学生的反馈不断调整教学策略和方法，以更好地满足学生的学习需求和提高教学效果。

四、开展高品质的论述类文本阅读教学活动的基本教学方法

教学方法应符合学生的认知规律和实际需求，以提高学生的学习兴趣和能力为核心目标。以下是一些基本的教学方法，供参考。

1.重视阅读素养。阅读是获取信息、提高认知和发展的必备能力，阅读素养是开展论述类文本阅读教学活动的基础。因此，教学方法应注重培养学生的阅读素养，包括阅读习惯、阅读速度、阅读技巧、阅读理解和分析能力等。同时要积极发掘学生对于不同类型文本的兴趣，通过个性化指导培养他们的独立思考能力。

2.注重文本解读。论述类文本是一种较为复杂的文本类型，需要学生具备一定的认知能力和理解能力。因此，教学方法应注重文本解读，通过多种形式的解读来帮助学生理解文本的深层含义和作者的意图。具体来说，可以采取以下几种方式。

第一，合作探究：学生分组合作，通过讨论和探究的方式自主探究文本意义和作者的意图，并展开深入讨论，互相学习、共同进步。第二，课堂互动：在课堂上进行师生互动、生生互动等多种形式的互动，引导学生主动思考、发表观点并开展讨论，创造良好的课堂氛围。第三，教师精讲：教师应在学生理解能力的基础上对重点内容进行深入浅出、简单明了的讲解，同时针对不同类型的文本特点采用不同的教学方式。

3.注重实践应用。论述类文本阅读是一种实践应用性较强的能力，因此教学方法应注重实践应用。具体来说，可以采取以下几种方式。

第一，课堂练习：在课堂上进行有针对性的练习，引导学生将所学知识应用到实践中去，加强学生对于知识点的理解和掌握。第二，写作实践：写作是检验学生对于知识掌握程度和应用能力的重要手段。因此，可以引导学生进行写作实践，通过写作来检验自己的学习成果并提高自己的表达能力。第三，阅读比赛：定期开展班级、年级甚至全校性的阅读比赛，激发同学们的阅读兴趣和动力，促进全校范围内良好阅读风气的形成。

五、高品质的论述类文本阅读教学活动案例

在语文教育中，论述类文本阅读教学是一种非常重要的教学类型。通过开展高品质的论述类文本阅读教学活动，可以提高学生的阅读理解能力、逻辑思维能力、分析能力、批判性思维等多方面能力。下面列举多个典型教学案例。

案例一：比较阅读法

比较阅读法是一种通过对不同文本的比较分析，发现文本之间异同和特点的方法。在论述类文本阅读教学中，教师可以选取两篇或两篇以上的文本进行比较阅读，引导学生发现它们之间的异同和特点。例如，教师可以选取《中国教育报》和《人民日报》的两篇评论文章进行比较阅读，引导学生比较它们的论点、论据、论证方法等方面的异同和特点。通过比较阅读，学生可以更好地理解不同文本的特点和价值，同时提高自己的阅读理解能力和批判性思维能力。

案例二：小组合作探究

小组合作探究是一种通过团队合作解决问题的方法。在论述类文本阅读教学中，教师可以引导学生进行小组合作探究，让学生组成小组，选取一个主题进行深入研究，并通过讨论和交流形成自己的观点和看法。例如，教师可以引导学生组成小组，选取一个社会热点问题进行深入研究，并通过讨论和交流形成自己的观点和看法。同时，教师还可以引导学生搜集相关的资料、数据等信息，帮助学生在探究中更深入地理解文本主题和内容。通过小组合作探究，不仅可以提高学生的团队合作能力和沟通能力，同时还可以提高学生对文本的理解和分析能力。

案例三：多元化评价

多元化评价是一种采用多种评价方式对学生的学习成果进行全面评价的方法。在论述类文本阅读教学中，教师可以通过多元化评价方式对学生的阅读成果进行全面评价。例如，教师可以采用学生自评、互评、教师评价等多种评价方式进行评价。同时，教师还可以将学生的课堂表现、作业完成情况、考试成绩等多方面因素综合起来进行评价。通过多元化评价方式，不仅可以更加全面地评价学生的阅读成果，同时还可以引导学生更加注重自己的全面发展。

案例四：情景模拟法

情景模拟法是一种通过模拟真实情景，帮助学生更好地理解和应用所学知识的方法。在论述类文本阅读教学中，教师可以采用情景模拟法进行教学。例如，教师可以引导学生模拟文本中的情景，帮助学生更好地理解文本中所涉及的人物、事件、情感等方面的内容。同时，教师还可以引导学生模拟文本中的论点辩论场景，让学生通过扮演不同的角色，深入理解文本中的论点和论据，并提高学生的论辩能力和语言表达能力。

案例五：思维导图法

思维导图法是一种通过图形化的方式将知识体系进行可视化呈现

的方法。在论述类文本阅读教学中,教师可以采用思维导图法进行教学。例如,教师可以引导学生制作思维导图,将文本中的论点、论据、论证方法等方面的内容进行图形化的呈现。通过思维导图法,不仅可以帮助学生更好地理解文本的整体结构和逻辑关系,同时还可以引导学生深入思考文本的内在联系和结构特点等方面的内容。

总之,以上这些典型教学案例都是非常有效的教学方法。通过灵活运用这些教学方法,教师可以帮助学生更好地理解和掌握论述类文本的阅读技巧和写作方法,同时还可以提高学生的批判性思维能力和语言表达能力等多方面能力。

第七节 高品质视域下的文言文阅读教学活动

一、文言文阅读教学活动的定义及能力目标

文言文,作为我国古代的一种书面语言,承载了丰富的历史文化底蕴。它不仅是文学的瑰宝,也是我们理解古代社会、政治、经济、文化等方面的重要媒介。因此,文言文阅读教学活动的开展,不仅有助于学生了解和掌握文言文知识,更是培养他们文化素养的重要途径。

文言文阅读教学活动可定义为:在语文教学过程中,通过阅读和理解文言文作品来提高学生的语文素养和传统文化素养的一种教学活动。

在语文教学中,文言文作品是重要的教学内容之一。文言文作为古代汉语的载体,其独特的语言风格和表达方式不仅代表着古代文化的精髓,也是中华文化的重要组成部分。因此,通过阅读和理解文言文作品,可以帮助学生更好地了解和掌握古代汉语的特点和表达方式,提高其语文素养。

同时,文言文作品中所蕴含的传统文化思想和精神内涵也是非常宝贵的财富。通过阅读文言文作品,学生可以了解古代的哲学、道德、

历史、文学等方面的知识，从而更好地传承和发扬中华传统文化，提高其传统文化素养。

为了达到更好的教学效果，教师需要在文言文阅读教学活动中运用多种方法和技巧。比如，可以通过对比分析、情景模拟、角色扮演等方式，帮助学生更好地理解和掌握文言文作品中的语言风格和表达方式。同时，也可以通过引导学生探究作品中的思想内涵和文化背景，培养其思维能力和文化素养。

总之，文言文阅读教学活动是提高学生语文素养和传统文化素养的重要途径，需要在语文教学过程中得到足够的重视和支持。

文言文教学活动的主要目标是通过学习文言文知识，提高学生的文化素养和语言表达能力。具体来说，它包括以下几个方面的目标。

1.知识目标：帮助学生掌握文言文的词汇、语法、修辞等语言知识，提高他们的语言表达能力。

2.能力目标：通过学习文言文作品，培养学生的阅读理解能力、分析能力、鉴赏能力和写作能力。

3.情感目标：通过学习文言文作品，提高学生的文化素养和人文素养，培养他们的文化自信和民族自豪感。

4.社会目标：通过学习文言文作品，帮助学生了解和认识古代社会、政治、经济、文化等方面的情况，增强他们的社会责任感和历史使命感。

文言文阅读教学活动的定义及内涵是一个复杂而重要的课题。它不仅涉及语言知识的学习和掌握，更涉及文化素养的培养和提高。因此，我们应该重视文言文教学活动的开展，帮助学生更好地理解和掌握文言文知识，提高他们的文化素养和语言表达能力。

二、文言文阅读教学活动的现状

文言文阅读教学在当今语文教学中占据着重要的地位。在提高学生阅读理解能力、传承中华优秀传统文化以及提高学生语文素养等方面，文言文阅读教学的作用不容忽视。然而，目前文言文阅读教学活动的现状却并不乐观，存在诸多问题，亟待解决。

首先，从学生角度来看，大部分学生对文言文感到头疼，觉得文言文拗口难懂，缺乏兴趣。同时，学生文言文基础薄弱，对文言文中的语法、词汇等知识掌握不够扎实，导致阅读理解能力受限。

其次，从教师角度考虑，教师在进行文言文阅读教学时，往往陷入固定思维模式，过分强调知识点的传授而忽略了学生的兴趣和实际需求。此外，教学方法单一，缺乏趣味性，无法激起学生的学习兴趣和热情。

再次，教材方面也存在一些问题。目前，语文教材中的文言文篇目较多，但缺乏系统性和连贯性，导致学生在学习过程中感到杂乱无章。此外，教材内容与考试要求之间存在脱节现象，无法有效地提高学生文言文阅读应试能力。

针对以上问题，我们建议从以下几个方面着手改善文言文阅读教学活动的现状。

1.激发学生学习兴趣。教师可以通过引入趣味性的文言文素材、开展小组合作探究学习等方式，营造轻松愉快的课堂氛围，引导学生发现文言文的魅力并积极参与到阅读学习中。

2.提高教师教学能力。教师应不断充实自己的专业知识，掌握多种教学方法和手段，注重从学生实际出发，灵活调整教学策略，以帮助学生更好地理解和掌握文言文知识。

3.完善教材编排。教材编写应注重系统性、连贯性以及与考试要求的匹配度，让学生在学习过程中形成完整的知识体系。同时，增加与现实生活相关的篇目和注释，提高学生阅读兴趣和应试能力。

三、开展高品质视域下文言文阅读教学活动的基本教学方法

开展高品质视域下文言文阅读教学活动的基本教学方法主要从以下几个方面入手。

第一，教学内容要精选。在选择文言文阅读材料时，要注重文质兼美、具有文化内涵和代表性的作品。同时，要根据学生的年龄段和认知水平，逐步增加阅读的难度和深度，让学生逐渐掌握文言文的语法、词汇和修辞手法。

第二，教学环节要优化。在文言文阅读教学中，要注重学生的朗读和默读，加强语感的培养。同时，要通过讲解、分析、讨论等形式，帮助学生深入理解文本内涵和作者的思想感情。此外，还可以采用多媒体等辅助手段，让学生更加直观地感受文言文的魅力。

第三，教学评价要科学。对于学生的文言文阅读学习效果的评价，要采用多元化的评价方法，不仅注重知识技能的考查，还要注重学习过程的评估。同时，在评价过程中，要充分发挥学生的主体性作用，引导学生自我评价、互相评价，增强他们的学习动力和自信心。

第四，教师素质要提高。开展高品质视域下的文言文阅读教学，对教师的要求非常高。教师不仅要具备扎实的语文素养和文言文基础知识，还要具备较高的文化素养和教育教学能力。因此，教师要不断学习和提升自己的专业素养，以更好地引导学生进行文言文阅读学习。

四、开展高品质视域下文言文阅读教学活动对教材的要求

在高品质视域下，文言文阅读教学活动的开展对教材的要求主要包括以下几个方面。

第一，教材应该具备系统性和科学性。文言文阅读需要掌握的知识点非常多，包括词汇、语法、修辞、历史文化背景等。因此，教材应该将这些知识点进行科学合理的编排，形成一个完整的体系，以便于学生系统地掌握知识。此外，教材应该注重难度的递进，根据学生的实际情况进行合理的安排，以便于学生逐步提高阅读能力和理解能力。

第二，教材应该注重实用性和可操作性。文言文离现代生活较远，学生在学习过程中可能会感到比较抽象。因此，教材应该尽可能选择贴近学生生活实际的文言文篇目，并通过注释、翻译、讲解等多种方式帮助学生理解文言文的意思和应用场景。此外，教材应该注重实践性和可操作性，通过各种形式的练习和活动，让学生在实际操作中掌握所学知识，达到学以致用的效果。

第三，教材应该注重文化性和思想性。文言文是中华文化的重要组成部分，具有深刻的思想内涵和文化底蕴。因此，教材应该选择具有代表性和典型性的文言文篇目，引导学生领略文言文的优美和深刻，并从中汲取中华文化的精髓和智慧。此外，教材应该注重培养学生的文化自信和思想深度，通过引导学生对文言文内涵的深入探究，提高学生的文化素养和思想水平。

第四，教材应该注重创新性和探索性。文言文阅读教学不应该只停留在传统的读本和注释上，而应该积极探索新的教学方法和手段。因此，教材应该注重创新性和探索性，引入多种不同的教学资源和素材，如多媒体、网络资源等，引导学生自主探究和学习。此外，教材应该注重培养学生的创新思维和探索精神，通过设计有趣的问题和活动，鼓励学生积极思考和发现问题，培养创新能力和探索精神。

五、开展高品质视域下文言文阅读教学活动对教师的要求

在高品质视域下进行文言文阅读教学，对教师的要求是多方面的。

第一，教师需要具备深厚的语文素养和广博的知识储备。文言文阅读涉及古代文化、历史、文学等多个领域，因此教师需要拥有广泛的知识背景和深入的专业知识。同时，教师还需要具备出色的课堂组织能力和教学技能，能够灵活运用各种教学方法和手段，引导学生逐步提高文言文阅读能力和思维水平。

第二，教师需要具备较高的文言文解读能力。文言文阅读教学的核心是文本解读，因此教师需要具备较高的古文水平和文化素养。不仅要能够正确理解文言文的字词含义和语法结构，还要能够深入挖掘文本的文化内涵和思想价值。同时，教师还需要具备较强的文言文写作能力,能够熟练地进行文言文的表达和运用。

第三,教师还需要注重学生的个体差异和多元化需求。文言文阅读教学应该面向全体学生,关注每个学生的不同需求和特点。教师需要关注学生的阅读兴趣和阅读能力,根据学生的实际情况进行分类指导和分层教学。同时,教师还需要尊重学生的个性化解读和创新思维,鼓励学生提出自己的见解和质疑,引导学生在文言文阅读中实现自我提升和独立思考。

第四,教师需要不断更新教育观念和教学理念。随着时代的发展和社会的进步,文言文阅读教学的要求也在不断变化和提高。教师需要关注教育改革的动态和学科发展的前沿,不断学习和掌握新的教育理念和教学方法,以适应时代的需求和学科发展的需要。同时,教师还需要积极参与教学研究和学术交流活动,不断提高自己的学术水平和专业素养,为文言文阅读教学提供更优质的服务和支持。

六、高品质视域下文言文阅读教学活动案例

在当前的语文教学领域,文言文阅读教学一直是难点和重点。如何开展高品质的文言文阅读教学,提高学生的阅读理解能力和文化素养,是许多教师所面临的挑战。下面通过多个典型教学案例,阐述如何开展高品质视域下的文言文阅读教学。

案例一:注重诵读,培养语感。在文言文阅读教学中,诵读是至关重要的。教师可以选择一些经典的文言文篇章,如《岳阳楼记》《滕王阁序》等,通过多种形式的诵读,如个人朗读、小组诵读、全班齐读等,培养学生的语感。同时,教师还可以引导学生通过对比不同版本的文言文,如中华书局版、人教版等,让学生感受到不同版本的异同之处,加深对文言文的理解。

案例二:文化背景讲解,加深理解。在文言文阅读教学中,文化背景的讲解是必不可少的。例如,教师在讲授《论语》时,可以适当地穿插当时的文化背景,如孔子的思想、当时社会的礼制等。这些背景知识的介绍，可以帮助学生更好地理解文言文中的思想内涵和价值观念。

案例三：批判性思维的培养。在文言文阅读教学中，教师可以通过设计问题的方式引导学生进行深入的思考。例如，教师可以问学生："这个文言文片段中作者表达了哪些思想观点？""这个文言文片段中的语言表达有哪些特点？"这些问题可以引导学生进行深入的思考和解读，培养他们的批判性思维能力。

案例四：创新评价方式。传统的文言文阅读教学评价方式单一，以考试为主。教师可以尝试采用其他评价方式，如写读书笔记、开展小组讨论等等。这些评价方式可以更加全面地了解学生的学习情况，同时也可以促进学生的参与度和积极性。

通过以上四个典型教学案例的介绍，我们可以看到，开展高品质视域下的文言文阅读教学需要教师注重诵读、讲解文化背景、培养学生的批判性思维和创新评价方式等多种方法的运用。这些方法不仅有利于提高学生的阅读理解能力和文化素养，同时也可以让学生更好地感受到中华文化的博大精深，为未来的学习和生活打下坚实的基础。

第九章 高品质语文写作活动（一）

第一节 语文写作活动

一、语文写作活动的概念

语文写作活动是指通过书面语言进行表达和交流的一种综合性、创造性的学习活动。它包括对语言文字的运用、构思和表达，以及在写作过程中所涉及的各种认知、情感和社会交往方面的因素。

从语文学习的角度来看，写作是一种重要的输出形式，是学生对语言文字的理解和运用能力的综合体现。通过写作，学生可以巩固所学的知识、拓展思维、提高语言表达能力和促进个性化发展。同时，写作也是一种重要的社会交流工具，它能够传递信息、表达情感和建立联系。

语文写作活动具有以下特点。

1.综合性：写作涉及语言文字的各个方面，包括字、词、句、段、篇和语法、修辞等，需要综合运用各种知识储备和技能才能完成一篇高质量的作文。

2.创造性：写作是一种具有创造性的学习活动，它不仅要求学生掌握基本的语言文字运用能力，还需要培养学生的想象力和创造力，鼓励学生表达自己的独特见解和感受。

3.个性化：写作是一种个性化的表达方式，不同的学生会有不同的写作风格和特点。在写作过程中，学生需要挖掘自己的内在感受和思考，将自己的个性和独特性展现出来。

4.社会交往性：写作作为一种社会交流工具，可以帮助学生建立与他人之间的联系和沟通。写作可以成为学生与外界交流的桥梁，让学生更好地融入社会，促进学生的社会化发展。

二、世界历史上的语文写作活动

自古以来，语文写作一直是人类文明的重要组成部分。从最早的口头语言到现在的书面语言，语文写作活动贯穿了人类历史的长河。

1.古代语文写作活动。在古代，语文写作活动主要围绕着书写技术和文学作品展开。最早的书写技术源于公元前3000年的古埃及，他们使用纸莎草制成莎草纸，用于记录重要文件和文学作品。在古代美索不达米亚，人们使用黏土板或刻有文字的黏土块进行书写。而在古印度，人们使用的是一块块被称为"贝叶"的植物叶片，作为书写材料。文学作品方面，古代世界出现了许多著名的史诗和文学作品，如《吉尔伽美什史诗》《伊利亚特》和《奥德赛》等。这些作品不仅反映了当时的社会生活和价值观，也为后来的文学创作提供了宝贵的素材。

2.中世纪语文写作活动。中世纪是语文写作活动的一个重要时期。随着印刷术的发明，书籍开始大量印刷和流通，为文学作品的出现提供了广阔的平台。这一时期的文学作品以宗教和神秘主义为主，如但丁的《神曲》、薄伽丘的《十日谈》等。此外，中世纪的骑士传奇、英雄史诗和民间故事也为后世文学创作提供了丰富的素材。

3.现代语文写作活动。进入现代社会后，语文写作活动呈现出多元化和个性化的特点。随着科技的发展，新的书写技术和媒介不断涌现，如打字机、电脑、互联网等。这些新技术使得写作变得更加便捷和高效，同时也为创作者提供了更多元化的表达方式。

三、中国历史上的语文写作活动

语文写作是人类文明的重要组成部分，它不仅记录了人类的历史和文化，也反映了人类的思维、情感和价值观。在中国历史上，语文写作活动有着悠久的历史和丰富的文化内涵，它是中国传统文化的重要组成部分。

1.中国语文写作的起源。中国语文写作的起源可以追溯到古代的甲骨文和金文，这些文字是古代人类记录历史、传承文化的重要手段。在春秋战国时期，随着书面语言的普及和文学的发展，语文写作活动也逐渐兴起。当时的文人墨客开始用文字记录自己的思想和情感，形成了早期的散文和诗歌。

2.中国语文写作的发展。在秦汉时期，语文写作活动得到了进一步的发展。当时的文人开始注重文学的技巧和形式，形成了以五言诗和汉赋为代表的文学形式。在魏晋南北朝时期，文学开始走向多元化，出现了山水田园诗、边塞诗、宫体诗等多种文学流派。同时，笔记小说和文学理论也得到了进一步的发展，出现了以《世说新语》和《文心雕龙》为代表的文学著作。

3.中国语文写作的演变。在唐宋时期，语文写作活动达到了巅峰。诗歌成为文学的主流形式，出现以李白、杜甫、白居易为代表的著名诗人。散文也得到了进一步的发展，出现以韩愈、柳宗元为代表的古文运动领袖，推动了散文的发展和普及。同时，戏曲和小说也开始崭露头角，出现以《西厢记》和《水浒传》为代表的巨著。

4.中国语文写作的现状。在现代，语文写作活动仍然具有重要的文化意义和社会价值。尽管文学的形式和风格已经发生了巨大的变化，但语文写作仍然是人类表达思想、传递情感的重要手段。现代的语文写作活动涵盖诗歌、散文、小说、戏剧等多种文学形式，反映当代社会的文化特征和人们的价值观念。同时，网络文学也逐渐兴起，成为当代语文写作的一个重要分支。

中国历史上的语文写作活动是一个丰富多彩、博大精深的领域。它不仅是中华文明的重要遗产，也是我们理解和传承中华文化的重要途径。我们应该珍视这个宝贵的文化遗产，学习先辈们的写作技巧和精神风貌，为推动中国文化的繁荣和发展做出自己的贡献。

四、语文写作活动的表现形式

语文写作活动，作为一种人类文明的重要载体，其表现形式丰富多样。从历史的角度来看，语文写作活动的发展经历了从口头语言到书面语言的转变。随着时代的变迁，语文写作活动的表现形式也在不断地演变和丰富。

1.诗歌。诗歌是语文写作活动中最早的表现形式之一。它是一种高度凝练、富有节奏和韵律的文学形式，通过形象、生动的语言来表达情感和思想。从《诗经》到唐诗宋词，诗歌一直是语文写作活动中的重要形式。现代诗歌的创作也一直在发展，涌现出了许多优秀的诗人和作品。

2.散文。散文是一种自由、灵活、富有个人风格的文学形式。相对于诗歌而言，散文更加注重叙事和描写，通过描述和议论来表达思想感情。散文的代表作品包括《史记》《桃花源记》《岳阳楼记》等。现代散文的创作也一直在发展，涌现出了许多优秀的作家和作品。

3.小说。小说是一种以叙事为主、富有虚构性的文学形式。它通过刻画人物形象、叙述故事情节来反映社会现实和人性。小说的代表作品包括《红楼梦》《西游记》《水浒传》等。现代小说的创作也一直在发展，涌现出了许多优秀的作家和作品。

4.戏剧。戏剧是一种以表演为主、富有戏剧性的文学形式。它通过演员的表演来展示故事情节和人物形象，通过舞台布景、灯光等手段来营造氛围。戏剧的代表作品包括《罗密欧与朱丽叶》《哈姆雷特》《李尔王》等。

5.影视文学。影视文学是一种将文学作品改编为影视作品的文学形式。它将文学作品中的故事情节、人物形象、台词等转化为影像语言，通过镜头、音效等手段来营造氛围。影视文学的代表作品包括《霸王别姬》《阳光灿烂的日子》《拯救大兵瑞恩》等。

6..网络文学。网络文学，是指由网民在电脑上创作、通过互联网发表、供网络用户欣赏或参与的新型文学样式，它是伴随现代计算机特别是数字化网络技术发展而来的一种新的文学形态。网络文学随着现代电子媒介的出现而形成，在载体、传播方式、写作方式上改变了传统的写作模式，具有写作上的互动性、意识与语言的创新型和内容的日常性等特点。

五、开展语文写作活动的一般要求

语文写作活动是提高学生语言表达能力、培养学生人文素养的重要途径。在开展语文写作活动时，一般要求如下。

1.要明确写作活动的目的和意义。语文写作活动的目的不仅是提高学生的写作水平，更重要的是培养学生的语言表达能力和思维深度。因此，在开展写作活动前，应该让学生明确写作的意义和目的，从而激发他们的写作兴趣和热情。

2.要注重写作素材的积累。写作需要大量的素材，学生需要在日常生活中多观察、多思考、多积累。只有拥有丰富的素材积累，才能在写作时有话可说、有事可写。因此，教师应该引导学生养成阅读的习惯，同时鼓励他们在日常生活中多观察、多思考、多记录。

3.要注重写作技巧的训练。写作需要掌握一定的技巧，如语言表达技巧、文章结构技巧、修辞手法运用技巧等。因此，在开展写作活动时，教师应该注重写作技巧的训练，让学生掌握基本的写作技能，从而提高写作水平和作品质量。

4.要注重写作过程中的指导。在写作过程中，学生需要教师的指导和帮助。教师应该给予学生必要的指导和启发，帮助他们拓展思路、组织语言、安排结构等。同时，教师还应该及时发现和纠正学生在写作过程中出现的问题和错误，帮助他们提高写作水平。

5.要注重写作成果的评价和反馈。写作成果的评价和反馈是写作活动的重要环节之一。教师应该制定科学合理的评价标准，对学生的作品进行评价和反馈。同时，教师应该鼓励学生多互相评价、互相学习，从而提高学生的写作水平和人文素养。

第二节 高品质语文写作活动

一、中小学语文写作活动的现状

中小学语文写作教学是语文教学的重要组成部分，也是学生掌握语文知识、提高语言表达能力的重要途径。然而，当前中小学语文写作教学存在一些问题，严重影响了教学质量和学生的写作水平。

第一，写作教学过于模式化。许多教师在进行写作教学时，往往只注重传授写作技巧，而忽略了引导学生观察生活、思考问题和表达情感等方面。这导致学生的作文往往缺乏个性和创意，千篇一律、毫无新意。

第二，学生的写作素材积累不足。由于学生缺乏对生活的观察和思考，再加上阅读量不足，导致学生在写作时往往感到无话可说、无例可举。这也使得学生的作文往往缺乏生动的细节和丰富的内容，缺乏深度和广度。

第三，写作教学评价方式单一。传统的写作评价方式往往只注重学生作文的文字表达和结构安排等方面，而忽略了对学生思考问题、解决问题能力的评价。这不仅会打击学生的写作积极性，还会影响学生综合素质的发展。

二、高品质语文写作活动的概念

高品质语文写作活动，是指学生在教师的指导下，以严谨的学术态度和高质量的写作标准，运用规范的现代汉语进行思想表达和情感沟通的过程。这一过程不仅需要学生具备一定的语言文字运用能力，还需掌握各种写作技巧和方法，以及对社会生活和文学作品的深刻理解和感悟。

在这种高品质语文写作活动中，教师和学生都应该树立正确的写作观念，即写作不是单纯的文字表达，而是对生活、文化和思想的深刻理解和感悟。教师应该注重培养学生的写作兴趣和写作能力，通过引导学生观察生活、阅读文学作品、写作实践等方式，提高学生的写作水平。

在具体的写作过程中，学生应该注重写作的规范性和创新性。规范性是指写作中要使用规范的现代汉语，遵循语法和修辞规范，保证文章的可读性和可理解性；创新性则指写作中要勇于尝试新的表现手法和表达方式，发挥个人特色和想象力，使文章具有独特的个性和风格。

此外，高品质语文写作活动还应该注重写作的真实性和情感性。真实性是指写作应该基于真实的生活和事实，避免虚构和夸大；情感性则指写作应该表达作者的真实情感和思想，体现文章的人文性和关怀性。

三、高品质语文写作活动应具备的特征

语文写作活动是语文教学的重要组成部分，它不仅可以帮助学生提高语言表达能力，还可以培养学生的思维能力和创造力。高品质语文写作活动应该具备哪些特征呢？下面从以下几个方面进行探讨。

1.目标明确。语文写作活动的目标应该是明确的，即通过写作提高学生的语文素养和综合能力。在制定教学目标时，教师应该考虑到学生的实际情况和需求，制定出具体、可操作、可衡量的目标。例如，教师可以要求学生写一篇关于某个主题的文章，让学生通过写作来表达自己的观点和思考。

2.内容有趣。语文写作活动的素材应该是有趣的，能够引起学生的兴趣和好奇心。在选择素材时，教师应该考虑到学生的年龄、认知水平、兴趣爱好等因素，选择与学生生活息息相关、具有趣味性的素材。例如，教师可以选取一些有趣的故事、诗歌、散文等作为写作素材，让学生通过写作来感受文学的魅力。

3.过程互动。语文写作活动的过程应该是互动的，能够促进学生

的交流和合作。在写作过程中，教师应该鼓励学生相互交流、相互启发、相互借鉴，让学生通过合作来共同完成写作任务。例如，教师可以组织小组讨论、头脑风暴等活动，让学生相互交流、相互倾听、相互理解，从而提高学生的思维能力和沟通能力。

4.评价多元。语文写作活动的评价应该是多元的，能够促进学生的反思和改进。在评价过程中，教师应该考虑到学生的个体差异和进步情况，采用多种评价方式，如教师评价、学生自评、学生互评等，让学生通过评价来发现自己的不足和优势，从而提高学生的自我认知和自我改进能力。

5.结果有效。语文写作活动的成果应该是有效的，能够提高学生的语文素养和综合能力。在评价过程中，教师应该注重学生的实际应用能力和创新思维能力的培养和提高。

四、高品质写作教学活动对教师的要求

语文写作教学是语文教学的重要组成部分，对于提高学生的语言表达能力、思维能力和创造力具有重要的作用。高品质语文写作教学需要教师具备更高的素质和能力，以满足学生发展的需要。下面将从教师的基本素质、教学能力和教学方法三个方面，探讨教师在语文写作教学活动中的要求。

1.教师的基本素质。高品质语文写作教学需要教师具备较高的基本素质，包括思想素质、文化素质和心理素质等。首先，教师需要有正确的思想导向，能够引导学生树立正确的世界观、人生观和价值观。其次，教师需要具备较深的文化素养，包括文学、历史、哲学、艺术等多个领域的知识，能够帮助学生拓宽视野、提高综合素质。最后，教师还需要具备较好的心理素质，能够应对各种教学情境和压力，保持积极的心态和良好的情绪状态。

2.教师的教学能力。高品质语文写作教学活动需要教师具备较高的教学能力，包括教学设计能力、教学实施能力和教学评价能力等。

首先，教师需要具备科学合理的教学设计能力，能够根据学生的实际情况和教学目标，制定合理的教学计划和教学方案。其次，教师需要具备灵活有效的教学实施能力，能够根据实际情况调整教学策略和方法，提高教学效果。最后，教师还需要具备科学合理的教学评价能力，能够根据教学目标和评价标准，对学生的写作成果进行科学合理的评价。

3.教师的教学方法。高品质语文写作教学活动需要教师具备科学合理的教学方法，包括启发式教学、探究式教学和实践式教学等。首先，教师需要采用启发式教学，通过引导和启发学生思考，激发学生的学习兴趣和创造力。其次，教师需要采用探究式教学，通过问题引导和任务驱动，培养学生的探究能力和创新精神。最后，教师还需要采用实践式教学，通过实践活动和案例分析，提高学生的实践能力和应用能力。

4.教师的职业素养。高品质语文写作教学需要教师具备较高的职业素养，包括职业道德素养、职业形象素养和职业发展素养等。首先，教师需要有较高的职业道德素养，能够遵守教育法律法规和教育伦理规范，树立良好的教育形象和教育信誉。其次，教师需要具备较好的职业形象素养，能够保持良好的职业形象和职业礼仪，树立良好的教育形象和教育信誉。最后，教师还需要具备较好的职业发展素养，能够不断学习和提高自己的专业水平，适应教育改革和教育发展的需要。

五、开展高品质语文写作活动对教师专业成长的意义

开展高品质语文写作活动对教师专业成长具有深远的意义。这种意义不仅体现在教师自身写作技能的提升上，更表现在教师教育理念的转变、教学方法的改革以及个人素养的提高等多个层面。

第一，高品质语文写作活动能帮助教师提升自身的写作技能。写作是一种综合性、创造性的活动，需要教师具备深厚的语文素养和专业知识。通过参与高品质写作活动，教师可以不断锤炼自己的写作能力，提高文章的逻辑性、条理性、表现力以及文采等方面，使自己的写作水平得到更高的提升。

第二，高品质语文写作活动可以推动教师教育理念的转变。在传统的教育观念中，教师往往只是知识的传授者，而忽视了自己作为学习者的角色。然而，在参与高品质写作活动过程中，教师需要转变这一观念，将自己视为一个主动的学习者，不断汲取新的知识、尝试新的方法，同时与学生共同探索、共同进步。这种教育理念的转变将有助于提高教师的教育教学水平。

第三，高品质语文写作活动对教学方法的改革具有积极的推动作用。为了适应新的教育理念和目标，教师需要不断尝试新的教学方法，提高教学效果。通过参与高品质写作活动，教师可以不断反思自己的教学方法，发现其中的不足之处并加以改进例。如，教师可以采用项目式教学法、案例分析法等先进的教学方式，以提高学生的写作兴趣和能力。

第四，高品质语文写作活动有助于提高教师的个人素养。在参与活动的过程中，教师需要不断学习新知识、新技能，提高自己的文化素养和综合素质。这种个人素养的提高不仅有助于教师更好地履行教育教学职责，还能为教师的个人成长和发展打下坚实的基础。

六、开展高品质语文写作活动对学生个体生命成长的意义

语文写作是语文教育的重要组成部分，它不仅可以提高学生的语言表达能力，还可以促进学生的个体生命成长。下面从学生个体生命成长的角度出发，探讨高品质语文写作活动对学生成长的意义。

1.高品质语文写作活动对学生的认知能力有积极影响。语文写作不仅仅是文字的堆砌，更是对思想、情感和认知的表达。在高品质语文写作活动中，学生需要深入思考、分析和归纳，将自己的观点表达出来。这种思考过程有助于提高学生的认知能力，帮助他们更好地理解世界。

2.高品质语文写作活动可以促进学生的情感发展。语文写作不仅是文字的表达,更是情感的流露。在高品质语文写作活动中,学生需要表达自己的情感,体验文字带来的情感共鸣。这种情感交流有助于培养学生的情感认知和情感表达能力,帮助他们更好地理解和体验人生。

3.高品质语文写作活动可以培养学生的创造力和创新精神。语文写作不仅是文字的表达,更是创造的源泉。在高品质语文写作活动中,学生需要发挥自己的创造力和想象力,创作出有意义的作品。这种创造过程有助于培养学生的创造力和创新精神,帮助他们更好地应对未来的挑战。

七、高品质语文写作活动案例

案例一:阅读经典文学作品

文学作品是语文学习的重要资源之一,通过阅读经典文学作品,可以提高学生的文学素养和写作水平。在选择作品时,应该注重选择具有代表性和普遍性的作品,引导学生深入阅读和领悟。同时,还应该根据学生的实际情况和兴趣爱好,选择适合他们的文学作品,让他们在阅读中获得更多的启示和思考。

案例二:写作技巧训练

写作技巧是写作的关键因素之一,通过写作技巧训练,可以提高学生的写作能力和水平。在训练中,应该注重实用性和可操作性,让学生掌握各种写作技巧,如表达方式、结构安排、修辞手法等。同时,还应该引导学生将所学知识应用到实际的写作中去,让他们在实践中不断积累经验和提高写作水平。

案例三:写作实践

写作实践是提高学生写作能力的关键途径之一。通过写作实践,可以让学生深入了解自己的写作水平和存在的问题,从而有针对性地进行改进和提高。在实践中,应该注重命题的针对性和开放性,让学生能够从多个角度入手进行思考和表达。同时，还应该及时给予学生反馈和建议，帮助他们不断改进自己的写作能力和水平。

案例四：小组合作写作

小组合作写作是一种富有创意和实效的写作活动形式。通过小组合作，可以让学生互相学习、互相帮助、互相启发，从而共同提高写作能力和水平。在合作中，应该注重学生的参与性和合作性，让他们能够充分发挥自己的优势和特长。同时，还应该及时给予学生评价和反馈，帮助他们不断完善自己的写作能力和水平。

案例五：作文评比和展示

作文评比和展示是一种激励学生提高写作能力的有效方式之一。通过评比和展示，可以让学生互相学习和交流，发现自己的不足之处并加以改进。在评比中，应该注重公正性和激励性，让学生能够真正信服评价结果并加以改进。同时，还应该将优秀作品进行展示和推广，让更多的学生得到学习和借鉴的机会。

案例六：课外写作活动

课外写作活动是一种辅助性的写作教学活动形式。通过开展各种形式的课外写作活动，如征文比赛，可以增强学生的写作兴趣和动力，拓展他们的视野和思维方式。同时，还可以培养学生的想象力和创造力，让他们能够在更广阔的天地里得到锻炼和提高的机会。

第十章　高品质语文写作活动（二）

第一节　高品质小说写作教学活动

一、当前小说写作教学活动的现状

当前小说写作教学活动的现状呈现出多样化、创新化和持续化的特点。随着全球文化交流的加深，越来越多的作家和教育者开始重视小说这一文学形式，并积极推动其在教学活动中的发展。

在教学活动方面，小说写作通常采用多种方法和技巧。这些方法不仅包括传统的写作手法，如描写、对话、叙述等，还融入了现代科技手段，如数字写作、多媒体展示等。同时，教师们还积极探索新的教学方式，例如小组讨论、角色扮演、实地采风等，以帮助学生更好地理解和运用小说这一文学形式。

另外，小说的创新性也在不断发展。从内容主题上来看，现代小说更加关注多元化和包容性，从不同的角度探讨文化、社会、人性等议题。在形式技巧上，现代小说也呈现出更多的创新，例如跨媒体叙事、拼贴画小说、互动小说等。这些创新不仅丰富了小说的表现形式，也为学生提供了更广阔的创作空间。

同时，小说写作教学活动还具有持续化的特点。小说是一种经典的文学形式，其价值不仅在于娱乐和审美，更在于它的教育意义和文化传承。因此，小说写作教学活动不仅需要培养学生的文学素养和写作能力，更需要传递文化价值观念和人文精神。这种持续化的教学活动不仅能够提高学生们的综合素质，也有助于推动文学的发展和文化传承。

二、当前小说写作教学活动存在的问题

在当前的小说写作教学活动中，存在着一些问题。这些问题不仅影响了教学效果，也制约了学生们的小说创作能力的提升。首先，许多教师过于注重教学计划的完成，而忽略了学生们对于小说基本要素和技巧的理解和掌握。

其次，学生们往往缺乏对小说情节的深度挖掘，而过于依赖表面的情节设计。这导致了小说的内容空洞、缺乏吸引力。另外，学生们在塑造人物形象时，容易陷入固定的思维模式，缺乏对人物性格和内心的深入刻画。

此外，许多学生在写作过程中缺乏整体的规划，经常出现写作思路断层和重复表达的情况。这不仅影响了小说的连贯性和可读性，也浪费了宝贵的时间和精力。还有一个普遍的问题是学生们缺乏对小说背景和环境的理解和创造能力，这使得他们所创作的小说往往缺乏真实感和可信度。

为了解决这些问题，教师们应该更加注重基本技巧的讲解和训练，引导学生们深入挖掘情节和人物内心的世界。同时，学生们也应该注重整体规划，合理安排时间和精力，提高自己的写作水平和能力。只有不断地学习和实践，学生们才能逐渐克服这些问题，创作出更加优秀的小说作品。

三、高品质小说写作教学活动的定义

高品质小说写作教学活动的定义，不仅涉及教学活动中传授和学习小说写作技巧的方面，还涉及这些技巧如何被应用在小说的特定情节和语境中。为了帮助作者更好地理解小说写作，并将这些技巧融入他们自己的作品，有必要对这种教学活动进行一个准确的定义。

首先，这种教学活动不仅仅是一种职业或学术教育。它是一种综合性教育，通过它，学生可以学习到如何构建一个完整的故事情节，

如何塑造鲜明的人物形象，以及如何运用各种写作技巧来表现情节和人物。其次，小说写作教学活动的核心是提高作者的创造力和想象力。小说是一种需要大量创造力和想象力的文学形式。通过教学活动，作者可以学习到如何激发并运用自己的创造力和想象力，以构建出独特而丰富的小说世界。再次，这种教学活动还涉及对小说写作技巧的深入理解和掌握。这包括学习和发展各种描写手法、叙述技巧、人物塑造方法等。同时，教学活动还要帮助作者理解并运用这些技巧来表现小说中的特定情节和语境。最后，高品质小说写作教学活动还强调对小说这一文学形式的理解和欣赏。通过教学活动，作者可以学习到如何分析和评价小说的各种元素，并从中获取灵感和学习的榜样。

二、高品质小说写作教学活动的特点

高品质小说写作教学活动的特点主要表现在以下几个方面。

第一，这种教学活动注重对写作过程进行全面、深入的解析，以帮助学生更好地掌握创作技巧。第二，这种教学活动通常会涉及广泛的文学体裁，使作家们能够从中汲取灵感并获得写作动力。第三，高品质教学活动还强调对文本进行细读和分析，通过深入探讨文本中的隐含意义和深层含义来提高学生的文学修养和审美能力。

另外，这种教学活动往往注重培养学生的独立思考能力和批判性思维，鼓励学生在创作过程中勇于尝试新的写作手法和表现形式。最后，高品质教学活动还强调写作的跨学科性和跨文化性，通过比较和分析不同文化背景下的文学作品来拓展学生的视野和激发创作灵感。

通过以上分析，可以看出高品质小说写作教学活动具有全面深入、多样性、独立思考、跨学科性和跨文化性等特点。这些特点有助于学生提高写作技能、拓宽视野并为文学创作注入新的活力。同时，对于想要学习写作的人来说，了解这种高质量的教学活动也能为他们提供更为广阔的学习空间和更为丰富的学习资源。

三、高品质小说写作教学活动对教师的要求

高品质小说写作教学活动对教师的要求，不仅仅局限于对写作技巧的掌握和熟知，更是对教师综合素质和人格魅力的考验。这种教学活动需要教师具备丰厚的文化底蕴和扎实的人文素养，同时还要有敏锐的观察力和想象力，以便在引导学生进行小说创作时能够提供及时、有效的指导。

第一，教师需要具备广博的知识背景和深厚的文化底蕴。小说是一种综合性较强的文学体裁，涉及社会、历史、文化、哲学等多个领域。因此，教师需要不断充实自己的知识储备，不断完善自己的知识结构，以便在写作教学过程中能够为学生提供更加全面、细致的指导。同时，教师还应该具备一定的教育心理学知识，了解学生的心理需求和学习特点，以便更好地与学生沟通和交流，帮助他们解决写作过程中遇到的问题。

第二，教师需要具备扎实的人文素养和敏锐的观察力。小说是一种以情感和思想为主要表现对象的文学形式，教师需要通过细腻、生动的语言表达出自己对于人生的体悟和思考。同时，教师还需要具备敏锐的观察力，善于发现学生的优点和不足之处，及时给予指导和帮助。此外，教师还需要具备灵活应变的能力，能够根据学生的实际情况和需求调整自己的教学方法和策略。

第三，教师需要具备丰富的教学经验和独特的教学风格。小说写作教学需要教师具备一定的教学经验和独特的教学风格，只有这样才能够更好地引导学生进行创作。同时，教师还需要具备较高的语言表达能力和良好的人格魅力，以便更好地与学生沟通和交流，帮助他们解决写作过程中遇到的问题。

高品质小说写作教学活动对教师的要求是全面的、系统的、细致的，需要教师具备多方面的素质和能力。只有这样才能够更好地引导学生进行创作，帮助他们提高写作水平并实现自我价值。

四、高品质小说写作教学活动案例

在当今文学领域，高品质小说写作教学活动越来越受到关注。这些活动不仅有助于提高学生的写作技能，还能培养他们的审美意识和创作才华。为了让读者有所参考借鉴，下面先阐述开展高品质小说写作教学活动具体实施需要注重以下几个方面：

第一，教师应该注重培养学生的语言运用能力。通过引导学生运用生动的词语、形象的比喻和鲜明的对比等修辞手法，来增强他们语言的感染力和表现力。同时，教师还应该鼓励学生多读书、多写作，通过阅读经典文学作品和写作实践，提高学生的写作水平和创作能力。

第二，教师应该注重培养学生的写作技巧。通过引导学生运用不同的叙述手法和描写技巧，来增强他们作品的吸引力和艺术性。例如，运用倒叙、插叙、暗示等手法来安排情节结构；运用细节描写、环境描写、心理描写等技巧来刻画人物形象；运用象征、隐喻、幽默等修辞手法来表达主题思想。

第三，教师应该注重培养学生的创新思维和审美鉴赏能力。通过引导学生深入生活、观察社会、思考人生，来激发他们的创作灵感和想象力。同时，教师还应该鼓励学生敢于尝试新的写作风格和表现方式，通过不断地创新和实践，提高学生的审美鉴赏能力和艺术修养。

在高品质小说写作教学活动中，教师需要注重学生的个性差异和特长爱好，根据学生的实际情况进行分类指导。针对不同类型的学生，采取不同的修辞手法和写作技巧，帮助他们更好地表达自己的思想和情感。

第一，教师可以组织小说写作比赛。这种比赛不仅能够激发学生的创作热情，还能让他们在竞赛中不断提高自己的写作水平。同时，教师可以在课堂上引导学生进行小说写作的技巧分析，通过分析不同类型的小说，让学生掌握不同类型小说的写作技巧和表达方式。

第二，教师可以邀请作家进课堂，为学生分享他们的写作经验和创作心得。作家的经验和心得对于学生来说是十分宝贵的，可以帮助他们了解写作的艰辛与快乐，激发他们的创作灵感和热情。

第三，教师还可以组织小说改编活动。学生可以根据自己的兴趣和能力，将经典小说改编成剧本并进行表演。这种活动不仅可以提高学生的语言表达能力和表演技巧，还能培养他们的文化素养和审美意识。

第四，教师可以引导学生进行小说创作的自主学习。学生可以在教师的指导下，自主选择学习内容和方式，通过自我反思和学习，不断完善自己的写作技能和创作思路。

以下是高品质小说写作教学活动的典型案例。

1.写作工作坊：这是一种非常实用的教学方法，可以为学生提供与教师和同学交流写作经验的机会，同时也可以获得有价值的反馈和建议。工作坊通常包括写作练习、讨论和研讨会等环节，以及针对特定主题的讲座和研讨会。

2.写作课程：这些课程可以为学生提供有关小说写作的各种方面的指导和培训，包括写作技巧、情节构思、角色发展、场景描写等。一些课程还会邀请作家和出版社来分享他们的经验和见解。

3.在线写作社区：这些社区为学生提供了一个平台，可以与其他学生、教师和作家交流和分享写作经验和技巧。这些社区通常会有各种讨论板块、写作练习和作品分享等功能。

4.写作营：在这些活动中，学生通常会参加为期数天的写作工作坊，以集中学习和练习写作技巧。这些工作坊通常会包括讲座、讨论、写作练习和反馈等环节，以及与教师和同学交流的机会。

5.出版实习：这些实习为学生提供了一个机会，可以在出版机构中实习并了解出版流程，同时也可以向专业作家和编辑学习。这些实习通常会要求学生参与选题、编辑和出版等方面的工作，并有机会与出版社、编辑和设计师合作。

以上这些活动都是开展高品质小说写作教学活动的典型范例。这些活动不仅可以提高学生的写作技能和审美意识，还能激发他们的创作灵感和热情，培养他们的自主学习能力和创新精神。

第二节　高品质诗歌写作教学活动

一、当前诗歌写作教学活动的现状

当前诗歌写作教学活动的现状呈现出多样化、创新化、个性化的发展趋势。诗歌作为一种独特的文学形式，既能够表达人类的思想情感，也是文化传承的重要载体。

在当前的诗歌写作教学活动中，教师们不再局限于传统的教学方法和手段，也不再单纯地追求学生的诗歌作品在结构和韵律上的完美，而是更加注重在诗歌创作中发挥学生的个性和创造性，帮助学生发掘和表达内心深处的情感和思想。

在教学内容上，当前的诗歌写作教学活动不仅限于教授传统诗词的写作技巧，还注重介绍现代诗歌的写作方法和技巧。此外，教学活动也注重培养学生的文学审美能力和文学鉴赏能力，通过阅读和分析不同时期、不同风格的文学作品，帮助学生了解诗歌的魅力和特点，进而提高其创作能力和水平。

在教学方式上，当前的诗歌写作教学活动也发生了很大的变化。教师们积极采用多种教学方法和手段，如小组讨论、课堂演讲、作品互评等，以激发学生的学习兴趣和积极性，增强其主动探究和创新的能力。同时，教师们也注重利用信息技术手段辅助教学，例如制作多媒体课件、网络教学等，以便更好地拓展学生的视野和知识面。

在师生关系上，当前的诗歌写作教学活动更加注重师生之间的互动和交流。教师们不再是单纯的知识传授者，而是作为学生的指导者和合作者，帮助学生发现和解决问题。学生们也不再是被动接受知识的角色，而是更加主动地参与到教学活动中来，发挥自己的创造力和想象力，创作出更加具有个性化和生命力的诗歌作品。

二、当前诗歌写作教学活动存在的问题

诗歌写作教学活动是培养学生文学素养和提高学生审美能力的重要途径之一。然而，在当前的教学实践中，诗歌写作教学活动存在着一些问题。下面从教学内容、教学方法和教学评价三个方面来阐述这些问题。

1.教学内容。当前诗歌写作教学内容往往过于注重技巧传授，而忽略了学生的兴趣和审美需求。教师往往把诗歌写作技巧作为主要的教学目标，而忽略了诗歌作为一种文学形式所应该具有的内涵和意义。教学内容过于狭窄，缺乏对于诗歌语言、意象、意境等方面的深入探讨和研究。同时，教师往往把诗歌写作技巧视为一种孤立的技能，忽略了它与其他文学形式的联系和相互影响。

为了解决这些问题，诗歌写作教学内容应该更加注重学生的兴趣和审美需求，同时应该扩大教学内容的广度和深度，不仅包括诗歌写作技巧的传授，还应该包括对于诗歌语言、意象、意境等方面的深入探讨和研究。此外，教学内容还应该注重诗歌与其他文学形式的联系和相互影响，让学生在学习过程中领略到诗歌作为一种文学形式的独特魅力和价值。

2.教学方法。当前诗歌写作教学方法往往过于单一，缺乏创新和实践性。教师往往采用传统的讲授式教学方法，忽略了学生在学习过程中的主动性和创造性。教学方法缺乏多样性，不能很好地激发学生的学习兴趣和热情。同时，教师对于学生的个体差异和不同需求缺乏足够的关注和照顾，不能做到因材施教。

为了解决这些问题，诗歌写作教学方法应该更加注重创新和实践性。教师应该采用多种不同的教学方法，如互动式教学、探究式教学、项目制教学等，充分调动学生的积极性和创造性。同时，教师应该注重学生的个体差异和不同需求，采用个性化的教学方式，让每个学生都能在诗歌写作方面获得发展和提高。此外，教师还应该鼓励学生进行自主学习和研究，培养学生的独立思考能力和创新意识。

3.教学评价。当前诗歌写作教学评价往往过于注重考试成绩，而忽略了学生实际能力和素质的评价。教学评价方式单一，缺乏全面性和科学性。同时，教师往往只关注学生对于知识和技巧的掌握情况，而忽略了学生的情感、审美和价值观等方面的发展。这种教学评价方式不能很好地激发学生的学习兴趣和热情，也无法让他们真正体会到诗歌作为一种文学形式所应该具有的内涵和意义。

为了解决这些问题，教学评价应该更加注重学生的实际能力和素质的评价。教师应该采用多种不同的评价方式，如作品集评价、表现性评价、自我评价等，全面了解学生的学习情况和进步程度。同时，教师还应该注重学生的情感、审美和价值观等方面的发展，关注学生的个性和创造性的发挥。此外，教师还应该将教学评价与学生的学习过程相结合，通过评价反馈来指导教学实践，提高教学质量和效果。

当前诗歌写作教学活动存在的问题主要包括教学内容、教学方法和教学评价三个方面。为了提高诗歌写作教学活动的质量和效果，教师应该注重学生的兴趣和审美需求，扩大教学内容的广度和深度，采用多种不同的教学方法和评价方式，注重学生的实际能力和素质的评价。同时，教师还应该关注学生的情感、审美和价值观等方面的发展，培养学生的独立思考能力和创新意识。只有这样，才能真正发挥诗歌写作教学活动的重要作用，提高学生的文学素养和审美能力。

三、高品质诗歌写作教学活动的概念及应该注意的事项

高品质诗歌写作教学活动，是一种以提升学生审美素养和人文素养为目标，通过指导学生对诗歌的阅读、写作和评价，培养其独特的感受力、表达力和创造力的教育过程。在这个过程中，教师需要引导学生深入理解和欣赏诗歌，掌握诗歌的基本特点和创作规律，提高其文学修养和人文素质。

第一，高品质诗歌写作教学活动应该突出诗歌的本质特征。诗歌是最具审美性和情感性的文学体裁之一，它通过独特的语言形式和表现手法传达情感、意境和思想，具有很强的感染力和艺术表现力。因此，在诗歌写作教学活动中，教师应该注重培养学生的审美感受力和情感表达力，引导学生深入体验诗歌的美和情感，掌握其独特的语言表达方式和创作技巧。

第二，高品质诗歌写作教学活动应该注重培养学生的创造力和想象力。诗歌创作需要作者具备丰富的想象力和创造力，通过对现实世界的再创造来传达自己的思想和情感。因此，在诗歌写作教学活动中，教师应该鼓励学生发挥想象力和创造力，尝试运用各种表现手法和技巧进行创作，不断开拓创新，培养其独特的艺术风格和创作个性。

第三，高品质诗歌写作教学活动应该注重培养学生的批判性思维能力和文学鉴赏能力。在诗歌评价和鉴赏过程中，学生需要运用自己的审美经验和情感体验来理解诗歌的内涵和价值取向，同时也需要对作品的艺术形式、表现手法和语言特点进行评价和判断。因此，在诗歌写作教学活动中，教师应该注重培养学生的批判性思维能力和文学鉴赏能力，指导学生对不同风格的诗歌进行深入分析和评价，鼓励其发表自己的观点和见解。

第四，高品质诗歌写作教学活动应该注重培养学生的合作精神和创新意识。合作学习可以培养学生的团队协作精神和沟通能力，同时也能够激发学生的创新意识和创造力。在诗歌写作教学活动中，教师可以组织学生进行小组讨论、合作创作等活动，引导学生相互学习、相互启发，实现共同进步和成长。

四、高品质诗歌写作教学活动的特点

高品质诗歌写作教学活动具有显著的特点，这些特点主要表现在教学内容、教学方法和教学氛围三个方面。

首先，教学内容的品质是整个教学活动的核心。高品质视域下，诗歌写作的教学内容应该具有以下特点。

一是注重诗歌基本元素的把握。诗歌作为一种独特的文学形式，其基本元素包括节奏、韵律、押韵等。高品质的诗歌写作教学内容应当深入浅出地讲解这些基本元素，帮助学生在理解的基础上进行实践，从而提高其诗歌写作的能力。

二是强调情感表达与思想深度的挖掘。诗歌是情感与思想的集中体现，高品质的诗歌写作教学内容应当引导学生深入体验生活，提炼情感，挖掘思想，并运用所学知识将其表达出来。这样的教学内容不仅能够帮助学生提高诗歌写作水平，还能够培养学生的审美情趣和人文素养。

三是拓展文化视野与跨界思维。高品质的诗歌写作教学内容应当注重培养学生的文化视野与跨界思维。在教学过程中，应当引入不同地域、不同民族、不同时代的诗歌作品，让学生了解不同文化背景下的诗歌特点与风格，同时结合其他艺术形式如音乐、绘画等进行跨界融合，培养学生的综合素质。

其次，教学方法的品质是影响教学成果的重要因素。在高品质视域下，诗歌写作的教学方法应当具有以下特点。

一是注重个体性与创新性。每个学生都有其独特的个性和创作风格，高品质的诗歌写作教学方法应当尊重学生的个体差异，因材施教，发掘学生的潜力，鼓励学生在写作中发挥创新精神。

二是强调实践性与互动性。诗歌写作是实践性很强的活动，高品质的诗歌写作教学方法应当注重学生的实践训练。同时，在教学过程中应当加强师生之间、学生之间的互动交流，及时发现并解决问题，鼓励学生积极参与课堂讨论和作品互评。

三是引入现代科技手段与互联网思维。高品质的诗歌写作教学方法应当积极引入现代科技手段与互联网思维。例如，利用线上平台进行远程教学、翻转课堂等新型教学模式，提高教学效率和教学质量。

同时，应当关注互联网文化对诗歌写作的影响，引导学生关注网络文学和新媒体创作，培养其适应时代发展的文学创作素养。

最后，教学氛围的品质是影响学生学习体验的重要因素。在高品质视域下，诗歌写作的教学氛围应当具有以下特点。

一是宽松愉悦与积极向上。高品质的诗歌写作教学氛围应当为学生创造一个宽松愉悦的学习环境，减轻学生的心理压力，激发其学习兴趣和创作灵感。同时，教学氛围还应当积极向上，鼓励学生树立信心，勇攀诗歌创作的高峰。

二是互动交流与合作共赢。高品质的诗歌写作教学氛围应当鼓励学生之间、师生之间的互动交流，通过合作共赢的方式共同提高诗歌写作水平。在教学过程中，可以采用小组讨论、诗会活动、合作创作等方式，培养学生的团队合作精神和沟通能力。

三是展示平台与多元评价机制。高品质的诗歌写作教学氛围应当为学生提供多样化的展示平台和多元评价机制。在教学过程中，可以组织诗歌朗诵、作品展览、发表出版等活动，让学生有机会展示自己的作品和成果。同时，评价机制也应当多样化，可以采用教师评价、学生互评、网络投票等多种方式进行评价，让学生获得更全面的反馈和指导。

总之，高品质诗歌写作教学活动具有显著的特点，这些特点主要体现在教学内容、教学方法和教学氛围三个方面。只有注重这些方面的品质和细节，才能够真正实现提高诗歌写作教学质量和学生综合素质的目标。

五、开展高品质诗歌写作教学活动对教师的要求

诗歌写作教学活动是提高学生文学素养和培养学生审美能力的重要途径之一，同时也是检验教师教学水平和专业素养的试金石。在高品质视域下，诗歌写作教学活动的开展对教师提出了更高的要求。

第一，教师需要具备较高的诗歌创作和鉴赏能力。一个优秀的教师应当能够在诗歌写作方面给予学生有针对性的指导和建议，而不是简单地照搬教材或盲目跟风。这需要教师不断地学习和积累经验，深入研究诗歌的内在规律和特点，掌握各种诗歌风格和表现手法。同时，教师还需要具备较高的文学修养和审美水平，能够深入浅出地引导学生领略诗歌的美学魅力和艺术价值。

第二，教师需要具备科学的教学方法和创新的教学思维。在高品质视域下，诗歌写作教学活动不仅需要传授知识，更重要的是培养学生的创新思维和实践能力。教师要善于运用各种教学方法和手段，引导学生主动参与到诗歌创作过程中，激发学生的想象力和创造力。同时，教师还需要注重培养学生的批判性思维和独立思考能力，鼓励学生发表自己的见解和感受，从不同的角度去审视和表达诗歌的内涵和美感。

第三，教师需要关注学生的个性和差异。每个学生都有自己独特的思维方式和文学偏好，教师在教学过程中应当尊重学生的个性差异和兴趣爱好，针对性地开展教学活动，帮助学生找到适合自己的诗歌创作之路。同时，教师还需要注重培养学生的合作精神和团队意识，让学生在互相学习、互相帮助中共同提高诗歌写作水平。

六、高品质诗歌写作教学活动案例

诗歌写作教学是文学教育中不可或缺的一部分，它不仅能够提高学生的文学素养，还能培养学生的审美情趣和创造性思维。在高品质视域下，开展有效的诗歌写作教学活动是文学教育中的重要问题。

以下列举八个开展高品质诗歌写作教学活动的典型教学案例。这些案例不仅体现了高水平的课堂教学质量，而且也凸显了在诗歌写作领域中所追求的艺术性和创新性。

案例一：一位经验丰富的教师以引导学生从阅读中汲取创作灵感为主题，设计了一堂多元化的诗歌写作课程。这位教师运用了各种修辞手法，比如象征、隐喻、比喻等来帮助学生理解和分析诗歌语言，让他们能够更深入地领悟诗歌的内涵和意境。同时，这位教师还鼓励学生通过写作实践来锻炼自己的诗歌创作能力，并及时给予指导和反馈。

案例二：教师通过组织一系列与诗歌相关的实践活动，帮助学生更好地理解和感受诗歌的魅力。这些活动包括朗诵诗歌、创作诗歌以及改编和表演诗歌等。通过这些实践活动，学生能够更深入地了解诗歌的结构、韵律和节奏，从而更好地掌握诗歌创作的技巧。

案例三：教师通过引导学生进行跨学科的诗歌创作，帮助学生开拓了更为广阔的创作视野。这位教师鼓励学生从不同的学科领域中寻找灵感，比如历史、文化、科学等。通过这种跨学科的教学方式，学生能够更好地发掘诗歌创作的无限可能性，从而提升自己的创作水平。

案例四：教师以诗歌创作为基础，帮助学生培养自己的创新思维和表达能力。这位教师通过一系列富有创意的课堂活动，比如创作诗歌接力、即兴表演诗歌等，鼓励学生发挥自己的创造力和想象力。同时，这位教师还注重培养学生的合作精神和团队意识，让他们在互相学习和互相借鉴的过程中不断提升自己的创作能力。

案例五：教师通过邀请专业的诗人或作家来为学生举办讲座，帮助学生更深入地了解和掌握诗歌创作的技巧和方法。这些专业人士的加入不仅让学生对诗歌有了更深入的认识和理解，同时也为他们提供了与诗歌创作领域的专家进行交流和学习的机会。此外，教师还鼓励学生参加各种诗歌比赛和展览，让他们在与其他诗人的竞争和交流中不断提升自己的创作水平和艺术修养。

案例六：可以采用"欣赏与创作并重"的教学课例。这种课例以培养学生的审美情趣为目标，通过欣赏经典的诗歌作品，引导学生领悟诗歌的意境和表现手法，激发他们的创作欲望。具体实施过程中，教师可以选取不同主题和风格的诗歌作为教学范例，如古代的《春江花月夜》或现代的《乡愁》，让学生深入体会诗歌的魅力，产生情感共鸣。同时，教师可以设置写作主题，引导学生运用所学的表现手法进行诗歌创作。这种教学方式不仅能够提高学生的文学鉴赏能力，还能培养学生的创作兴趣和自信心。

案例七：可以采用"创意写作"的教学案例。这种课例以培养学生的创造性思维为目标，通过设置有趣的创意写作任务，引导学生发挥想象力和创造力，创作出别具一格的诗歌作品。具体实施过程中，教师可以设定一个主题或情境，如"未来的世界"或"一个人的旅行"，让学生从不同角度和维度展开想象，进行诗歌创作。同时，教师可以引导学生运用各种创新的手法，如叙事诗、散文诗等，丰富诗歌的表现形式和内涵。这种教学方式不仅能够拓展学生的想象空间，还能培养学生的创新能力和探索精神。

案例八：可以采用"合作学习"的教学案例。这种案例以培养学生的团队合作能力为目标，通过小组合作的方式进行诗歌创作，让学生在互相学习、互相借鉴的过程中共同成长。具体实施过程中，教师可以把学生分成若干小组，每个小组分配一个主题或任务，如"合作完成一首关于'环保'的诗歌"。让学生分工合作，共同完成诗歌的创作和呈现。同时，教师可以引导学生运用多媒体手段和多元化的表现形式，如朗诵、表演、音乐等，展示诗歌作品。这种教学方式不仅能够提高学生的团队合作能力，还能培养学生的沟通能力和协调能力。

这些高品质诗歌写作教学活动典型案例不仅注重学生的文学素养和创新思维的培养，还强调实践、跨学科、交流与合作等多种教学方式的应用。这些多元化的教学方法让学生在学习和创作过程中能够更好地发掘诗歌的艺术魅力，从而在诗歌创作领域中获得更好的发展和成就。

除了以上教学案例外，还有许多其他值得推荐的教学方式。比如，"读诗与写诗并进"的教学案例可以把读诗与写诗相互结合起来；"评诗与赏诗并重"的教学案例可以引导学生互相评价和赏析诗歌作品；

"自主学习"的教学案例可以让学生自主探究诗歌创作的技巧和方法；"网络辅助"的教学案例可以利用网络平台和资源辅助诗歌写作教学活动等。这些教学案例都可以根据不同的教学需求和实际情况进行灵活运用。

总之，开展高品质诗歌写作教学活动需要灵活多样的教学方法和手段。只有不断探索和实践，才能找到最适合学生的教学方式和最有效的诗歌写作教学活动方案。希望以上这些典型教学案例能够为文学教育工作者提供一些有益的参考和启示。

第三节 高品质戏剧写作教学活动

一、当前中小学戏剧写作教学活动的现状

在当前的中小学教育环境中，戏剧写作教学活动的地位和影响力正逐渐上升。戏剧作为一种综合性的艺术形式，融合了文学、音乐、舞蹈、表演等多个元素，能够有效地培养学生的创造力、沟通能力和团队协作精神。然而，在实际的教学过程中，中小学戏剧写作教学活动的现状却并不乐观，存在一些问题和挑战。

第一，教学资源的不均衡分配是当前戏剧写作教学活动开展过程中的一个重要问题。在很多学校中，戏剧写作教学活动的开展往往受到场地、设备、师资力量等资源的限制。例如，很多学校没有专门的戏剧教室，学生只能在普通教室里进行戏剧写作和排练，导致教学质量和效果大打折扣。此外，戏剧写作教学活动的教材和课程设置也缺乏统一的标准和规范，很多教师只能自行开发课程，导致教学质量参差不齐。

第二，学生对戏剧写作的兴趣不高也是当前教学活动中的一个突出问题。由于受到应试教育和传统教学模式的影响，很多学生对戏剧写作持有偏见和误解，认为其与考试成绩没有直接关系，因此不愿意

投入太多的时间和精力。此外，学生之间也存在能力差异，有些学生可能对戏剧写作有一定的天赋和兴趣，但受到其他学生的影响，也很难得到充分的培养和发挥。

二、高品质戏剧写作教学活动的概念及其注意的事项

戏剧写作是一种独特的艺术形式，它通过文字和语言来传达情感、人物和情节。高品质的戏剧写作不仅需要作者具备深厚的文学功底和敏锐的观察力，还需要对戏剧本身的深刻理解和实践经验。因此，高品质戏剧写作教学活动显得尤为重要。

在教学活动中，学生需要了解戏剧写作的基本要素和技巧，如人物塑造、情节设置、对话写作等。同时，教师还应该注重培养学生的创造力和想象力，帮助他们掌握更多的写作技巧和方法，提高写作水平和质量。

首先，教学活动应该注重培养学生的观察力和感受力。戏剧写作需要作者具备敏锐的观察力和感受力，能够捕捉到人物和事件的特点和细节。教师应该引导学生深入生活，观察身边的人和事，积累素材和灵感。同时，教师还应该通过赏析经典戏剧作品等方式，帮助学生了解不同类型和风格的戏剧写作技巧和方法。

其次，教学活动应该注重培养学生的创造力和想象力。戏剧写作需要作者具备创造力和想象力，能够创造出独特的人物形象和情节故事。教师应该鼓励学生发挥自己的想象力和创造力，尝试不同的写作方式和风格，并在写作过程中给予指导和建议。同时，教师还应该通过写作练习、小组讨论等方式，帮助学生掌握更多的写作技巧和方法，提高写作水平和质量。

再次，教学活动应该注重培养学生的审美鉴赏能力。戏剧写作需要作者具备审美鉴赏能力，能够判断自己创作的作品是否符合审美标准。教师应该帮助学生了解不同类型的戏剧作品的美学特征和风格特点，并通过比较和分析经典作品等方式，提高学生的审美能力和判断力。

三、高品质戏剧写作教学活动的特点

戏剧作为一种集文学、音乐、舞蹈、绘画等多种艺术形式于一体的综合艺术,其写作教学活动的展开需要依据特定学科特点,遵循戏剧艺术规律,从写作者、作品和观众三个维度出发,进行系统化、规范化、高效化的课堂教学。下面从高品质视域出发,深入探讨戏剧写作教学活动的特点。

1.个性化与创造性。高品质的戏剧写作教学活动首先注重个性化与创造性的培养。教师根据学生的兴趣、特长和需求,制定个性化的教学计划,引导学生主动挖掘自身潜力,发挥创造性,形成独特的创作风格。例如,在剧本创作中,教师可以指导学生从自身生活经历出发,运用想象力与创造力,创作出富有个人特色的剧本。

2.实践性与理论性相结合。高品质的戏剧写作教学活动还需实践性与理论性相结合。课堂教学不仅要涉及戏剧写作的基本理论、技巧和方法,还需通过大量的写作实践,使学生熟练掌握戏剧写作的各项技能。例如,通过剧本创作、修改、排练等环节,使学生深入了解戏剧艺术的实践特性,提高其创作水平。

3.互动性与合作性。高品质的戏剧写作教学活动强调师生之间、学生之间的互动与合作。教师与学生共同探讨戏剧创作的技巧、分享创作经验,以及开展形式多样的合作学习,培养学生的团队合作精神。例如,教师可以组织学生进行小组讨论、剧本朗读等活动,增进彼此间的交流与合作。

4.关注文化与审美教育。高品质的戏剧写作教学活动还需关注文化与审美教育。教师应当引导学生关注国内外优秀戏剧作品,培养学生的文化素养和审美情趣。通过分析经典剧作、了解不同戏剧流派和风格,提高学生的艺术鉴赏能力和审美水平。例如,教师可以组织学生进行经典剧作赏析、戏剧评论等活动,加深学生对戏剧艺术的理解

和感悟。

5.技术与创新性相结合。随着科技的不断发展，高品质的戏剧写作教学活动还需关注技术性与创新性的结合。教师应当引导学生掌握现代科技手段，将其运用到戏剧写作中，如运用计算机进行剧本创作、使用虚拟现实技术进行场景设计等。同时，教师还需鼓励学生积极探索新技术在戏剧艺术中的应用，推动戏剧写作的创新与发展。例如，教师可以组织学生进行技术应用方面的专题讲座、实践操作等活动，提高学生的技术应用能力和创新水平。

6.多元化与包容性。高品质的戏剧写作教学活动还应当注重多元化与包容性的培养。教师应当鼓励学生关注不同文化背景、不同社会群体和不同艺术表现形式的戏剧作品，培养学生的跨文化意识和跨学科思维。同时，教师还需尊重学生的创作个性和多样性，鼓励学生在创作过程中积极表达自己的观点和情感。例如，教师可以组织学生进行跨文化戏剧交流活动、多元艺术形式体验等活动，拓展学生的视野和思路。

7.评估与反馈机制。高品质的戏剧写作教学活动还需建立科学合理的评估与反馈机制。教师应当根据学生的实际情况和需求，制定具体的评估标准和方法，对学生的学习成果进行全面、客观、公正的评估。同时，教师还需积极听取学生的反馈意见和建议，及时调整教学策略和方法，提高教学质量和效果。例如，教师可以组织学生进行自我评价、互评等活动，鼓励学生积极参与反馈和评估过程。

四、高品质戏剧写作教学活动对教师的要求

在戏剧写作教学活动中，教师是引导学生进入文学殿堂的重要角色。他们不仅需要具备扎实的文学素养和戏剧理论知识，还需要拥有独特的教学方法和策略，以激发学生的学习热情和创造力。下面从以下几个方面阐述高品质戏剧写作教学活动对教师的要求。

1.深厚的文学功底。戏剧写作是一种文学创作活动，因此教师首

先需要具备深厚的文学功底。他们需要熟悉各类戏剧作品和文学流派，掌握丰富的文学理论知识，以便在戏剧写作教学中游刃有余地进行讲解和分析。此外，教师还需要关注文学发展的动态，了解当前戏剧创作的趋势和特点，以便引导学生跟上时代步伐，提高文学素养。

2.多样化的教学方法。在戏剧写作教学活动中，教师需要采用多样化的教学方法和策略，以适应不同学生的需求和特点。例如，教师可以采用启发式教学，引导学生自主思考和发现问题，激发他们的学习热情和创造力；可以采用小组合作教学，通过集体讨论和交流，培养学生的团队合作意识和沟通能力；可以采用案例教学，通过分析经典剧作和当代优秀作品，帮助学生掌握戏剧写作的基本技巧和方法。

3.关注学生个体差异。每个学生都有其独特的兴趣、优势和不足，因此教师需要关注学生的个体差异，因材施教。例如，对于那些在戏剧写作方面有特长的学生，教师可以提供更高层次的学习资源和指导，帮助他们更好地发挥自己的优势；对于那些在戏剧写作方面存在困难的学生，教师需要给予更多的关心和支持，帮助他们克服困难，提高学习效果。

4.积极的教学态度。在戏剧写作教学活动中，教师需要保持积极的教学态度，以激发学生的学习兴趣和创造力。首先，教师需要热爱戏剧写作教学工作，关注学生的成长和发展，为他们提供优质的指导和帮助；其次，教师需要平等地对待每一个学生，充分尊重他们的个性和差异，以建立良好的师生关系。最后，教师需要时刻关注学生的学习状态和情感需求，给予他们及时的反馈和支持，帮助他们建立自信和学习兴趣。

5.拓展性思维。高品质戏剧写作教学活动要求教师具备拓展性思维，不断开拓创新。教师需要关注当前戏剧创作的新趋势和新技术，将它们融入教学过程，以提高学生的创作能力和竞争力。例如，教师可以引导学生尝试运用现代科技手段进行戏剧创作和表现，如利用虚拟现实技术创作沉浸式戏剧作品等。此外，教师还需要不断更新教学资源和学习材料，以保证教学质量和效果。

6.良好的沟通能力。戏剧写作是一种合作性活动，因此教师需要具备良好的沟通能力，以便与学生、家长和社会各界进行有效的沟通和合作。例如，教师需要善于倾听学生的想法和意见，了解他们的需求和学习困难；需要与家长保持密切联系，及时反馈学生的学习情况和进步；需要与业界人士进行合作交流，以便更好地掌握戏剧创作的动态和发展趋势。

五、高品质戏剧写作教学活动案例

以下列举4个高品质戏剧写作教学活动的典型教学案例。

1.课程名称：戏剧写作技巧入门

教学目标：帮助学生了解戏剧的基本要素和写作技巧，培养创意思维和写作能力。

教学内容：介绍戏剧的基本要素，包括角色、情节、场景等，以及常用的戏剧写作技巧，如冲突、悬念、高潮等。

教学方法：讲解、分析、练习结合，通过分析经典戏剧作品和指导学生创编短剧，帮助学生掌握戏剧写作的基本技巧。

评价方法：学生提交的短剧作品评分以及课堂表现。

2.课程名称：戏剧文本创作

教学目标：教授学生如何创作原创的戏剧文本，提高文学素养和审美水平。

教学内容：介绍戏剧文本创作的原则、技巧和方法，包括构思、人物塑造、情节安排、语言表达等方面。

教学方法：命题创作与自主选题相结合，教师点评和学生互评相结合，帮助学生发现自身不足并改进。

评价方法：学生提交的剧本作品评分以及课堂表现。

3.课程名称：表演艺术与戏剧

教学目标：让学生了解表演艺术与戏剧之间的关系，培养表演和观赏能力。

教学内容：介绍表演艺术的基本要素和方法，包括语音、形体、舞台表演等，以及戏剧作品中的表演艺术元素。

教学方法：组织学生进行表演训练、经典戏剧作品表演和观摩，帮助学生深入理解表演艺术与戏剧之间的关系。

评价方法：学生表演作品评分以及课堂表现。

4.课程名称：导演艺术与戏剧

教学目标：让学生了解导演艺术与戏剧之间的关系，培养导演和观赏能力。

教学内容：介绍导演艺术的基本要素和方法，包括视觉语言、演员指导、舞台调度等，以及戏剧作品中的导演艺术元素。

教学方法：组织学生进行导演训练、经典戏剧作品排练和观摩，帮助学生深入理解导演艺术与戏剧之间的关系。

评价方法：学生排练作品评分以及课堂表现。

第四节　高品质散文写作教学活动

一、当前中小学散文写作教学活动的现状

当前中小学散文写作教学的情况，存在着诸多问题。

首先，从教师的角度来看，很多教师缺乏对散文的深入理解和对写作教学的专业训练，导致在散文写作教学中无法给予学生有效的指导。同时，由于应试教育的影响，许多教师过于注重学生的分数，只教授考试要求的写作技巧，缺乏对学生兴趣和创造力的培养。

其次，从学生的角度来看，散文写作需要一定的生活阅历和文化积累，而这些正是当前中小学生的薄弱环节。加之课业繁重，学生往往缺乏对生活的观察和体验，难以在散文中表达真实的情感和思想。

针对这些问题，我们应当采取相应的措施。首先，教师应该加强自身对散文的理解和研究，提高自己的写作素养和教学能力。同时，要注重培养学生的兴趣和创造力，帮助他们拓宽思路和视野，提高散文写作的能力。其次，学生应该加强阅读和积累，多读书、多观察、多思考、多练习，不断提高自己的文化素养和写作水平。同时，学生也可以通过参加各种写作比赛和活动，锻炼自己的散文写作能力。

中小学散文写作教学是一个长期而复杂的过程，需要教师、学生、学校和家庭等多方面的努力。只有通过不断的研究和实践，才能够逐渐改善现状，提高学生的散文写作能力。

二、高品质散文写作教学活动的概念

散文写作教学活动是当前文学教育领域备受关注的话题。如何界定散文写作教学活动的概念？又如何在高品质视域下推进散文写作教学活动？这是值得我们深入探讨的问题。

第一，散文写作教学活动是一种以提高学生散文写作技能为目标的教学活动。它通过系统的教学计划、教材和教学方法，培养学生的文学修养、语言表达能力和审美鉴赏能力。在这个过程中，学生不仅要学习散文的写作技巧，还要领略到散文的内涵和魅力，掌握散文创作的精髓。

第二，高品质散文写作教学活动需要从多个方面进行推进。首先，制定科学合理的教学计划是关键。针对不同阶段的学生，要设计符合他们认知特点的课程，从基础写作到高级创作，从模仿到独创，逐步提高学生的写作水平。其次，选择合适的教材也是至关重要的。教材不仅要具有系统性和科学性，还要注重实用性和创新性，引导学生关注现实生活，培养他们的独立思考能力和创造力。此外，教学方法的多样性也是吸引学生的重要因素。教师应该根据学生的特点和兴趣爱好，采用不同的教学方法，如启发式教学、讨论式教学、案例分析等，引导学生主动参与到教学活动中来，激发他们对散文写作的兴趣。

第三，高品质散文写作教学活动还需要注重培养学生的综合素质。学生除了要掌握散文的写作技巧和语言表达外，还要具备一定的文化素养和审美鉴赏能力。因此，在散文写作教学活动中，教师应该鼓励学生多读书、多思考、多观察，培养他们的综合素质和社会责任感。

三、高品质散文写作教学活动的特点

高品质散文写作教学活动具有显著的特点。在这种视域下，写作教学不仅关注学生散文写作能力的提升，更重视培养学生的审美情趣、人文素养和批判性思维。

1.高品质的散文写作教学活动应该具备情境性和真实性的特点。教师需要设置符合学生生活和兴趣的写作情境，让学生在真实的语境中感受散文的魅力，激发他们的写作热情。比如，教师可以引导学生观察自然景色、深入社会实践、体验生活琐事等，让学生从真实的情境中汲取灵感，表达自己的思想和情感。

2.高品质的散文写作教学活动应该注重学生的主体性和参与性。教师需要关注学生的个体差异和独特感受，尊重他们的创作个性，引导他们主动参与到写作过程中。这可以通过组织小组讨论、互评互改、课堂分享等活动来实现，让学生在互动中取长补短，相互学习，激发他们的主动性和创造性。

3.高品质的散文写作教学活动应该具备开放性和包容性的特点。教师应该鼓励学生尝试多种散文风格和表现手法，让他们在自由创作中充分展现自己的个性和才华。同时，教师也应该包容学生的不同观点和表达方式，鼓励他们在写作中敢于挑战传统、勇于创新，培养他们的创新精神和批判性思维。

4.高品质的散文写作教学活动还应该注重评价和反馈的针对性和有效性。教师应该根据学生的个体差异和实际需求，制定科学合理的评价标准，对学生的作品进行有针对性的指导和建议。同时，教师还应该组织学生互评互改，让他们在互动中学习借鉴、共同进步。此外，

教师还应该及时给予学生反馈和评价,让他们在第一时间了解自己的不足和改进方向,从而不断提高自己的散文写作水平。

四、高品质散文写作教学活动对教师的要求

高品质散文写作教学活动要求教师具备较高的专业素养和综合能力。在散文写作教学中,教师不仅要具备扎实的文学功底和理论基础,还需掌握多种修辞手法,能够运用恰当的语言表达自己的思想和观点。同时,教师还应该具备一定的文化素养,能够将理论与实际相结合,帮助学生更好地理解散文的内涵和价值。

1.扎实的文学功底。散文写作是文学创作的一种形式,教师需要具备扎实的文学功底,这包括对散文的起源、发展和演变过程有深入的了解。同时,教师还需要对不同类型的散文有独到的见解,如叙事散文、抒情散文和议论散文等。只有教师具备了扎实的文学功底,才能更好地引导学生理解散文的内涵和价值。

2.掌握多种修辞手法。散文写作中,修辞手法的运用是至关重要的。教师需要掌握多种修辞手法,如比喻、拟人、夸张、排比等,以及一些表达技巧,如倒装、反问等。这些修辞手法和表达技巧的运用可以使文章更加生动形象、富有感染力。同时,教师还需要教会学生如何运用修辞手法来表达自己的思想和观点,这可以帮助学生更好地理解修辞手法的意义和应用。

3.理论与实践相结合。教师需要将理论与实践相结合,帮助学生更好地理解散文的内涵和价值。在实际教学中,教师可以组织一些写作活动,让学生通过写作实践来加深对散文的理解。同时,教师还可以通过评析学生的作品来指导学生如何运用修辞手法和表达技巧来提高自己的写作水平。此外,教师还可以引导学生阅读一些优秀的散文作品,让学生通过阅读来感受和理解散文的美学特征和价值。

4.一定的文化素养。高品质散文写作教学活动要求教师具备一定的文化素养。教师需要了解不同地域、不同民族的文化传统和特点,

以及不同文化背景下人们对于散文的理解和认知。这样可以帮助教师更好地理解和把握散文的内涵和价值，从而更好地指导学生的写作实践。同时，教师还需要关注当代文化现象和社会热点问题，能够将其与散文写作相联系，从而拓展学生的视野和思路。

高品质散文写作教学活动对教师的要求是多方面的。教师需要具备扎实的文学功底、掌握多种修辞手法、具备理论与实践相结合的能力以及具备一定的文化素养。只有这样，才能更好地引导学生理解散文的内涵和价值，从而提高学生的写作水平和文学鉴赏能力。

五、高品质散文写作教学活动案例

以下列举的高品质散文写作教学活动案例旨在帮助学生掌握散文写作的各种技巧和方法，同时激发学生对散文的热爱和创新精神。

案例一：散文写作的基本要素

本案例通过讲解散文的基本要素，帮助学生了解散文的特点和写作方法。教学内容包括散文的定义与分类、表达方式、结构、语言等方面的知识。同时结合实例进行讲解，引导学生掌握写作技巧。

案例二：如何写出感人的散文

本案例以情感为主题，通过讲解如何写出能够感动读者的散文，培养学生的情感表达能力和写作技巧。教学内容包括情感表达的方法、语言的锤炼、情节的构思等方面的知识。通过实例分析和写作实践，帮助学生掌握写感人散文的技巧。

案例三：走进自然，书写美景

本案例以自然为主题，通过讲解如何写出生动形象的景物描写，培养学生的观察能力和写作技巧。教学内容包括观察方法和描写技巧、语言的运用、构思布局等方面的知识。通过实地观察和写作实践，帮助学生掌握写景技巧。

案例四：回忆录与人物描写

本案例以回忆录和人物为主题，通过讲解如何写出真实感人的人物和回忆录，培养学生的叙事能力和写作技巧。教学内容包括叙事角度和叙述方式、人物塑造方法和语言表达、情节设置等方面的知识。通过实例分析和写作实践，帮助学生掌握写人物和回忆录的技巧。

案例五：散文创作的思维训练

本案例旨在培养学生的散文创作思维，提高学生的想象力和创新精神。教学内容包括形象思维和抽象思维、创作灵感和想象力的培养、创新方法和创作习惯等方面的知识。通过课堂讨论和创作实践，帮助学生掌握散文创作的思维方法和技巧。

案例六：散文鉴赏与批评

本案例旨在提高学生的散文鉴赏能力和批判思维。教学内容包括散文的鉴赏方法和评价标准、批评方法和态度的培养、实例分析和评价等方面的知识。通过小组讨论和课堂展示，帮助学生掌握散文鉴赏和批评的技巧和方法。

除此，高品质散文写作教学活动的典型教学课例还有如下五种案例。这些案例均具有严谨的教学设计和鲜明的教学特色，旨在培养学生的散文写作技能和文学鉴赏能力。

案例一：以写作技巧为主题

在这个案例中，教师引导学生通过分析经典散文作品，掌握散文写作的基本技巧。首先，教师介绍散文的基本特点，包括其自由、灵活的文体和富有个性的语言。接下来，教师选取一些经典散文作品作为范例，引导学生深入分析这些作品中的写作技巧，如如何运用生动的语言和形象描写来表达思想感情，如何巧妙地运用叙事和抒情手法等。在掌握了这些技巧之后，教师安排学生进行相应的散文写作练习，并及时给予指导和反馈。

案例二：以文学鉴赏为主题

在这个案例中，教师引导学生深入鉴赏经典散文作品，培养其对散文艺术的感悟能力。首先，教师介绍散文鉴赏的基本方法，包括知人论世、以意逆志、设身处地等。接下来，教师选取一些经典散文作品作为范例，引导学生深入分析这些作品中的文学特色和文化内涵。通过这些分析，学生逐渐提高对散文艺术的敏感度和理解力。最后，教师安排学生进行相关的文学鉴赏练习，并就学生的作品进行深入的讨论和评价。

案例三：以提高阅读理解能力为主题

在这个案例中，教师引导学生通过阅读和分析当代优秀散文作品，提高其阅读理解能力和文学鉴赏水平。首先，教师介绍散文阅读的基本技巧，包括速读、略读、精读等。接下来，教师选取一些当代优秀散文作品作为范例，引导学生深入分析这些作品中的文学特色和创新之处。通过这些分析，学生逐渐提高对当代散文作品的认知和理解。最后，教师安排学生进行相关的阅读练习，并就学生的阅读理解进行深入的讨论和评价。

案例四：以培养创作能力为主题

在这个案例中，教师引导学生进行自主创作，培养其散文写作的创造力和想象力。首先，教师介绍散文创作的基本原则和方法，包括观察生活、积累素材、构思立意等。接下来，教师安排一些有针对性的写作任务，引导学生运用所学知识进行散文创作。通过这些练习，学生逐渐提高其散文写作的能力和水平。最后，教师选取一些学生的作品进行深入的点评和指导，鼓励学生进行自我反思和改进。

案例五：以拓展文化视野为主题

在这个案例中，教师引导学生了解和欣赏不同地域、不同文化背景的散文作品，拓展其文化视野。首先，教师介绍不同地域、不同文化背景的散文作品的特点和风格。接下来，教师选取一些代表性的作品进行深入的分析和讲解。通过这些分析，学生逐渐了解和欣赏不同文化背景的散文作品的美学和艺术价值。最后，教师安排学生进行相关的文化讨论和写作练习，鼓励学生将自己的思考和文化感受融入作品中。

以上这些高品质散文写作教学活动典型教学案例各具特色,旨在培养学生的散文写作技能和文学鉴赏能力。通过系统地学习和实践这些案例所包含的知识和技能,学生能够逐渐提高自己的散文写作水平和文学素养。同时,这些案例还能够拓展学生的文化视野,培养其人文素养和创新精神。

第五节　高品质记叙文写作教学活动

一、当前中小学记叙文写作教学活动的现状

目前,中小学记叙文写作教学活动的现状呈现出一些问题和挑战。

第一,缺乏系统的写作指导。教师在教学过程中往往只注重学生写作技巧的培养,缺乏系统的写作指导,导致学生在写作过程中出现各种问题。

第二,忽视学生的主体性。教师在教学过程中往往忽视学生的主体性,没有充分发挥学生的创造力和想象力,导致学生写作思路狭窄,难以表达自己的观点和情感。

第三,缺乏实践性教学。教师在教学过程中往往缺乏实践性教学,没有通过实践活动提高学生的写作能力和思维水平,导致学生写作水平难以得到提高。

第四,重视程度不够。我们要认识到,记叙文写作作为语文教学的重要组成部分,具有培养学生语言表达能力、情感体验和思维发展的重要功能。然而,在当前的教学环境中,许多教师对于记叙文写作教学的重视程度不够,缺乏系统性的教学计划和目标,导致教学效果不尽如人意。

第五,缺乏积累运用。学生在记叙文写作中存在着一些普遍性的问题。其中最为突出的是缺乏素材积累和语言运用能力。许多学生在

写作时无法找到合适的素材来支持自己的观点，导致文章内容空洞、缺乏说服力。另外，学生对于语言的运用能力也较为薄弱，语言表达不够准确、流畅，这也是影响记叙文写作质量的重要因素。

第六，方法和手段不足。教学方法和手段也存在着一些不足之处。许多教师仍然采用传统的"讲授式"教学方法，缺乏与学生的互动和引导，导致学生无法真正领会写作的要领和技巧。同时，有些教师在教学过程中过于注重写作技巧的传授，而忽略了学生情感表达和思维发展的培养，这也会影响记叙文写作教学的效果。

为了改变这种现状，我们需要采取一系列的措施来提升记叙文写作教学的效果和质量。首先，教师应该加强对记叙文写作教学的重视程度，制定系统性的教学计划和目标，注重培养学生的语言表达能力、情感体验和思维发展。其次，学生需要通过广泛的阅读和积累来提高素材运用能力和语言表达能力。此外，教师还需要改进教学方法和手段，注重与学生的互动和引导，培养学生的情感表达和思维发展。

记叙文写作教学是语文教学中的一项重要任务，需要教师和学生共同努力。我们应该认识到记叙文写作对于培养学生综合素质的重要意义，加强教学活动的开展和改进，为学生未来的发展打下坚实的基础。

二、高品质记叙文写作教学活动的概念与原则

高品质记叙文写作教学活动是指通过系统化、规范化、有效化的教学方法和手段，以提高学生记叙文写作能力和素养为目标，注重学生的个体差异和发展潜力，促进学生对语言文字的运用能力和表达能力的提高。

在高品质记叙文写作教学活动中，教师需要遵循以下几点原则。

1.系统性原则。记叙文写作教学活动应该具有系统性，从学生的实际出发，针对学生的不同阶段制定相应的计划和方案，逐步提高学生的写作水平。在系统性原则指导下，教师需要关注学生的语言文字基础、写作技巧、表达方式等方面的训练，同时注重各部分内容之间的相互联系和衔接。

2.规范化原则。记叙文写作教学活动应该具有规范化，通过科学、合理、有序的教学方式方法来引导学生掌握写作的基本规范和技巧。规范化原则要求教师注重学生的写作格式、标点符号、语法修辞等方面的训练，同时注重对学生写作评价的标准化和客观性。

3.有效性原则。记叙文写作教学活动应该具有有效性，即通过科学有效的教学方法来提高学生的写作能力和素养，使学生能够熟练地运用语言文字表达自己的思想和情感。有效性原则要求教师注重学生的个体差异和发展潜力，注重写作教学活动的针对性和实效性。

4.个体性原则。记叙文写作教学活动应该具有个体性，即针对学生的不同特点和发展需求制定个性化的教学方案和计划，促进学生的个性化发展和表达。个体性原则要求教师注重学生的兴趣爱好、认知风格、性格特点等方面的因素，同时注重学生的阅读能力和思维能力的提高。

高品质记叙文写作教学活动需要教师在实践中不断探索和总结经验，不断完善自己的教学方法和手段。同时，教师需要注重与学生的沟通和交流，及时了解学生的需求和反馈，不断调整教学计划和方案，以达到更好的教学效果。此外，教师还需要注重学生之间的互相学习和交流，通过合作学习等方式来提高学生的协作能力和综合素质。

通过以上分析，我们可以得出高品质记叙文写作教学活动是一种系统化、规范化、有效化的教学方法和手段，注重学生的个体差异和发展潜力，促进学生对语言文字的运用能力和表达能力的提高。这种教学活动可以提高学生的综合素质和写作能力，促进学生的全面发展。

三、高品质记叙文写作教学活动的特点

第一，该教学活动注重学生的主动性和创造性。在高品质的记叙文写作教学中，教师会鼓励学生积极参与写作过程，发挥自己的创造

力和想象力，尽可能地发掘自己的潜力，表达自己的独特见解和感受。

第二，该教学活动注重写作过程的指导和反馈。高品质的记叙文写作教学强调教师的指导和反馈作用。教师会根据学生的实际情况进行针对性的指导和点拨，并就学生在写作过程中的问题和难点给予及时、中肯的反馈和建议。此外，教师还会为学生提供多次修改和完善的机会，帮助他们写出更好的作品。

第三，该教学活动注重写作内容的真实性和情感性。高品质的记叙文写作教学强调写作内容要真实、情感要真挚。在教学过程中，教师会引导学生关注身边的人和事，从自己的经历和感受出发，发掘具有真情实感的故事和情节。同时，教师还会注重学生的语言表达和文字运用能力，帮助他们用贴切的语言和表述方式表达自己的思想感情。

第四，该教学活动注重培养学生的文学审美和鉴赏能力。高品质的记叙文写作教学不仅要求学生掌握写作技巧和方法，还要求他们具备一定的文学审美和鉴赏能力。在教学过程中，教师会引导学生阅读文学作品，通过分析和评价作品中的情节、人物形象、语言表达等方面，培养学生的文学素养和鉴赏能力。

四、高品质记叙文写作教学活动应注意的问题

第一，需要明确记叙文写作的教学目标。记叙文是一种常见的文体，它主要通过叙述事件、描绘人物和描绘环境来传达作者的思想和情感。因此，在高品质记叙文写作教学中，教师应该注重培养学生的思维能力和表达能力，帮助学生掌握记叙文的写作技巧和方法，提高学生的写作水平。

第二，教学内容和方法的选择也是非常重要的。在确定教学内容时，教师需要关注学生的实际需求和兴趣爱好，选择适合学生的主题和素材，引导学生从自身经历和观察中获取灵感，激发他们的写作热情。同时，教师还应该根据学生的不同水平和需求，制定不同的教学计划和方法，有针对性地提高学生的写作能力。

在教学过程中，教师应注意以下几点。首先，教师应该注重学生的基础知识的掌握，例如语法、标点符号、段落结构等，帮助学生养成良好的写作习惯。其次，教师需要注重培养学生的思维能力，引导学生发现问题、分析问题和解决问题的能力。此外，教师还应该注重学生的语言表达能力的提高，帮助学生锤炼语言，使他们的表达更加准确、生动、有力。

第三，教学评价也是非常重要的环节。在评价学生的作品时，教师不仅需要关注学生的写作技巧和方法的应用，还应该注重学生的情感表达和思想深度的挖掘。同时，教师还应该根据学生的不同水平和需求，制定不同的评价标准和方法，有针对性地帮助学生提高写作水平。

五、高品质记叙文写作教学活动对教师的要求

在高品质视域下，记叙文写作教学活动的有效开展对教师提出了更高的要求。

第一，教师需要具备扎实的文学素养和丰富的写作经验。只有自身具备足够的文学修养，才能更好地引导学生理解文学作品的结构、风格和内涵，帮助学生掌握写作技巧和思路。同时，教师也需要不断地进行自我提升，通过写作实践不断丰富自己的经验和见识，以更好地指导学生的写作。

第二，教师需要深入理解教学大纲和教材内容，根据学生的实际情况制订合理的教学计划。在记叙文写作教学中，教学内容主要包括情节安排、人物塑造、语言表达等方面。教师需要通过对教材的深入分析，明确教学重点和难点，制定相应的教学策略，帮助学生逐步提升记叙文写作能力。同时，教师还需要不断关注学生的进步，及时调整教学计划，满足学生的学习需求。

第三，教师需要注重激发学生的学习兴趣和学习动机。在记叙文写作教学中，学生的兴趣和学习动机对于教学的有效性具有决定性作用。教师需要采用多样化的教学手段和形式，引导学生积极参与写作教学活动，充分激发学生的学习热情和创造性思维。例如，可以组织学生进行小组讨论、范文赏析、写作比赛等活动，以促进学生的学习效果。

第四，教师需要注重培养学生的观察力和想象力。记叙文的写作需要学生具备一定的生活观察力和情感体验能力，同时也需要学生具备丰富的想象力和创造力。教师需要引导学生观察生活中的细节和情感体验，帮助学生发现写作素材和灵感，同时还需要鼓励学生发挥自己的想象力和创造力，创造出更具有个性和内涵的作品。

第五，教师需要注重学生的作文批改和反馈工作。学生完成写作后，教师需要及时进行批改和反馈，帮助学生发现问题并进行改进。在批改和反馈中，教师需要注重学生的语言表达和写作技巧的运用，同时还需要关注学生的思想表达和情感体验等方面。同时还需要引导学生积极参与作文批改和评析，让学生互相学习、互相借鉴，共同提升写作水平。

六、高品质记叙文写作教学活动方法

以下是优秀教师在教学过程中所采用的各种方法和策略，以帮助学生更好地理解和掌握记叙文写作的技巧和要领。

1.导入与破冰

在开始记叙文写作课程之前，老师首先通过一些趣味性和启发性的活动来导入课程，以激发学生的学习兴趣和好奇心。例如，老师可以要求学生分享自己最喜欢的故事或小说，并引导他们思考这些作品中有哪些方面是吸引自己的。这样可以轻松地引入课程主题，并让学生更加积极地参与到学习中来。

2.理解记叙文

为了让学生更好地理解记叙文的定义和要素，老师可以引导学生阅读和分析一些经典的记叙文作品。例如，老师可以选取《了不起的盖茨比》中的一段情节，让学生分析其中的主人公、情节和主题等要素。通过这样的分析，学生可以更加清晰地认识到记叙文的基本构成和特点。

3.写作技巧

在理解了记叙文的基本要素之后，老师可以开始向学生传授写作技巧。例如，老师可以讲解如何构思一个完整的故事情节、如何描写人物形象、如何运用对话等技巧。同时，老师还可以介绍一些常见的写作难题和解决方法，以帮助学生更好地应对写作过程中遇到的困难。

4.实践写作

仅仅通过讲解写作技巧是无法提高学生的写作水平的。因此，老师需要组织学生进行大量的写作练习。例如，老师可以要求学生写一篇以"童年回忆"为主题的记叙文，并要求他们在写作过程中运用所学的技巧和方法。通过这样的实践写作，学生可以逐渐熟练和掌握各种写作技巧。

5.互动与反馈

在实践写作过程中，老师需要给予学生及时的互动和反馈。例如，老师可以选取部分学生的作品进行点评和分析，引导学生发现自己在写作中的优点和不足之处。同时，老师还可以组织学生进行互评，让他们互相学习、互相帮助。

6.深入探讨

在学生对记叙文写作有了一定掌握之后，老师可以组织学生进行更加深入的探讨。例如，老师可以选取具有代表性的文章情节，让学生进行分析和研究。通过这样的深入探讨，学生可以更加深入地理解和掌握记叙文的奥秘。

7.创新与拓展

为了让学生更好地运用记叙文写作技巧和方法，老师可以鼓励学生在写作中进行创新和拓展。例如，老师可以引导学生尝试在其他文体中融入记叙文的元素，比如在议论文中讲述一个故事来支持自己的观点。通过这样的创新和拓展，学生的写作水平可以得到进一步提高。

8.作品分享与展示

为了让学生充分展示自己的写作才华和成果，老师可以组织学生进行作品分享和展示。例如，老师可以让学生在课堂上朗读自己的作品或者进行短剧表演，让其他学生一起分享和学习。通过这样的活动，学生可以在互相学习中共勉、成长。

9.反思与总结

在课程结束之际，老师可以引导学生对课程内容进行反思和总结。例如，老师可以让学生回顾自己在课程中学到了哪些知识点和方法论、如何将这些知识点和方法论应用到实际的写作中去等问题。通过反思和总结，学生可以对自己的学习和表现有一个清晰的认识和评估。

10.布置课后任务与作业

为了帮助学生巩固所学内容并培养自主学习的能力，老师可以布置适量的课后任务和作业。例如，老师可以要求学生按时完成一定篇幅的写作练习并提交给老师批改；或者组织学生在课外进行小组讨论和研究，以拓展思维、互相学习。通过这样的课后任务和作业，学生可以在课堂外继续学习和提高自己的记叙文写作能力。

七、高品质记叙文写作教学活动案例

以下列举高品质记叙文写作教学活动的典型教学案例。这些案例均注重培养学生的写作技巧和创造性思维。

案例一：针对初中生的记叙文写作训练

教师通过讲解记叙文的定义、特点、要素和结构，让学生明确记叙文的本质和写作要点。随后，教师布置了一系列课堂写作练习，包括描述一个自己亲身经历的事件、编写一个有趣的故事，以及根据一些图片和提示语编写一个小故事等。这些练习旨在帮助学生巩固掌握记叙文的写作技巧和语言表达能力。

案例二：针对高中生的虚构类记叙文写作训练

教师首先引导学生分析和欣赏一些经典的虚构作品，例如短篇小说、剧本和诗歌等。然后，教师让学生以自己亲身经历的事件为蓝本，创作一篇虚构的短篇小说或剧本。这种创作过程不仅有助于学生培养自己的想象力和创造力，还能帮助他们更好地理解人物、情节和情感等小说要素。

案例三：针对大学生的非虚构类记叙文写作训练

教师通过讲解非虚构写作的定义、特点、要素和结构，让学生明确非虚构写作与虚构写作的区别和优劣。随后，教师布置一系列课堂写作练习，包括撰写一篇回忆录、编写一篇新闻报道，以及撰写一篇特写等。这些练习旨在帮助学生掌握非虚构写作的技巧和语言表达能力，同时培养学生的观察力和批判性思维。

这些案例均采用了多种教学方法和手段，例如讲解、讨论、案例分析、写作练习、反馈和评估等。这些方法和手段的灵活运用，不仅有助于实现教学目标，还能激发学生的学习兴趣和创造性思维。此外，教师还可以根据学生的实际情况和需要进行个性化辅导，以帮助学生更好地掌握写作技巧和方法。

总之，这些高品质记叙文写作教学活动的典型教学案例，不仅注重培养学生的写作技巧和创造性思维，还强调了学生对于文学作品的欣赏和分析能力以及非虚构写作的实践操作能力等多方面能力的发展。通过这种系统的训练，学生能够更好地掌握记叙文的写作要领，提高语言表达能力，并创作出更具有创造性和表现力的文学作品。

第六节　高品质议论文写作教学活动

一、当前议论文写作教学活动的现状

在当前的语文教学环境中，议论文写作教学占据了非常重要的地

位。它能有效地提高学生的思维能力、逻辑能力和表达能力，帮助学生更好地表达自己的观点和看法。然而，当前议论文写作教学的现状却存在一些问题，需要引起我们的关注和反思。

第一，从学生角度来看，大部分学生对议论文写作存在畏难情绪。他们往往认为这种文体的写作需要具备高超的技巧和知识储备，而且对论点和论据的要求也非常高。因此，他们在面对议论文写作时，常常感到无从下手，甚至产生焦虑和恐惧的心理。

第二，从教师的角度来看，许多教师在进行议论文写作教学时存在一些不当的教学方式。一方面，有些教师过于注重写作技巧的传授，而忽略了对学生思维能力和表达能力的培养。这就导致学生虽然掌握了一些写作技巧，但却无法将自己的观点和见解表达清楚。另一方面，有些教师对议论文写作的教学目标不够明确，往往只注重对课本内容的讲解，而缺乏对学生实际写作能力的训练。

二、高品质议论文写作教学活动的概念

以下对高品质议论文写作教学活动的概念进行阐述，共分为三个部分。

第一，议论文写作教学活动的背景与意义随着社会的不断发展，人们对于教育的期望值也在逐步提高。中学教育作为教育体系中的重要组成部分，其教学质量与方式也备受关注。议论文作为一种常见的文学体裁，在中学教育中也是必修课程之一。议论文写作不仅仅能够培养学生的阅读与写作能力，更能够培养学生的逻辑思维能力、语言表达能力以及批判性思维能力等多方面的能力。因此，如何有效地进行议论文写作教学活动成为中学教育中备受关注的问题之一。

第二，高品质议论文写作教学活动的定义与特征。高品质议论文写作教学活动是一种以提高学生的综合素质为宗旨，运用科学的教学理念、方法与手段，强调在语言表达、逻辑思维、信息处理等多方面对学生进行全面训练的综合性教学活动。它具有以下几个方面的特征。

1.综合性：高品质议论文写作教学活动并不仅仅局限于写作技巧的传授，更注重在语言表达、逻辑思维、信息处理等多方面对学生进行全面训练。

2.互动性：高品质议论文写作教学活动注重教师与学生之间的互动，鼓励学生之间相互讨论与交流，充分发挥学生的主体作用。

3.理论与实践结合：高品质议论文写作教学活动注重理论与实践相结合，既强调写作技巧的掌握，也注重实际应用中对于议论文的阅读、分析与评价能力的提升。

4.科学评价方式：高品质议论文写作教学活动建立科学有效的评价体系，客观全面地评价学生的学习效果。

第三，高品质视域下开展议论文写作教学活动的对策与方法。为了达成高品质视域下开展议论文写作教学活动的目标，需要采取以下几个方面的对策与方法。

1.制定明确的教学目标：在开展议论文写作教学活动前，教师需要明确教学目标，了解学生需要掌握的技能和知识。教学目标应该注重提高学生的综合素质，培养学生的独立思考能力和批判精神。

2.多样化的教学方法与手段：教师需要灵活运用各种教学方法与手段，包括课堂讲授、案例分析、小组讨论、个人写作实践等。这些方法和手段应该有助于学生掌握知识，培养技能，同时提高学生的综合素质。

3.加强思维训练：思维能力的培养是高品质视域下开展议论文写作教学活动的核心。教师可以通过对经典议论文的解读、课堂讨论、写作实践等方式培养学生的逻辑思维能力、批判性思维能力和创新思维能力。

4.提升学生自主学习能力：学生作为学习的主体，其自主学习能力对于学习效果有着重要影响。教师应该通过合理的教学设计和活动安排，激发学生的兴趣和积极性，培养学生的自主学习能力。

5.建立科学的评价体系：教师需要建立科学的评价体系，客观全面地评价学生的学习效果。评价应该注重学生的实际应用能力，包括在日常生活和学习中的实际表现、作业、考试以及其他的表现性成果，从而促进学生在多方面取得良好的学习成效。

三、高品质议论文写作教学活动的特点

笔者在此主要探讨高品质视域下议论文写作教学活动的特点。首先介绍议论文的概念和作用，然后阐述高品质议论文的特点和要求，最后分析如何通过有效的写作教学提高学生们的议论文写作能力。

议论文是一种论述观点、分析问题和解决问题的文体，它在学术研究、社会问题和政治辩论等方面都有着广泛的应用。然而，在当前的高中教育中，议论文写作教学存在着许多问题，如教学方法单一、学生缺乏写作兴趣等。因此，需要探讨如何通过有效的写作教学提高学生们的议论文写作能力。

1.议论文的概念和作用。议论文是一种论述观点、分析问题和解决问题的文体，它在学术研究、社会问题和政治辩论等方面都有着广泛的应用。议论文的主要作用是通过分析和论述论点，引导读者接受作者的观点，从而达到说服或影响读者的目的。

2.高品质议论文的特点和要求。高品质议论文具有以下特点。清晰明确的论点：论点要明确、清晰，能够引起读者的兴趣和共鸣。严谨的逻辑结构：逻辑结构要严谨、合理，能够支撑论点的说服力。丰富的论据支持：论据要充分、有力，能够证明论点的正确性。恰当的语言表达：语言表达要恰当、准确，能够清晰地表达观点。

除此之外，高品质议论文写作教学活动还应当有这些特点，这些特点主要表现在教学理念、教学内容和教学方法等多个方面。

首先，高品质议论文写作教学理念注重思维能力的提升。这一教学活动不仅仅是为了提高学生的写作技能，更是为了培养学生的批判性思维和分析能力。在这种教学理念的指导下，教师会注重引导学生

深入剖析问题、充分了解各方观点，并在此基础上形成自己的见解和论据。此外，教师还会强调学生思维的广阔性和深刻性，鼓励学生在论辩过程中运用多种论证方法，提高论据的多样性和丰富性。

其次，教学内容方面，高品质议论文写作教学注重选题的针对性和新颖性。教师会选择与现实生活密切相关的主题作为切入点，帮助学生了解社会现象背后的深层次原因。此外，教师还会选择一些具有一定思想深度和见解独到的文章作为教学范文，引导学生深入剖析这些文章的论点、论据和论证方法，从而提高学生的写作水平和分析能力。

最后，在教学方法上，高品质议论文写作教学注重启发式和互动式的教学方式。教师会通过引导学生进行课堂讨论、小组合作探究、写作实践等多种方式激发学生的学习兴趣和积极性。同时，教师还会积极利用现代信息技术手段，如多媒体教学、在线教学等，丰富教学手段和形式，提高教学效果和质量。

3.如何通过有效的写作教学提高学生们的议论文写作能力。培养学生的写作兴趣：通过引导学生关注社会热点问题、参与辩论等方式，激发学生的写作兴趣。传授议论文的写作技巧：包括如何构建逻辑结构、如何组织论据等技巧。提供丰富的写作资源：为学生提供相关的参考文献、范文等资源，帮助他们积累写作素材。给予有效的反馈和指导：在学生的写作过程中，及时给予反馈和指导，帮助他们发现并纠正写作中的问题。鼓励学生参加写作比赛：鼓励学生参加各种写作比赛，锻炼他们的写作能力和自信心。建立良好的写作氛围：建立良好的写作氛围，鼓励学生互相交流、分享写作经验和技巧，提高他们的写作水平。

四、高品质议论文写作教学活动应注意的问题

在高品质视域下，议论文写作教学活动应注意以下几个方面的问题。

第一，应该注重写作过程的指导，而不只是看重结果。写作过程包括构思、草拟、修订和编辑等环节，这些环节对于提高学生的写作技能至关重要。教师应该关注学生的写作过程，帮助他们发现自己在写作中的不足之处，并引导他们找到有效的解决方法。

第二，应该注重写作技能的培养。在议论文写作中，学生需要掌握各种技能，例如提出论点、进行论证、运用论据等。这些技能不仅需要学生具备一定的语言基础，还需要他们具备逻辑思维能力。因此，教师应该注重写作技能的培养，帮助学生提高他们的写作水平。

第三，应该注重写作情境的创设。在高品质视域下，议论文写作需要具备较高的思维含量和语言素养要求，因此需要教师创设一定的情境，帮助学生理解写作要求和目标，激发他们的写作兴趣和热情。教师可以利用多种手段，例如组织课堂讨论、提供写作素材、引导学生分析范文等，为学生提供一定的思维支架和语言表达空间。

第四，应该注重学生的个性差异。每个学生的写作水平和兴趣点都不同，因此需要教师在教学中关注学生的个性化需求。教师可以根据学生的实际情况进行教学设计，并提供个性化的指导和反馈，让学生能够更好地发挥自己的潜力。

第五，应该注重教学评价的多样性。在高品质视域下，议论文写作教学评价需要关注学生的实际表现和综合能力，而非单一的成果评价。教师可以采用多种评价方式，例如学生自评、互评、小组评价等，从多个角度了解学生的学习情况和表现，从而更好地指导他们进行写作训练和提高。

五、高品质议论文写作教学活动对教师的要求

在中学教育中，写作技能是学生的必备能力之一。尤其是议论文写作，它要求学生具备逻辑思考、批判性思维、语言表达等多方面能力。因此，在高品质视域下，开展议论文写作教学活动对教师的要求也十分严格。

第一，教师需要具备较高的专业素养。这包括熟练掌握议论文的写作技巧、了解不同类型议论文的特点和要求，同时也需要掌握教学心理学、教育测量与评价等教育教学理论。此外，教师还应该关注写作教学的最新研究成果，不断更新教学理念和方法，以提高写作教学的科学性和有效性。

第二，教师应该具备较高的语言表达能力和思维能力。作为语言输出者，教师需要具备良好的语言表达能力和思维能力，才能更好地引导学生进行议论文写作。同时，教师还需要具备较强的逻辑思维能力，以便为学生提供更好的指导和帮助。

第三，教师应该注重培养学生的批判性思维。在议论文写作中，批判性思维是至关重要的。因此，教师需要注重培养学生的分析、评价、推理和判断能力，帮助他们学会如何识别和分析问题，并从中得出自己的结论。这种思维方式的培养不仅有助于提高学生的写作水平，也能够促进学生的全面发展。

第四，教师应该注重培养学生的创新精神和实践能力。在高品质视域下，创新精神和实践能力是高素质人才的重要标志。因此，教师应该注重引导学生自主学习、自主探究，鼓励他们积极参与课外实践活动，以增强他们的实践能力和创新精神。

六、高品质的议论文写作教学活动注重发展学生的思维

高品质的议论文写作教学活动不仅仅是一项语言技能的培养，更是一种深化思维能力的锻炼。在教学过程中，教师会通过引导学生探讨各种社会和人文话题，帮助他们形成清晰、准确、有条理的写作风格。同时，也会注重培养学生的批判性思维和分析能力，鼓励他们对不同的观点进行辨析和评价。以下从三个方面探讨高品质议论文写作教学活动如何发展学生的思维。

第一，高品质议论文写作教学活动重视发展学生的分析能力。教师会在写作教学中引导学生深入剖析各种话题和观点，教会他们如何识别和评价不同立场的核心论点、论据和证据。通过这种训练，学生能够更好地理解各种观点的优缺点，并从中汲取有益的思考方式和思路。

第二，高品质议论文写作教学活动注重培养学生的论证能力。教师会教导学生如何通过逻辑推理和例证来支持自己的观点，并注意保持论点的连贯性和一致性。这种训练有助于学生在论证过程中避免出现逻辑漏洞和错误的推论，从而使其论点更具说服力。

第三，高品质议论文写作教学活动还强调培养学生的语言表达和沟通能力。教师会帮助学生掌握有效的语言表达技巧，如运用适当的措辞、句式和修辞手法等，使他们的写作更具表达力和感染力。此外，教师还会鼓励学生与同学进行讨论和交流，通过互相批改作文等方式，提升他们的沟通能力和批判性思维。

总之，高品质的议论文写作教学活动对于学生的思维能力发展和语言技能提升具有极其重要的作用。

七、提高议论文写作水平的方法

议论文是以逻辑和事实为依据，以说服读者为目的的一种文体。高品质的议论文不仅需要作者有扎实的语言功底和丰富的知识储备，还需要有严谨的思维和清晰的逻辑。

在实践中，可以尝试以下方法来提高议论文写作水平。

第一，明确论点。在开始写作之前，首先需要明确自己的观点和立场。这需要我们对议论文主题进行深入思考和分析，从中找出自己的独特见解，并将其概括为一个简洁明确的论点。

第二，构建清晰的论证结构。论证是议论文的主体，因此，要在一篇高质量的议论文中表达自己的观点，构建一个清晰、有条理的论证结构是至关重要的。

论证结构是人们在论述一个问题或观点时常常采用的一种基本框架，它可以帮助我们更有条理、更有说服力地表达自己的看法。在论证结构中，一般需要包括主题、论点、论据和结论等要素。首先，论证结构的主题是论证的核心和出发点，它为整个论证提供了一个基础和背景。论点是论证结构的核心，它是对主题的直接回应和阐述，通常是一个或多个明确的声明或主张。在阐述论点时，需要对其进行详细的解释和阐述，以帮助读者更好地理解和把握论证的主旨。其次，论据是用来支持论点的证据和理由，它们是论证结构中的重要组成部分。论据通常包括事实、数据、例子、权威意见、类比等，用来对论点进行支持或证明。论据的充分性和可靠性是论证结构的说服力的关键因素。最后，结论是论证结构的总结和概括，它通常是对论点的重申或进一步解释，以及对论据的归纳和总结。结论应该简洁明了，同时也要引人注目，以便让读者更好地记住整个论证的核心和要点。

论证结构一般有总分式论证结构、总分总式论证结构、分总式论证结构、递进式论证结构、并列式论证结构、正反对比式论证结构等六种。它是论述问题或观点时必不可少的一个框架和工具，它可以帮助我们更清晰、更有说服力地表达自己的看法。

第三，确定有效的论证方法。常用的论证方法包括事实论证、道理论证、对比论证、因果论证等。选择合适的论证方法需要根据不同的论点、不同的论证结构以及不同的读者群体来决定。

第四，使用恰当的论据支持论点。论据是论证的基础，好的论据可以充分支持论点。在写作过程中，需要注意收集、引用权威性的资料或数据，从而增强论据的说服力。

第五，要注意语言表达的准确性和文采的美感。在写作过程中，要注意用词准确、逻辑严密、表达清晰，同时还要注意语言的简洁性、规范性和形象性。

要写出一篇高品质的议论文需要不断地练习和积累经验。通过深入思考、分析、归纳和整理观点，结合恰当的论证方法和充分的论据支持，就能写出言之有物、言之有理的高品质议论文。

八、议论文写作教学活动方法

议论文写作是语文教学中非常重要的一个环节，它不仅涉及学生的语言表达能力，还关乎其逻辑思维能力、批判性思维等多个方面的培养。

1.命题作文。命题作文是议论文写作中常见的形式之一。教师可以根据学生的实际情况和教学要求，选择适合学生的主题，然后要求学生写一篇议论文。这种写作活动不仅能够有效锻炼学生的审题能力，还能够帮助学生提高写作水平。例如，教师可以以"互联网对人们生活的影响"为主题，要求学生写一篇议论文，探讨互联网对人们生活的影响。

2.给材料作文。给材料作文是指教师提供一定的材料，然后要求学生根据材料的内容和要求写一篇议论文。这种写作活动能够帮助学生提高阅读理解能力、逻辑思维能力和批判性思维能力。例如，教师可以提供一篇关于网络游戏的新闻报道，要求学生针对网络游戏对人们的影响进行分析和评论。

3.小组讨论。小组讨论是一种非常有效的议论文写作教学方式。教师可以根据教学要求和学生的兴趣爱好，将学生分成若干小组，然后给每个小组一个主题，要求学生进行讨论并写出讨论结果。这种写作活动能够帮助学生提高语言表达能力和合作意识。例如，教师可以以"人工智能对社会的影响"为主题，要求学生在小组讨论后写一篇议论文，探讨人工智能对社会的影响。

4.辩论比赛。辩论比赛是一种非常具有挑战性的议论文写作教学活动。教师可以根据学生的实际情况和教学要求，选取适合的辩题，然后要求学生进行辩论并写成辩论文。这种写作活动能够帮助学生提高逻辑思维能力、批判性思维能力和论辩能力。例如，教师可以以"互联网是否有利于人类发展"为辩题，要求学生进行辩论并写一篇辩论文。

5.写作任务与评价相结合。写作任务与评价相结合是一种非常科学合理的议论文写作教学方式。教师可以在学生完成作文后,根据一定的评价标准,对学生的作文进行评价和打分。同时,教师还可以选取优秀的学生作文进行展示和分享,以鼓励学生继续努力。这种写作活动能够帮助学生了解自己作文的不足之处和优点,从而更好地提高写作水平。例如,教师可以选取优秀的学生作文进行展示和分享,并引导学生进行互评和自评。

参考文献

［1］陈日亮．我即语文［M］．福州：福建教育出版社，2007．

［2］潘新和．语文表现与存在［M］．福州：福建人民出版社，2004．

［3］叶圣陶．叶圣陶语文教育论集［M］．北京：教育科学出版社，2015．

［4］鲍道宏．课程与理解：制度与文化"新基点"［M］．南京：江苏教育出版社，2011．

［5］魏书生等．魏书生中学语文教学改革实践研究［M］．济南：山东教育出版社，1997．

［6］高文．现代教学的模式化研究［M］．济南：山东教育出版社，2000．

［7］董菊初．叶圣陶语文教育思想概论［M］．北京：开明出版社，1998．

［8］傅佩荣．哲学与人生［M］．北京：东方出版社，2012．

［9］施良方．学习论［M］．北京：人民教育出版社，2001．

［10］［美］B.S.布卢姆等，教育评价［M］．邱渊等译．上海：华东师范大学出版社，1987．

［11］布鲁纳教育论著选［M］．邵瑞珍等译．北京：人民教育出版社，1989．

［12］蔡澄清等．蔡澄清中学语文点拨教学法［M］．济南：山东教育出版社，1997．

［13］曹明海．文体鉴赏艺术论［M］．济南：山东文艺出版

社，1992.

[14] 陈建民．汉语口语［M］．北京：北京出版社，1984.

[15] 陈申．语言文化教学策略研究［M］．北京：北京语言文化大学出版社，2001.

[16] 德波诺．思维的训练［M］．何道宽等译．北京：生活·读书·新知三联书店，1987.

[17] 吴其馥，谯伟．外国语文教育研究［M］．海口：海南出版社，2000.

[18] 谢象贤．语文教育学［M］．杭州：浙江教育出版社，1999.

[19] 董小英．叙述学［M］．北京：社会科学文献出版社，2001.

[20] ［美］约翰·杜威．我们怎样思维·经验与教育［M］．姜文闵译．北京：人民教育出版社，1991.

[21] 袁行霈．中国诗歌艺术研究（第3版）［M］．北京：北京大学出版社，2009.

[22] ［英］厄尔．语言教学教程：实践与理论［M］．北京：外语教学与研究出版社，2000.

[23] 方明生．日本生活作文教育研究［M］．上海：上海教育出版社，2002.

[24] ［加拿大］迈克尔·富兰．变革的力量：透视教育改革［M］．中央教育科学研究所、加拿大多伦多国际学院组织翻译．北京：教育科学出版社，2004.

[25] 高文．教学模式论［M］．上海：上海教育出版社，2002.

[26] 江明．语文教材的建设与思考：首届全国义务教育初中语文教材建设理论研讨会论文集［M］．北京：语文出版社，1998.

[27] 蒋成瑀．语文课读解学［M］．杭州：浙江大学出版

社，2000.

［28］［瑞士］沃尔夫冈·凯塞尔．语言的艺术作品［M］．陈铨译．上海：上海译文出版社，1984.

［29］刘焕辉．言语交际学（修订本）［M］．南昌：江西教育出版社，1998.

［30］吕叔湘．吕叔湘论语文教育［M］．郑州：河南教育出版社，1995.

［31］［俄］列夫·谢苗诺维奇·维果茨基．思维与语言［M］．李维译．杭州：浙江教育出版社，1997.

［32］吴庆麟等．认知教学心理学［M］．上海：上海科学技术出版社，2000.

［33］林非．散文的昨天和今天［M］．广州：广东人民出版社，2016.

后　记

　　语文教育是当前教育领域中非常重要的一个方面，承载着传承人类文化、启发学生思维、培养学生情感和价值观的重要任务。笔者作为县市一级的一线语文教师，躬耕期间，对学生发展的方方面面，充满忧虑。因为学生经过了九年义务教育阶段的语文教育，或者九年义务教育之后，还接受了三年的高中的语文教育，他到底从语文教育身上获得了什么样的生命滋养？很多学生的阅读能力、言语表达能力，甚至是在文字的端正书写方面，都存在不尽如人意的地方。

　　首先，语文教育存在片面化的问题。在目前的语文教育中，教师往往只注重对学生进行语言知识传授和语言技能训练，而忽视了学生的情感和审美体验，以及思维能力和探究能力的培养。这种片面化的教育方式不仅不利于学生的全面发展，还可能对学生的心理健康产生负面影响。

　　其次，语文教育存在脱离生活的问题。在目前的语文教育中，教师往往只注重教材知识的传授和技能的训练，而脱离了学生的实际生活和社会实践。这种教育方式不仅让学生感到枯燥无味，还可能让学生产生厌学情绪。

　　最后，语文教育存在评价方式单一的问题。在目前的语文教育中，教师往往采用单一的评价方式来评价学生的学习成果和水平。这种单一的评价方式很难全面反映学生的学习情况和能力水平，也不利于发现和发展学生的特长和潜力。

　　作为一位奋斗于语文教育战线上 30 年的老同志，语文教育问题总是萦绕在笔者的心头，常常令笔者忧思不已。

　　生命是教育的源头和终点，生命的成长和发展是教育的终极目标。

语文教育应该紧密围绕着生命的本质和特点，关注学生的个体差异和生命经历，帮助他们建立自我认同和文化归属感。

笔者站在学生和教师生命成长的视角去审视语文教育，整理个人对语文教育的思考，提出创建高品质语文活动的愿景。希望语文教育能够注重学生的全面发展，除了对学生进行语言知识传授和语言技能训练之外，还应该注重学生的情感和审美体验，以及思维能力和探究能力的培养；能够紧密联系实际生活和社会实践，让学生在生活中学习语文，让语文学习成为生活的一部分；能够采用多种评价方式评价学生学习成果和水平，包括学生的自我评价、互评、考试等。

笔者认为语文教育的样态应当是注重语言文字的实际应用，重视传统文化的传承，强化思维能力和创新精神的培养，拓展国际视野，培养全球意识，还须关注学生情感和价值观的培养，以及强化教师素质和教育教学能力。只有这样，才能培养出具备良好的语言文字应用能力、传统文化素养、创新精神和全球视野的优秀人才，为推动人类社会的发展做出积极贡献。

本书从 2019 年开始酝酿，一路走来，得到鲍道宏教授和陈春明老师的指点帮助，也获得了其他很多教育同行的建议和帮助，尤其是建瓯一中的领导和老师们，给予大力支持。感谢建瓯一中给予笔者完成本书必不可少的理论与实践的平台，感谢海峡文艺出版社副总编辑任心宇的大力帮助。由于他们的帮助，笔者才有更大的决心和意志去审视语文教育问题，去梳理语文教育的心得，去积极完成本书。

语文教育，不仅关注语文学科的工具性特点，更加注重语文学科的人文性和生命性。在未来的语文教育中，我们应该不断探索和实践更加符合生命成长和发展需求的教育理念和方法，为培养具有全球视野、文化自信和全面发展的未来人才做出积极的贡献。

吴金华
2023 年 6 月 28 日